高等学校学前教育专业系列教材

学前教育研究方法

主　编　阳曼超　孙启进
副主编　栾博强　徐林兰　曾　越

南京大学出版社

图书在版编目(CIP)数据

学前教育研究方法 / 阳曼超，孙启进主编. -- 南京：南京大学出版社，2024.8. -- ISBN 978-7-305-26717-8

Ⅰ.G612

中国国家版本馆 CIP 数据核字第 20249T5G86 号

出版发行	南京大学出版社
社　　址	南京市汉口路22号　　邮　编　210093

书　　名	**学前教育研究方法** XUEQIAN JIAOYU YANJIU FANGFA
主　　编	阳曼超　孙启进
责任编辑	丁　群　　　　　编辑热线　025-83597482
照　　排	南京南琳图文制作有限公司
印　　刷	常州市武进第三印刷有限公司
开　　本	787 mm×1092 mm　1/16　印张 13.25　字数 290 千
版　　次	2024 年 8 月第 1 版　2024 年 8 第 1 次印刷
ISBN	978-7-305-26717-8
定　　价	45.00 元

网址：http://www.njupco.com
官方微博：http://weibo.com/njupco
微信服务号：njuyuexue
销售咨询热线：(025) 83594756

* 版权所有，侵权必究

* 凡购买南大版图书，如有印装质量问题，请与所购
　图书销售部门联系调换

序　言

近年来,教师成为研究者已经成为教育界的共识,在此背景下,幼儿园教师的研究能力便成为幼儿教师专业发展的重要内容。因此,学习"学前教育研究方法"成为每个幼儿园教师和准幼儿园教师的必需。作为培养幼儿园教师研究能力的一门专门课程,"学前教育研究方法"是高等院校学前教育专业的必修课之一,也是幼儿园教师专业培训的重要课程。本书作为"学前教育研究方法"课程的教学用书,主要针对的是高等院校学前教育专业本、专科层次的学生,同时也可以作为幼儿园教师在职培训和学习的参考用书。

本书共十四章,可以相对地划分为两个部分。第一部分为学前教育研究方法的理论基础,包括学前教育研究方法概述、学前教育研究的范式与理论建构以及学前教育研究的伦理三章内容。第二部分为学前教育研究方法的基本过程和主要方法。在总体概述学前教育研究过程的基础上,按照学前教育研究开展的顺序,从研究问题的确立、文献查阅、收集资料的方法、资料的整理与分析到研究成果的表述与评价,详细、全面地介绍了学前教育研究的基本过程和具体方法。本部分主要包括第四章至第十四章。

本教材的编写,各章内容由编写组按照讨论后统一的要求来完成。其中,第一、二、三、十二章由孙启进编写;第四章由曾越编写;第五、六、八、九章由阳曼超编写;第七、十一章由栾博强编写;第十、十三、十四章由徐林兰编写。各章作者完成编写后,由主编进行最后的统稿。

在教材编写过程中,南京大学出版社丁群编辑既给予了充分的宽容,又付出了较大的努力,在此我们表示衷心的感谢！当然,因编者水平所限,教材中仍存在各种缺陷和不足,恳请各位同仁和读者在使用过程中,多批评指教,提出您的宝贵意见,以便进一步完善。

阳曼超
2024 年 7 月

目 录

第一章 学前教育研究概述 ... 1
- 第一节 学前教育研究的含义与特征 ... 1
- 第二节 学前教育研究的意义与功能 ... 4
- 第三节 学前教育研究的类型 ... 8

第二章 学前教育研究的范式与理论建构 ... 12
- 第一节 学前教育研究的范式 ... 12
- 第二节 学前教育研究的研究方式 ... 15
- 第三节 学前教育研究的理论建构 ... 19

第三章 学前教育研究的伦理 ... 22
- 第一节 学前教育研究应遵循的伦理原则 ... 22
- 第二节 学术研究的基本规范 ... 28

第四章 学前教育研究的基本过程 ... 43
- 第一节 学前教育研究的一般过程 ... 43
- 第二节 量的研究的基本步骤 ... 46
- 第三节 质的研究的基本程序 ... 53

第五章 研究问题的确立 ... 59
- 第一节 确立研究问题的含义 ... 59
- 第二节 研究问题的范围与来源 ... 61
- 第三节 好的研究问题的特点 ... 64
- 第四节 研究问题确立的过程与方法 ... 67

第六章 查阅文献 ... 72
- 第一节 查阅文献的意义和作用 ... 72
- 第二节 查阅文献的原则与过程 ... 77
- 第三节 查阅文献的具体方法 ... 81
- 第四节 文献综述的撰写 ... 86

第七章 观察法 ... 91
- 第一节 观察法概述 ... 91
- 第二节 观察法的类型 ... 97

  第三节 观察法的操作程序 101
  第四节 观察记录的方法 107

第八章 访谈法 118
  第一节 访谈法概述 118
  第二节 访谈法的操作程序 122
  第三节 针对儿童的访谈 128

第九章 问卷调查法 132
  第一节 什么是问卷调查法 132
  第二节 怎样进行问卷调查 134
  第三节 怎样编制问卷 138

第十章 内容分析法 146
  第一节 内容分析法概述 146
  第二节 内容分析法的设计与实施 151
  第三节 内容分析法在学前教育研究中的应用 156

第十一章 实验法 160
  第一节 实验法概述 160
  第二节 学前教育实验设计 163

第十二章 教育行动研究 175
  第一节 行动研究概述 175
  第二节 行动研究的基本过程 179

第十三章 研究资料分析 185
  第一节 研究资料的定量分析 185
  第二节 研究资料的定性分析 189

第十四章 学前教育研究成果的表述及评价 192
  第一节 学前教育研究成果的表述 192
  第二节 学前教育科学研究的质量评价 198

主要参考文献 203

第一章　学前教育研究概述

学前教育研究方法作为学前教育专业的专业基础课程,是学前教育专业学习者的必修内容,能够正确运用学前教育研究方法从事科学研究是学前教育学习者的必备素质。学习和正确运用学前教育研究方法,首先必须在了解何谓学前教育研究的含义及其特征的基础上,进一步探究学前教育研究的意义、功能与遵循的基本原则,继而明确学前教育研究的类型。

第一节　学前教育研究的含义与特征

一、学前教育研究的含义

(一) 教育研究的含义

学前教育研究是教育研究的下位概念,要弄清楚什么是学前教育研究,则必须首先要知道什么是教育研究。

"研究"一词,在日常生活中运用极为广泛,是我们日常生活中的常用语,"我们来研究一下""这件事情我们再研究研究"等都能够经常听到,在这种情景中,"研究"往往指的是对日常生活中的事情所做的分析与思考。另外,"研究"一词又往往具有一种神秘感,"仿佛只是在具有学术性的大学和研究机构中才能开展的高深活动[1]"。那么,"研究"的含义到底是什么呢? 作为一种科学活动,研究指的是人们在科学理论的指导下,遵循一定的研究规范,采用科学的方法,有目的、有计划地进行的一种以探究客观事物的现象和规律,进而获取科学知识和解决问题为主要任务的实践活动,其核心是知识的拓展和问题的解决。

教育研究作为科学研究的一种,与研究具有一致性,但在其定义上仍然分歧众多,以致有学者认为教育研究是不可定义的。布雷德等就认为,"'教育研究'这个术语,对于教育领域里的每一个人来说,并不意味着同一件事,也没有哪一个定义得到普遍认可。"[2]尽管有这样的认识,对教育研究也确实很难给出一个精确的、公认的定义,但我们大致上可以将教育研究定义为:教育研究是人们在教育科学理论和其他相

---

[1] 郑金洲.学校教育研究方法[M].北京:教育科学出版社,2003:16.
[2] 布雷德,等著.施良方,等校译.教育研究的历史与现状[C]//见瞿葆奎,主编.叶澜,施良方,选编.教育学文集·教育研究方法.北京:人民出版社,1988:29.

关学科理论的指导下,运用科学的研究方法,通过对教育领域中发生的教育现象和教育问题的描述、解释、预测与控制,达成教育科学理论体系的建立和发展以及实际问题解决的实践活动。

(二) 学前教育研究的含义

学前教育是教育的一个阶段,通常是指对0~6岁幼儿所实施的教育。学前教育研究是教育研究的一个分支,它主要是指研究者在学前教育理论和其他相关学科理论的指导下,运用科学的研究方法,通过对学前教育领域中发生的各种现象和问题的描述、解释、预测与控制,达成学前教育科学理论体系的建立和发展以及实际问题解决的实践活动。

二、学前教育研究的特征

学前教育研究是教育研究的分支,因此,学前教育研究一方面具有教育研究的普遍特征,另一方面又具有自身的特殊性。

(一) 教育研究的特征

教育研究作为一种科学研究活动,具有以下几个方面的基本特征:

1. 教育研究应符合伦理要求

教育研究的对象是人,探究的是人的教育活动,而人的发展又具有不可逆性。教育研究对象的这种特殊性决定了教育研究必须具有教育意义,即有利于研究对象身心的良性发展,而不是相反,这就是教育研究的伦理性特征。教育研究的伦理性特征要求研究者在研究问题的确立、研究设计的制定、研究资料的收集、研究成果的发表与使用等教育研究的整个过程中,都必须充分考虑该研究可能会造成的伦理影响,都必须符合道德要求。学前教育的研究对象是0~6岁的幼儿,因而对伦理性的要求也更高。

2. 教育研究是经验研究

教育研究是经验的,而不是思辨的。从知识的起源来看,教育研究是以经验主义方法论为主要特征的。所有的知识都是从感觉经验中获得的,教育研究所收集与分析的资料如观察记录、成长档案、测验分数、问卷统计结果等都是经验性资料,是经验的结果。学前教育研究作为教育研究的组成部分,也是经验研究。

3. 教育研究必须是客观的

教育研究的客观性主要表现在以下四个方面:① 从研究者自身来看,教育研究者必须保证严谨、规范、精确,而不能凭空捏造,要以客观事实为依据,尊重并反映客观事实;② 从研究对象来看,教育研究的对象是客观存在的人或事物;③ 从研究过程来看,教育研究的全过程必须遵循科学规律和研究规范,按照科学研究的要求来设计和操作;④ 从研究的结果来看,教育研究的结果是通过对客观的研究对象进行客观的研究得出的,而不是以研究者个人的主观体验或经验而得出的结论。

教育研究的客观性往往具有程度之分,越严谨的研究越能揭示事实真相,得出的结论也越具有客观性。

4. 教育研究是一种创造性研究

科学研究往往是对原有的理论体系、思维方式或研究方法在某种程度上的突破,因此教育研究本质上是一种创造性的研究。教育研究的创造性表现在研究问题的选取,研究思路、手段与方法的运用以及研究结论的获得等多个方面。教育研究的创造性往往是推动既有理论不断完善和改进的动力。

5. 教育研究是一种系统性研究

在系统论看来,系统是指由若干个相互独立又相互依存的要素,按照一定的结构形式组成的具有特定功能的整体。就学前教育研究来看,一方面它是教育研究系统中的子系统,是教育研究系统的一个组成部分;另一方面它自身又是一个复杂的系统,研究过程是系统化的,研究结果内部各要素之间也是相互补充、紧密联系的。教育研究的系统性要求研究者在整个研究过程中既要关注研究问题本身的独特性,更要着眼于该问题与其他问题之间的关联,力求放在整体系统中把握问题。

6. 教育研究应是可靠的和有效的

任何一个教育研究者都期望自己的研究是有效的,即研究的效度,它代表着研究的真实性和准确性程度。一般来说,教育研究的效度包括内在效度和外在效度两个方面,内在效度是指研究结果能够被精确解释的范围,而外在效度指的是研究结果能够推广到更大人群中去的条件和程度。

教育研究除具有效度之外,还应具有信度,即一项研究应具有前后一致性,且具有可重复性。信度是效度的保证,没有信度的研究便谈不上效度,效度和信度共同构成了研究的可靠性。

(二) 学前教育研究的特征

学前教育研究除具有教育研究的一般特征外,与其他教育研究相比,还具有如下几方面的特征:

1. 学前教育研究对象的特殊性

学前教育研究的对象主要包括学前儿童,从事学前教育工作的教师、管理人员和其他相关人员以及学前儿童的家长等。一方面,上述各类人员无论是作为个体形式存在,还是作为团体形式存在,本身都是相对独立的主体性的存在,都具有自身的独特性、能动性和创造性。研究者必须充分考虑研究对象的主体性,保证研究工作不会伤害研究对象的权益。另一方面,上述研究对象中的学前儿童,由于其与成人和稍大的儿童相比有其自身独特的身心发展特点,比如说爱动、喜好模仿、语言表达能力不足等特点,在进行研究的过程中,应充分考虑和特别注意学前儿童这一研究对象的独特性,采用恰当的研究方法,从而获得更加客观有效的研究结果。

2. 研究内容的综合性

学前教育是一种多层次、多方面的复杂性实践活动,从教育对象来看,它包括0~6岁的婴幼儿;从教育内容来看,它包括语言、科学、社会、艺术、健康等不同领域;从教育方法来看,相应的方法种类繁多;从教育过程来看,则涉及学前教育机构的管理、教学活动的开展等不同方面。因此,学前教育研究就其研究内容来看,往往涉及上述多个方面,具有综合性,这种综合性给学前教育研究者提供了广阔的实践活动空间。

3. 研究背景的关联性

学前教育作为教育的一个子系统,是整个社会系统的重要组成部分,它与社会的其他子系统——政治、经济、文化等是紧密联系在一起的,学前教育领域中的很多问题往往是与社会其他方面的问题密切相关的,甚至本身就是社会问题。比如,学前教育入学难、入学贵的问题,本身既是一个学前教育的问题,更是一个社会问题,它产生的原因既有学前教育自身的原因,更有社会因素在教育领域中的反映与投射,它的解决也必然依赖学前教育自身和社会共同的努力。

第二节 学前教育研究的意义与功能

一、学前教育研究的意义

学前教育研究为学前教育发展提供方向和依据,是学前教育发展的基础。具体说来,学前教育研究的意义主要表现在以下几个方面:

(一)学前教育研究可以帮助我们更好地理解幼儿

尽管我们每一个人都经历过幼儿期,都是从幼儿成长为大人,都曾经真实地体验过幼儿的情感与思维,但当我们一旦告别童年,成长为大人,我们便很难再真正地理解那些与我们在身心各方面都有着巨大差异的幼儿。我们往往开始习惯用成人的眼光和思维去设计学前教育的目标和内容,把成人认为最重要的、有价值的东西纳入学前教育计划之中,而且制定各种配套的标准去衡量幼儿的发展水平。这样做固然可以促进儿童的早期社会化,使其尽快融入和适应社会,但我们也必须意识到,幼儿和我们成人一样,都是富有个性和主动性的人,他们遵循自己独特的身心发展特点,具有不同于成人的社会心理需要,有自己的社会行为规范。如果我们一味地坚持成人的思维和标准,而不顾幼儿的实际情况,则势必影响幼儿自身的健康发展。因此,如何更好地了解和理解幼儿便成为每一个学前教育工作者必须思考的问题。运用科学的研究方法,对幼儿发展过程中的教育现象和教育问题进行探究,可以帮助我们更加准确地了解与理解幼儿,从而更加积极地促进幼儿的身心发展。

(二)学前教育研究可以帮助我们不断探寻科学的教育理论和方法

在从事学前教育工作的过程中,我们会面临诸如如何认识儿童的发展特点与过程、如何根据幼儿的发展特点来设计学前教育的总体计划、如何在总体计划的指导下开展具体的教育教学过程、采用何种教学方法等问题,这些问题的处理一方面依赖于日常教育实践经验的累积,另一方面则更需借助科学研究,探寻科学的教育理论和方法。一项杰出的学前教育研究所得出的科学教育理论和方法,不但可以促进学前教育理论体系的丰富和完善,更对学前教育实践工作的开展和幼儿的身心发展大有裨益。

(三)学前教育研究可以帮助我们更好地改进学前教育实践

学前教育研究还可以帮助我们更好地改进学前教育实践,主要表现在四个方面:首先,学前教育研究是进行教育决策的基础,它为教育决策的科学化提供信息、理论和依据,科学的教育决策必然是建立在真正的学前教育研究基础之上的。其次,学前教育研究有助于提高教学质量,通过科学研究来提高教师的教育教学质量已经成为广大教师的共识。再次,学前教育研究有助于提高教师队伍的素质。具备一定的科研能力,能够从事科研活动,已经成为现代幼儿教师的必备素养,是幼儿教师专业发展的重要内容。最后,学前教育研究能够帮助我们及时纠正学前教育实践中的偏差。学前教育阶段在人的发展过程中处于奠基性的阶段,在该阶段的教育过程中如果出现了教育偏差,不仅会影响幼儿的正常发展,甚至会为他们以后的生活埋下障碍。因此,及时发现学前教育过程中的失误,并尽快加以纠正,是学前教育研究者的重要工作内容,也是学前教育研究的价值所在。

二、学前教育研究的功能

学前教育研究作为一种社会实践活动,有其自身特有的功能,主要表现在以下四个方面:

(一)描述

无论是自然科学研究还是社会科学研究,都涉及对现象的表现形式、特点、本质以及现象之间关系的细致描述,"正是这样的细致描述才使得很多重大的科学真相得以发现和深入研究[1]"。所以说,描述是研究的一项重要功能。

学前教育研究作为社会科学研究的一种,无疑也发挥着"描述"的功能,它可以对学前教育实践过程中的各种现象进行最为贴近事实的描述,比如对幼儿行为特征的描述、对师幼互动行为过程的描述、对教师教学策略的描述等。这种详尽的、贴近事实的描述,可以帮助我们累积有关学前教育历史和现状的各种知识,这些知识对我们认识学前教育实践、评价学前教育的实施效果、反思学前教育的价值等都具有至关重要的作用。

---

[1] 霍力岩,等.学前教育研究方法[M].北京:高等教育出版社,2011:7.

【案例1-1】

研究方法在不同校别中的运用状况分析[①]

在273篇硕士、博士学位论文中,76篇(27.8%)运用了混合方法,70篇(25.6%)运用了质的方法,57篇(20.9%)运用了量的方法,47篇(17.2%)运用了思辨法,13篇(4.8%)运用了行动研究法,10篇(3.7%)运用了文献法。由此可见,混合方法、质的方法、量的方法是近11年来学前教育领域研究者使用比例最高的三种研究方法。

上述案例通过对南京师范大学、华东师范大学和北京师范大学1996—2006年间硕士和博士学位论文运用的研究方法的抽样分析,对1996—2006年十一年间学前教育研究领域中研究方法的运用情况利用数据的形式进行了一个总体性的描述,使我们大致把握了在这十一年间学前教育研究领域中方法的运用情况。

(二) 预测

所谓预测功能是指"依据早先的X时间内所获取的信息,对某一现象将在Y时间内发生做出预测的能力[②]",是依据掌握的现有信息,根据一定的方法和规律对未来可能发生的事情进行测算,以预先了解事情发展结果的能力。比如,气象学家可以根据气象云图和气象变化规律来预测未来几天的气温、降雨等情况,医生可以根据胚胎在母体中的发育情况预测婴儿出生时的状况,等等。同样,在学前教育研究中,研究者也可以根据当前的国家政策预测未来数年内学前教育的发展情况,亦可以根据幼儿当前的表现预测其后续的发展情况等。这样的预测可以帮助我们抓住国家政策的有利环境,加快学前教育发展的步伐,提高学前教育的质量和水平;可以帮助我们更好地针对幼儿的情况因材施教,为幼儿的发展提供更适宜的环境和条件,促进幼儿的发展。

(三) 解释

每一种现象背后都有其固有的原因或根源,对现象背后固有的原因或根源的解释便是研究的解释功能。在学前教育研究中,能够在教育现象描述的基础上,对该现象产生的原因进行解释,无疑对我们把握现象的本质具有重要的意义和价值。解释是学前教育四大功能中最为重要的一个,如果一个研究者能对某一教育现象进行准确合理的解释,便意味着他对这一教育现象已经进行了充分的描述,了解了其产生与发展的原因和机制,也便懂得了如何使其改进与完善。

---

① 刘晶波,等.1996—2006年我国学前教育研究领域研究方法的运用状况与分析——基于三所高校硕士、博士学位论文的分析[J].学前教育研究,2007(9):18.
② 梅雷迪斯·D.高尔,沃尔特·R.博格,乔伊斯·P.高尔.教育研究方法导论[M].6版.许庆豫,等译.南京:江苏教育出版社,2002:4.

【案例1-2】

常规的效果①

对话一：

I：你觉得你们班谁最好？

C：曹欢。她坐得好，我爸爸羡慕她，我也羡慕她，她坐得好。

I：为什么要坐得好呢？

C：当然了，小班的时候坐得歪歪扭扭的。上英语课时不插嘴，要是这样，别人的话你就听不见。

I：教师要你们把小手、小脚放放好，有什么好处？

C：不会斜肩，坐得好的时候，脑子需要冷静，才能动脑筋。

对话二：

I：你觉得你们班谁最好？

C：方周坐得好，注意老师，提什么问题都能答得出来。

I：你觉得坐得好算是个好吗？

C：坐得好算是一个，有的小朋友也是坐得好，但就是差一点，不能一直坐好，就是一直保持一个姿势，这样子容易驼背（她做了一个未坐正的姿势）。可以稍微驼一点，倾一点。太轻松了也不行，太直了肚子就会挺出来，如果这样子，背也会驼出来。

I：为什么要小手放小腿上？

C：要不就会夹到手，还会去捞别人。

I：小脚为什么要放放好？

C：不放好，大灰狼会进来的，把脚伸得很长，会把别人绊倒的。小脚并并拢很累，这样放就可以了。不并拢虽然很放松，但是我就会什么也不想了，很紧张，听老师讲什么都是很积极的，放松了哪有听教师讲的力气了。

I：为什么要这样举手？

C：这样或那样，因为这样子是好孩子的举手方式。男孩子有的是站起来，说"我我我……"，有的站到板凳上，但有时女孩子，如许林子也会说"嗯嗯嗯……请我，不请我呀"。

从幼儿的评价中我们发现，"坐得好"成了幼儿评价自己和评价别人的一条主要标准，这条标准在未进入幼儿园的孩子身上绝对不会出现，由于教师的引导，由于教师以身体作为评价的一个标准，久而久之，幼儿就学会了用教师的思维方式思考。自此，常规内化为幼儿的身体语言，并成为一种身体记忆伴随其成长历程，成为其与众不同的"身体习性"之一。因此，从幼儿身体被规范和约束的角度入手，是掌握常规教

---

① 王海英.学前教育社会学[M].南京：江苏教育出版社，2009：219.

育现实状况的最直接方式。

在该案例中,研究者对访谈中幼儿所提到的"坐得好"作为评价"好孩子"的标准这一现象进行了分析,指出对身体进行规范和约束成为教师进行常规教育的主要手段,而这也成为我们掌握常规教育现实状况的最直接方式。

(四)改进

改进是学前教育研究的第四大功能,其他三种功能的发挥,最终目的都在于寻求解决问题的方法和策略,改进不良现状,使学前教育向理想的教育目标不断靠近直至无限接近。学前教育研究能够解决的问题涉及的范围较广,涵盖宏观、中观和微观的各个层面,从学前教育政策法规的制定与落实、幼儿园的运营与管理、幼儿园环境的设计与布置到课程内容的选择与实施、一日活动的安排等,这些问题都可以通过学前教育研究加以探讨并在实践中得以改进。

第三节 学前教育研究的类型

根据不同的标准,学前教育研究可以划分为不同的类型。

一、基础研究和应用研究

这是以研究目的对学前教育研究所作的分类。

(一)基础研究

基础研究以抽象、一般为特征,研究的目的是揭示、描述、解释某些学前教育现象和过程,以及它们的活动机制与内在规律,研究的结果可以为现有的学科知识体系增添新的内容,主要表现在对学前教育理论中的个别原理和概念做出修正与发展,在核心概念、基本范畴和基本原理方面有所突破以及建立某种新的理论体系等方面。学前教育领域中的基础研究往往是抽象性、概括性比较强的基本理论和基本规律,比如儿童观、教师观、教育观等的研究。

(二)应用研究

应用研究以具体、特殊为特征,研究目的在于解决当下学前教育实践中的实际问题。应用研究在学前教育领域的研究中较为多见,如何应对幼儿入园焦虑、如何培养幼儿的自理能力等问题的研究皆属此类。

基础研究和应用研究是在相对意义上进行的划分,两者并没有高低之分。基础研究虽然旨在为现有的学科知识体系增添新的内容,但有时也可能产生具有实际应用价值的效果;而应用研究虽然主要是解决当下学前教育实践中的实际问题,但也为增添学科知识体系内容提供了素材,做出了贡献。

二、横向研究和纵向研究

这是按照研究的持续时间和研究对象所处的状态对学前教育研究所作的分类。

(一) 横向研究

横向研究是指在某一个时间点上对某一学前教育现象或问题的横断面所展开的研究。对当前幼儿园入学适龄人口的调查、对城市和农村幼儿教师教育观念的调查和比较等都属于此类研究。

(二) 纵向研究

纵向研究是对一段相对较长的时期内某一学前教育现象或问题进行的系统研究,因而它也被称作追踪研究。最早采用纵向研究方法进行学前教育研究的是科学儿童心理学的奠基人普莱尔,他以对自己儿子为期三年的追踪观察记录为研究基础,撰写并出版了世界上第一本儿童心理学著作《儿童心理》。

横向研究能够对某一学前教育现象或问题进行深入细致的研究,在较短时间内形成研究结论,缺点在于不能够展示发展的连续性和转折点,不能全面地反映问题。纵向研究比较注重对事物产生、发展变化的全过程进行系统的追踪与分析,能够详尽、系统地认识事物发展、变化的全过程,但研究周期往往较长,且研究对象亦容易缺失。

三、个案研究和成组研究

这是根据研究对象数量的多少对学前教育研究所作的分类。

(一) 个案研究

个案研究是指研究者选取一个或少数几个具有典型性、代表性的研究对象进行全面、深入、系统考察的研究。在纵向研究中所提到的普莱尔对其子所做的研究便是一种典型的个案研究。

(二) 成组研究

成组研究是指研究者选取较多的研究对象组成若干个被试组,对被试组中的每个个体进行全面、系统考察的研究。根据被试数量的多少,又可以分为大样本组(60个被试以上)和小样本组(60个被试以下)。

个案研究的优点在于能够对研究对象进行全面、深入、系统的考察研究,缺点在于研究对象数量过少,研究结果的代表性和推广度往往较弱,且不容易重复验证。成组研究由于是通过抽样的方式获取了比较多的被试,代表性、科学性和推广性往往较个案研究要强,但它不适合做个别深入的研究。

四、思辨研究和实证研究

这是根据研究方法性质的不同对学前教育研究所作的分类。

（一）思辨研究

思辨研究是指那些主要基于形而上学与思辨的传统，借助归纳、演绎等分析方式，对一些理论观点或具体问题、现象进行论述，借以阐发研究者的某种观点、感受或经验的研究。[①] 我们在学术刊物上经常看到的"论良好师幼关系的特征""某某的儿童观探析""关于某某理论的思考"等为标题的论文和著作，基本上都属于思辨研究的范畴。思辨研究除了运用于对一些理论型问题进行探讨外，往往也会结合社会当下的时弊和需要对有关问题进行论述或提供建议。

（二）实证研究

实证研究是指研究者通过收集量化资料或质性资料，为提出理论假设或检验理论假设而展开的研究，具有鲜明的经验性特征。根据研究所收集与运用的资料性质的不同，实证研究又可以分为量的研究和质的研究两类。

1. 量的研究

量的研究，又称作定量研究、量化研究，指的是一种对事物可以量化的部分进行测量和分析，以检验某些理论假设为目的的研究方法。在量的研究中，研究者以收集到的数据资料为基础，运用数理统计的方法对数据资料进行统计分析，进而精确地描述某种现象的存在状态和发展变化趋势。这种研究方法主要适用于在宏观层面上对事物进行大规模的调查和预测。例如，"我国当前幼儿园适龄入学儿童入学现状的调查研究""当前我国3岁儿童身高与体重状况的调查研究"等。

2. 质的研究

质的研究是以研究者本人作为研究工具，在自然情景下采用多种资料收集方法对社会现象进行整体性探究，使用归纳法分析资料和形成理论，通过与研究对象互动对其行为和意义建构获得解释性理解的一种活动。[②] 质的研究所收集和使用的资料多为文字和图像资料，不注重数据资料，注重对事物意义的探寻和解释。这种研究较为适合在微观层面上对个别事物或现象进行细致、动态的描述与分析，力求通过研究来发现问题或提出新的看问题的视角。郑三元的《幼儿园班级制度化生活》[③]即为该种类型的研究。

除上述研究分类之外，我们还可以根据研究范围，将学前教育研究分为宏观研究、中观研究和微观研究；根据研究对象的时态，可以将学前教育研究分为历史研究、现状研究和未来研究；根据研究的功能，可以将学前教育研究分为描述研究、探索研究、评价研究、预测研究，等等。

以上分类是根据不同标准、从不同角度对学前教育研究进行的类型划分，这种划分具有相对性，有时是互相交叉、重复的。了解学前教育研究的分类，有利于研究者

---

① 刘晶波.学前教育研究方法[M].北京：人民教育出版社，2006.
② 陈向明.质的研究方法与社会科学研究[M].北京：教育科学出版社，2000：12.
③ 郑三元.幼儿园班级制度化生活[M].北京：北京师范大学出版社：2004.

明确研究的目的和要求,确定研究对象,探索每种研究方法的基本特点、适用条件和范围。

思考与练习

1. 学前教育研究的含义是什么?
2. 教育研究的基本特征包括哪些?
3. 学前教育研究的意义有哪些?
4. 学前教育研究功能包括哪些?
5. 阐述学前教育研究的分类。

推荐阅读

1. 叶澜.教育研究方法论初探[M].上海:上海教育出版社,1999.
2. 威廉·维尔斯曼.教育研究方法导论[M].袁振国,主译.北京:教育科学出版社,1997.
3. 陈向明.质的研究方法与社会科学研究[M].北京:教育科学出版社,2000.
4. 格伦达·麦克诺顿,等.早期教育研究方法:国际视野下的理论与实践[M].李敏谊,滕珺,译.北京:教育科学出版社,2008.
5. 慕荷·吉.早期儿童教育研究方法[M].费广洪,译.北京:高等教育出版社,2012.
6. 王海英.学前教育社会学[M].南京:江苏教育出版社,2009.
7. 郑三元.幼儿园班级制度化生活[M].北京:北京师范大学出版社,2004.

第二章　学前教育研究的范式与理论建构

在了解了学前教育研究的含义、特征、功能、类型等内容之后,本章主要探讨学前教育研究方法论方面的问题。学前教育研究方法论是学前教育研究方法的基础,只有对学前教育研究方法论有了清晰的了解与把握,才能理解学前教育研究的整个过程与具体方法,也唯有如此,我们才能在总体上对学前教育研究有一个概览式的了解。因此,在本章中,我们首先来了解学前教育研究的范式,在了解研究范式的基础上,分析学前教育的研究方式,进而对学前教育的理论建构方式进行说明。

第一节　学前教育研究的范式

要探讨学前教育研究的范式,首先必须要知道什么是范式。范式一词最早由美国科学家托马斯·库恩在《科学革命的结构》一书中提出。他指出,科学家之所以能够对共同研究的课题使用大体相同的语言、方式和规则,是由于他们具有一种解决问题的标准方式,即范式[①]。一个范式主要包含两个方面的内容,即科学共同体所持有的共同理念以及在共同体内公认的研究问题和研究框架及理论视角。每个范式都有自己独特的研究问题、理论基础和一整套研究方法。对研究范式的不同选择不仅塑造了我们所看到的事物,影响着我们对研究问题的看法,而且影响着我们如何去看待这些事物,以及接下来我们所采用的具体研究策略和研究方式[②]。

下面,我们分别对教育研究发展史上主要的两种研究范式——实证主义研究范式和解释主义范式做一简单的介绍。

一、实证主义范式

社会科学中的实证主义方法论肇始于孔德和斯宾塞,成型于迪尔凯姆,他们都努力将自然科学的研究程序和方法引入社会科学研究中,提倡社会科学研究要遵循自然科学的程序和规则,尽量保持研究的客观性。实证主义方法论长期以来一直占据着社会科学的主流,它包含两个基本的要素:第一,自然科学提供了寻找真理的唯一基础;第二,自然科学所运用的方法、技术或手段提供了研究社会现象的最佳模式。[③]

---

① 金哲,等.当代新术语[M].上海:上海人民出版社,1998:377.
② 霍力岩,等.学前教育研究方法[M].北京:高等教育出版社,2011:16.
③ 盛群力.从两种研究范式谈教育实验[J].教育研究,1995(9):52.

概括起来，实证主义社会科学研究或学前教育研究范式具有以下几个方面的特点：

（一）客观性

在实证主义者看来，世界是客观的，在这个客观的世界上存在着一些不以人的意志为转移的客观真理，人类对客观世界的认识过程就是对客观事物进行的一种影像式的反映。在研究过程中，研究者不能将自己的主观意愿、情感、态度、价值观等渗入研究对象之中，做到价值无涉。唯有如此，所得到的事实与结论才是客观的、可靠的。

（二）可重复性

可重复性是实证研究的最大特点之一，只要遵循同样的研究步骤和相同的研究逻辑，便可以得出大致相同或相似的研究结果。实证研究的可重复性是我们检验其研究效度的一个重要方法。

（三）可累积性

实证研究的结论是在一代代研究者的努力和数据、资料及经验累积的基础上，通过对既有结论的不断验证和反思，从而提升或改进某一研究领域内的理论而获得的。既有的研究是后续研究的基础，后续研究是既有研究的拓展与深化。

（四）可证伪性

卡尔·波普尔认为判断理论是否科学的标准就是可证伪性。因此，除非各种理论或假设是可证伪的，否则它便不可能是真正意义上的科学。研究者在构建自己的理论时，必须遵循可证伪性原则。

（五）普遍性

从特定的研究中所揭示出的概念与理论应具有概括性，必须能应用于更为广泛的情境，追求内在效度和外在效度的统一，从而达到追求普遍适用规律的目的。

此外，在研究方式上，实证主义往往采用量的研究方式来进行。

二、解释主义范式

解释主义范式是在20世纪五六十年代兴起来的一种研究范式，它是建立在对实证主义范式批判的基础之上的。它通常包含现象学、符号互动论和人种学方法等。在解释主义者看来，社会现象和自然现象是完全不同的，因此，对社会现象的研究和对自然现象的研究也应遵循完全不同的研究路径与方法。

概括起来，解释主义社会科学研究或学前教育研究范式具有以下几个方面的特点：

（一）主观性

在解释主义者看来，人是有思想、意识、情感、语言和能使用符号的有机体，人对世界的认识不是单纯地对情境或刺激做出被动的反应，而是对情境或刺激做出深思熟虑之后的行动。因此，社会研究必须与个体的主观经验保持一致，而不能强调纯粹的、客观的、被动的反应。

（二）参与性

解释主义者认为,在研究过程中,遵循价值无涉原则不仅是不可能的,而且是不必要的。相反,研究者应该深入现实生活中,通过对现实的解释和理解,运用科学化的手段和语言去不断地构建现实世界的具体意义,然后将这些意义再现为关于现实世界的理论。他们特别强调对研究对象生活的参与,唯有如此,才有可能对真正发生了什么做出确切的理解。

（三）意义性

在解释主义者看来,一方面,社会研究往往是对复杂社会现象的相互作用进行建构的过程,因此,在探讨因果关系时应特别关注研究对象作为主体的意义和动机。另一方面,人往往是通过语言去建构现实世界的具体意义的,语言不单纯是世界的说明者,更是创造者,因此,研究对象用自己的语言所表达的意义也应被研究者所重视。

（四）特殊性

解释主义特别强调每一个个体的特定生活情境,认为这是解释个体社会行为的重要因素。因此,解释主义往往不追求普遍性和一般性,不期望得出具有普适性的规律,而是强调特殊性、独特性。

此外,在研究方式上,解释主义往往采用质的研究方式来进行。

根据上面的分析,我们大致可以将实证主义范式和解释主义范式主要区别特征用表 2-1 来表示。①

表 2-1　两种研究范式之比较

实证主义范式	解释主义范式
自然科学基点	社会（人文）科学基点
客观性	主观性
因果性	解释
量化表征	语言和意义
可证伪性	构建有根据的理论
概括化	特定案例
研究技术,包括统计程序、实验、社会调查	研究技术,包括参与观察、人种志、生活史
趋向于宏观及定量化	趋向于微观及定性化

---

① 转引自盛群力.从两种研究范式谈教育实验[J].教育研究,1995(9):54.

第二节 学前教育研究的研究方式

研究方式是比研究范式更加下位的概念,它指的是研究所采取的具体形式或研究的具体类型。学前教育的具体研究方式像其他社会研究一样,可以划分为四个主要类型,即文献研究、实地研究、实验研究和调查研究。① 其中,每一种研究方式都有自己的一套模式,都可以独立地走完一项具体研究的全过程。

一、文献研究

(一) 文献研究的含义

文献研究是指通过收集和分析现存的以文字、数字、符号、画面等信息形式出现的文献资料,来探讨和分析各种社会行为、社会关系和其他社会现象的研究方式。② 在学前教育研究领域中,主要是指通过收集以文字、图画、符号等信息形式出现的文献资料,来分析与探讨学前教育中的各种行为、关系以及其他现象的一种研究方式。

(二) 文献研究的优缺点

与其他研究方式相比,文献研究具有自身的优点,但也存在一定的不足。

1. 文献研究的优点

(1) 文献研究的费用相对较低。文献研究的对象是文献,它不需要像实地研究或调查研究那样需要深入实践,开展大规模的观察与调查,不需要大批的调查员,也不需要像实验研究那样需要购买用于做实验的昂贵设备和原料,它只需要完成对相关文献的搜集查阅即可。尽管文献搜集的广度和难度会在一定程度上增加研究的费用,但与其他三种研究方式相比,文献研究对资金、人力和时间的要求都是最低的。

(2) 研究对象对研究者的无反应性。在文献研究中,研究者所搜集和使用的研究资料都是现有资料,尽管进行资料分析时,研究者或许会根据资料的需要和主观愿望来重组这些资料,但在搜集资料的整个过程中,研究者是没有办法对研究资料产生任何影响的。这与其他三种研究方式是不同的。

(3) 超时空性。文献研究往往更少受时空条件的限制,研究者可以超越时间和空间去研究那些过去的或是远离研究者的对象。学前教育史的许多研究往往都是采用文献研究的方式进行的。

(4) 文献研究还可以做深入的纵向分析。如果研究人员按时间顺序梳理文献资料,就可以梳理出一个事件纵向发展的历史过程或一个研究问题的持续进展。比如,研究英国的学前教育史,我们就可以收集自英国有学前教育以来的资料,然后按照时

---

① 风笑天.社会学研究方法[M].北京:中国人民大学出版社,2005:7.
② 风笑天.社会学研究方法[M].北京:中国人民大学出版社,2005:224.

间顺序梳理,便可以大概对英国学前教育的发展做一个纵向的历史分析。其他研究方式,则往往只局限于一个现时的情境,很难进行纵向的深入分析。

2. 文献研究的缺点

(1) 有些文献往往难以获得。文献研究对文献有较强的依赖性,但在研究过程中,有些关键性的文献,往往由于受隐私保护、保密政策等因素的影响而难以获得,这给研究带来了极大的困难。

(2) 文献的质量难以保证。无论是一手文献还是二手文献,无论是个人文献还是官方文献,抑或是大众传媒,都有可能因为作者、统计人员或大众传媒的报道者的偏见等因素的影响,而使这些供研究使用的资料的客观真实性和公正性难以得到保证,基于这样的文献的研究,其真实性和客观性也往往受到质疑。

二、实地研究

(一) 实地研究的含义

实地研究起源于人类学的研究,也被称作"田野研究",它指的是一种深入研究对象的生活背景中,以参与式观察和无结构访谈的方式收集资料,并通过对这些资料的定性分析来理解和解释现象的社会研究方式。它要求研究者能够尽可能地融入研究对象的生活环境中去,非常深入地接触研究对象,努力使自己得到认可并尽可能地使自己成为其中的一员,进而尽可能多且准确地获得研究所需要的相关信息。这种研究方式,在学前教育研究中较为常用,是学前教育研究的一种重要的研究方式。

实地研究包括参与观察和个案研究两种类型。参与观察是指研究者深入研究对象群体中,体验他们的生活环境,参与他们的社会活动,在参与活动的过程中,通过各种感官来获取相应的信息,并根据相关理论和自己的理解做出解释。个案研究则是指选取研究对象总体中的一个个案做重点观察,并进行深入、细致、全面的了解。

(二) 实地研究的优缺点

1. 实地研究的优点

(1) 实地研究往往能够生成新的理论。实地研究的主要任务并不仅仅是搜集资料,还包括对所搜集的资料进行分析,并做出理论上的解释,因此,实地研究往往能够扎根于既有的资料生成新的理论。

(2) 实地研究具有较好的灵活性。在开展实地研究的初期,研究者头脑中往往并没有一个清晰的研究计划,而是只有一个初步的想法,他们并没有事先拟定好访谈或观察提纲,只是根据研究情境当时的情况,灵活地提出一些问题或做一些观察,可以随时根据研究情境的变化进行调整。

(3) 实地研究往往具有较高的研究效度。在实地研究过程中,研究者一般都会与研究对象建立比较密切的关系,深入研究对象的生活情境,对研究对象的了解也较为深入,通过自然情境下的参与观察和无结构式访谈,能够帮助研究者最大限度地获得全面丰富、真实有效的信息,因此,这种研究方式的效度往往较高。

2. 实地研究的缺点

(1) 实地研究虽然效度较高,信度却很低。实地研究往往采用个案研究的方式进行,而个案的选择又无法保证其典型性与代表性,这使得研究结论无法推广到更大范围的研究对象,它的研究结论只适用于其研究的这个群体或类似的群体。

(2) 实地研究耗时较长。实地研究要求研究者能够深入研究对象的生活情境中,尽可能地与研究对象建立较为密切的关系,进而收集资料,而这往往需要耗费研究者大量的时间,少则半年,多则数十年。

(3) 实地研究往往会背负伦理的拷问,且容易给研究者自身带来困扰。一方面,在实地研究的过程中,研究者为了能够保证研究对象真实地呈现自身的常态,有时会故意隐瞒自己的真实身份,在研究对象不知情的情况下进行研究,这样的做法虽然对研究有利,但面临着道德上的拷问。另一方面,研究对象往往期待研究者能够通过研究给他们的生活带来好的改变,而研究者往往又无能为力,这也会给研究者带来困扰。《大河移民上访的故事》的作者应星在谈到该项研究时,就提到在研究结束时,还有许多移民给他写信或到北京直接找他,希望他能够替他们说话,给其自身带来极大困扰。

三、实验研究

实验研究最初产生于自然科学,20世纪初期,社会科学为了追求自身的科学性,将其引入社会科学的研究之中,并在心理学、教育学等领域得到了广泛的应用。关于实验研究我们会在本书第十一章实验法中做详细介绍,在此不做展开。

四、调查研究

(一) 调查研究的含义

调查研究是社会科学领域,尤其是教育研究中最常见的一种研究方式。它指的是"一种采用自填式问卷或结构式访问的方法,系统地、直接地从一个取自某种社会群体的样本那里搜集资料,并通过对资料的统计分析来认识社会现象及其规律的社会研究方式①"。调查研究主要依赖问题和结构式访谈搜集资料。

(二) 调查研究的优缺点

1. 调查研究的优点

调查研究具有很多其他研究所不具备的优点,表现在以下几个方面:

(1) 调查研究能够通过对样本的分析得出有关整体的结论,研究者可以通过调查结果迅速地掌握某一整体的情况,并由此形成对某事的态度,这使得调查研究有较

---

① 风笑天.社会学研究方法[M].北京:中国人民大学出版社,2005:156.

为广泛的应用性。

(2) 调查研究能够描述大样本的特征。一般说来,所研究的总体越大,所需要的样本量也就越大,一般的社会调查研究都将样本量保持在 2 000 左右。对于这种搜集大数目样本的资料情况,调查研究是最好的方式。

(3) 标准化问卷和结构式访谈便于对搜集到的资料进行量化统计和分析。

2. 调查研究的缺点

与其他研究一样,调查研究也有自身的缺点,具体包括以下三点:

(1) 标准化问卷和结构式访谈虽然便于后续的量化分析,但问卷和访谈提纲的设计者给出的答案选项往往会限制调查对象的回答,使其无法充分表达更多的想法,导致资料收集出现缺失。

(2) 在调查比较复杂的议题时,往往会出现搜集到的信息简单化、片面化和肤浅化的现象,无法像实地研究那样能够挖掘研究对象内心深层次的感悟。

(3) 调查研究也无法保证问卷或访谈所得资料的真实性,问卷的答案或访谈的回答在多大程度上反映了回答者的真实想法是无法确认的。

在对以上四种研究方式有了大致了解之后,我们可以通过表 2-2 进行简要的概括和总结。

表 2-2　社会研究基本方式小结①

研究方式	子类型	资料搜集方法	统计分析方法	研究的性质
文献研究	统计资料分析 二次分析 内容分析	官方统计资料 他人原始数据 文字声像文献	统计分析	定量
实地研究	参与观察 个案研究	无结构观察 无结构访谈	定性分析	定性
实验研究	实地实验 实验室实验	自填式问卷 结构式访谈 结构式观察 量表测量	统计分析	定量
调查研究	普遍调查 抽样调查	统计报表 自填式问卷 结构式访谈	统计分析	定量

---

① 风笑天.社会学研究方法[M].北京:中国人民大学出版社,2005:8.

第三节 学前教育研究的理论建构

所谓理论,指的是"一系列具有内在联系的范畴的体系或命题的集合,是关于特定领域或对象的系统化知识[①]"。当我们遵循科学研究的程序,提出研究问题,通过一定的科学方法收集和分析研究数据之后,接下来面临的问题就是按照一定的逻辑得出结论,并进行有关的理论建构。通过科学研究建构的理论既可以是个人的理论,也可以是受到公众认可的理论;既可以是在一定范围内适用的小理论,也可以是适用范围更广的大理论。

不管是个人的理论还是受公众认可的理论,不管是小理论还是大理论,它们的建构都遵循两种逻辑,即归纳的逻辑和演绎的逻辑。对理论建构来说,这两种逻辑都十分重要,缺一不可,且往往会同时用于解决同一问题。当要使用演绎逻辑时,往往先通过归纳逻辑获得前提;而归纳逻辑也使用通过演绎逻辑获得的结论作为论据。

在前面的四种研究方式中,实地研究作为质的研究方式的一种,是可以用来建构理论的;而文献研究、实验研究和调查研究则可以验证、发展理论,或通过推翻一个理论来构建一个新的理论。

一、归纳逻辑与理论建构

归纳法最早由弗朗西斯·培根提出,他于1607年发表了首个对归纳逻辑的研究,他认为所有科学的结论只能通过调查、分析和实验才能获得,所有正确的推理都应该是归纳性的。那么,什么是归纳逻辑呢?所谓归纳逻辑,指的是"从个别出发以达到一般性,从一系列特定的观察中,发现一种模式,在一定程度上代表所有给定事件的秩序[②]"。比如,医学专家通过测量不同年龄阶段儿童的身高、体重等数据,然后归纳出身高体重指数,进而以此为常模,制定儿童过重或过轻的指标。

根据归纳逻辑的发展阶段,可以分为古典归纳逻辑和现代归纳逻辑两种。归纳逻辑的古典类型主要包括枚举归纳法、消去归纳法,同时也包括提出和检验假说的方法。归纳逻辑的现代类型则包括概率逻辑和模态归纳逻辑两类。归纳逻辑没有既定的程序,构建归纳性结论的能力也因人而异。成功的归纳往往取决于富有创造性的洞察力。

二、演绎逻辑与理论建构

演绎逻辑与归纳逻辑相反,它指的是"从一般到个别,从逻辑或理论上预期的模

[①] 陈向明.质的研究方法与社会科学研究[M].北京:教育科学出版社,2000:319.
[②] 艾尔·巴比.社会研究方法[M].10版.邱泽奇,译.北京:华夏出版社,2005:24.

式到观察检验预期的模式是否确实存在①"。

在演绎逻辑中,三段论是其核心,体现了演绎逻辑的主要特征。三段论演绎逻辑的一般模式为:

(1) 大前提——已知的一般原理;

(2) 小前提——所研究的特殊情况;

(3) 结论——根据一般原理对特殊情况做出的判断。

如果大前提和小前提为真,则结论必定为真;如果任何一个为假,则结论亦为假。例如,大前提是"凡人皆死",小前提是"苏格拉底是人",则可得出结论"苏格拉底必死"。

演绎逻辑往往受到归纳逻辑的批判或贬低,认为演绎逻辑不是一种科学的方法,批判与质疑集中于两个方面,而这也是演绎逻辑自身所具有的天然不足。一方面,归纳逻辑认为演绎逻辑不能给人以新的知识,因为它的结论本身就包含在前提之中。比如刚才所讲的"凡人皆死"与"苏格拉底之死",由"凡人皆死"推出"苏格拉底必死"并没有告诉我们任何新的知识,因为"凡人皆死"本身就包含了"苏格拉底必死"。另一方面,归纳逻辑认为演绎逻辑不能证明其前提的正确性,因而必然导致先验论。演绎逻辑必须以一定的基本原理为前提,在不引入更基本的基本原理之前,这些基本原理是不可能通过演绎逻辑本身被发现或证明的。而引入更基本的基本原理之后,这些基本原理虽然能被演绎逻辑所发现或证明,但是所引入的那些更基本的基本原理却又不能被演绎逻辑本身所发现或证明。因此,依此类推,演绎逻辑要能作为一种完全的、根本性的方法而存在,就必须假设存在一些"先验"的、根本性的、绝对的真理,这些真理是不可能被演绎逻辑本身所发现或证明的,而其他的一切知识却都可以从这些"先验"真理中推演出来。故有的研究者认为,我们是生活在一个假设的世界中,是"在假设的世界中生存"。②

思考与练习

1. 比较实证主义范式和解释主义范式。
2. 论述文献研究的含义及其优缺点。
3. 论述实地研究的含义及其优缺点。
4. 论述调查研究的含义及其优缺点。
5. 比较归纳逻辑与演绎逻辑。

---

① 艾尔·巴比.社会研究方法[M].10版.邱泽奇,译.北京:华夏出版社,2005:25.
② 吴康宁.在假设的世界中生存[J].高等教育研究,2005(8).

推荐阅读

1. 霍力岩.学前教育研究方法[M].2版.北京:高等教育出版社,2018.
2. 风笑天.社会学研究方法[M].北京:中国人民大学出版社,2005.
3. 艾尔·巴比.社会研究方法[M].10版.邱泽奇,译.北京:华夏出版社,2005.
4. 吴康宁.在假设的世界中生存[J].高等教育研究,2008(8).
5. 盛群力.从两种研究范式谈教育实验[J].教育研究,1995(9).

第三章　学前教育研究的伦理

学前教育研究中往往选择人尤其是儿童参加实验研究，以其做观察对象或者对其做问卷调查，即使使用的是各种记录文本，其中也往往会涉及人。因为有人参加研究，所以我们必须考虑研究的伦理和合法性问题。在本章中，我们主要对学前教育研究过程中应遵循的伦理原则进行介绍，进而探讨学术研究的基本规范问题。

第一节　学前教育研究应遵循的伦理原则

一、研究伦理原则的来源

研究对象应该享有什么样的权利，应该受到什么样的对待？这便涉及对研究对象的保护问题。对研究对象的保护始于第二次世界大战之后，在二战中，德国纳粹医生对犹太人和其他人种进行了大量的人体实验；臭名昭著的日本731部队也在中国东北对至少3 000人实施了残酷实验。这些惨无人道的罪行曝光以后，关于研究的伦理问题开始引起国际社会的强烈关注。此后，世界各国政府以及各类行业协会分别颁布了各种具有法律效力的条款，使得研究尽最大可能地保护研究对象的权利，并采取各种措施，将研究可能带来的风险和对研究对象的身心伤害降到最低。

（一）政府的有关法规

政府出面制定保护研究对象的规章始于1946年对23名纳粹医生和科学家进行审判的纽伦堡军事法庭的判决书。纽伦堡军事法庭在判决书中陈述了进行人体实验所应遵循的十大准则，即后来所称的《纽伦堡法典》，其中"须取得受试者知情且出于自愿同意"和"研究设计必须是科学有效的方法，并能为人类带来利益"等原则都是针对研究对象保护所提出来的。

美国政府于20世纪六七十年代开始建立保护研究对象合法权益的条例，并不断进行修改和完善。20世纪六七十年代，为了规范使用联邦基金进行的研究，美国政府制定了联邦条例和规章；1991年6月，联邦政府又修订了《保护研究对象联邦法案》和《注意事项与规则》。为了规章制度的落实，美国政府要求所有使用政府基金进行研究的机构都要设立审查委员会，对研究中的道德问题进行道德审查，只有审查通过，方可实施研究。英国、加拿大、德国等也都制定了相关的法律规章制度。

虽然政府制定规章制度在某种程度上有利于对研究对象的保护，但对于政府是否应该在研究伦理上设立规定，向来存在争议。政府对研究行为进行约束，虽然能部分地保护其公民免受伤害,但带来的负面效果也不可低估,官僚的做派和对方法论的无知往往会给研究带来无谓的障碍,甚至将一些高质量的研究扼杀。①

(二)专业协会的有关道德准则

除了政府部门颁布法律条例、规章制度来保护研究对象之外,专业协会和行业协会也都相继颁布研究的原则、守则、标准等来规范研究者的研究行为。

1978年,美国生物医学及行为研究受事者保护国家委员会在《贝尔蒙特报告书》中列举了研究伦理的三大基本原则,即尊重被研究者、善行和公正。1998年,美国人类学学会公布了《美国人类学学会伦理规则》,特别强调以人和动物为研究对象的规则,认为对人和动物的尊重比发现新的知识更重要。2002年,美国心理学会公布了经过九次修订的《心理学家伦理原则与规则》,其中提出了避免伤害、相互依赖、诚实正直、公平正义、尊重人权等对研究对象保护的原则。②

与教育研究者密切相关的准则是《美国教育研究协会道德准则》,包括责任范围、研究人群、教育机构和公众、知识产权、编辑、审查和研究评定、研究发起人、研究策划人及其他研究结果使用者以及学生与研究新手等六大主题四十五条准则,其中有多处关于研究对象保护的规定。2004年,英国教育学会颁布了最新修订的《教育研究指南》,对研究伦理在研究中的实际应用,从研究参与者的责任、研究出资方的责任和学术共同体的责任三个方面做出了具体的规定。其中,对研究者的责任明确提出了八项要求:① 研究者要保证参与研究者的充分知情权;② 在确保充分知情权的前提下,要尽可能避免对研究参与者进行欺骗或部分隐瞒研究目的;③ 研究参与者享有弃权权利;④ 根据《联合国儿童权利公约》,所有涉及儿童的行为都必须以儿童的最大利益为首选;⑤ 研究者为激励、报答研究参与者时,不得使用可能产生负面作用的激励行为;⑥ 不危害研究对象是开展研究时最为重要的一项伦理规范;⑦ 确保个人隐私,指研究过程中获得任何有关研究参与者的信息都属个人隐私,需要遵守匿名及保密原则;⑧ 一旦发现研究中产生了违法行为,研究者必须向有关部门揭发,研究成果要告知所有参与研究的人员。③

二、学前教育研究应遵循的基本伦理原则

学前教育研究的对象通常是婴幼儿、婴幼儿家长和教师,他们都是享有各方面权利的社会独立个体。在研究中不当的研究方式或对研究结果的不恰当处理都可能给他们的生活和身心带来伤害。因此,学前教育研究应遵循一些基本的伦理原则,从而使学前教育研究的研究对象免受权利的侵害和身心伤害。

---

① 李荷. 社会研究的伦理规范——历史、哲学与实践[J]. 人文杂志,2011(3):154.
② 霍力岩,等. 学前教育研究方法[M]. 北京:高等教育出版社,2011:47.
③ 文雯. 英国教育研究伦理的规范和实践及对我国教育研究的启示[J]. 外国教育研究,2011(8):88.

(一) 尊重研究对象原则

每个生命都有尊严,人格的尊严和平等是高于一切的。因此,任何以人为对象的研究,都应该坚持把尊重研究对象作为研究应该遵循的第一伦理原则。学前教育研究也不例外,也应把尊重研究对象作为开展研究的第一伦理原则。

尊重研究对象的原则不仅仅是一句空话,它必须在实际操作中得到切实的体现。尊重研究对象,一方面要求研究者能够认识到研究对象享有一切权利,另一方面则要求研究者承认研究对象与自己是平等的。尊重研究对象的原则不仅仅是书面上的承诺,还包括研究过程中的眼神、言语和肢体动作等方面的平等,更为重要的是发自内心的尊重和平等,尤其是对弱势群体的研究更需如此。作为研究者,理应知道研究者和被研究者的不同权利地位,因此更应该主动去尽量打破这种不平衡的关系。

尊重研究对象的原则要求贯穿于研究者的整个研究过程。在确定研究方案时,要考虑研究设计的各个方面是否为研究参与者实现各种权利提供了方便,有没有直接或间接损害研究对象的现象,如果有,该如何消除;在研究设计中,是否注意监控了参与者的状态,是否已经为保护参与者采取了有力的措施;如果研究目的等相关信息在研究前不便告知参与者,在素材收集完毕之后,是否考虑对其进行解释,澄清误解等。①

(二) 知情同意与不欺骗原则

知情同意是指在研究对象或研究参与者获得了关于该项研究的所有必要信息,并充分了解了这些信息之后,在没有强迫、不当压力和引诱的情况下,自愿做出是否参与科研以及在科研过程中是否退出的决定。② 这里面包含了两层意思:一是参与者要充分了解情况,了解整个研究的目的、研究可能存在的风险、研究人员的基本情况等;二是他们的参与应出于自愿,并可以选择随时退出。

在学前教育研究中,研究者提供信息、对方完全理解、对方完全自愿是知情同意的三大要素。所谓研究者提供信息,是指研究者需要主动将研究的目的是什么、研究的发起者是谁、怎样进行研究、需要多长时间、研究可能存在的风险等基本信息告诉潜在的研究者。当然,也有部分研究会因为提前告知研究者过多信息而影响到研究者的反应,做出与平时不同的行为,这样就无法收集到有效的信息。比如,研究人员要研究幼儿教师如何对待犯错误的孩子,如果提前告知幼儿教师这一信息,幼儿教师往往就会有意识地控制自己的行为,这样所收集到的信息就是无效的。因此,在这种情况下,对研究者适当隐瞒是必要的。但是,在隐瞒相关信息时,首先必须确定隐瞒的信息对研究对象没有危害,其次在研究结束之后必须向研究对象解释清楚。

当研究者将信息提供给潜在的研究对象之后,必须确保对方能够完全理解。研

---

① 张玲. 教育科学研究中的伦理问题[J]. 当代教育论坛,2007(5):35.
② 黄盈盈,潘绥铭. 中国社会调查中的研究伦理:方法论层次的反思[J]. 中国社会科学,2009(2):154.

究者所使用的专业术语和表达习惯往往会给潜在研究对象的理解带来困难,致使潜在研究对象无法完全理解研究者所给予的信息。这就需要研究者能够了解潜在研究对象的理解能力和语言习惯,尽可能用容易理解和适合潜在研究对象的语言传递研究信息。此外,学前教育研究的对象很大一部分是婴幼儿,这就更需要研究者能够用婴幼儿所能理解的语言进行解释,同时往往还需要征得幼儿父母或教师的帮助。

研究对象完全自愿参与研究是知情同意原则最为核心的环节,也是让研究变得合法的环节。研究者必须保证研究对象参与研究是完全自愿而不是因为受到了某种外部压力或强迫。研究对象应该是在没有顾虑、非常情愿的情况下参与研究中的。同时,在研究过程中,研究对象的自由不应受到任何限制,他们可以自愿选择是继续参与研究还是退出研究,尽管研究对象退出研究会给研究带来影响,甚至导致研究无法顺利完成。此外,如果研究的对象是婴幼儿,研究者还必须征得其父母和监护人(如幼儿园的负责人、教师等)的同意,且儿童及其监护人有权在研究过程中随时退出。

知情同意可以是以签字的书面形式确认,亦可以采用口头同意的形式。书面形式的知情同意书是一种比较理想和正规的形式,既可以保护被研究者,也可以保护研究者。但是,取得书面签字的知情同意往往并不容易。一方面,从文化上讲,中国人对于签字,哪怕仅仅是留下笔迹都比较谨慎;另一方面,如果研究涉及社会边缘群体、敏感话题时,书面的知情同意书就更不容易获得,而且即便获得了,也存在增加研究对象顾虑和心理负担的风险。因此,在实际操作过程中,应根据具体情况,如果能够做到书面知情同意是最好的;如果不能做到书面知情同意,只要做到实质意义上的知情同意,口头的形式也是可以的。但是,研究者必须在自己的调查报告中加以说明。

与知情同意相关联的原则是不欺骗原则。不欺骗原则是指研究者必须诚实、真诚地对待研究对象,尽可能不采用"欺骗"方式的研究设计,除非不用"欺骗"方式的设计,无法取得研究结果。① 对于在研究过程中是否可以采用"欺骗"是存有争议的,有研究者认为任何形式的欺骗都是不道德和不能接受的,因而任何欺骗都应该排除;而有的研究者则认为在研究中可以采取"善意"的欺骗手段,关键在于"欺骗"之后能够采取必要的减感措施——研究对象确信被骗并因而消除不良影响的一种过程②。道格拉斯·霍尔姆斯提出了两种方法来使研究对象在被"欺骗"的情况下摆脱敏感度:一是告诉研究对象他们的行为是由实验环境引起的,而不是由于他们的性格或个性方面的缺陷导致的;二是指出研究对象的行为不是反常的行为。③

---

① 霍力岩.学前教育研究方法[M].北京:高等教育出版社,2011:55.
② 梅雷迪斯·D.高尔,沃尔特·R.博格,乔伊斯·P.高尔.教育研究方法导论[M].6版.许庆豫等,译.南京:江苏教育出版社,2002:83.
③ 转引自霍力岩.学前教育研究方法[M].北京:高等教育出版社,2011:55.

(三) 隐私保护原则

在进行学前教育研究的过程中，研究者与研究对象有很多接触，研究问题也可能涉及研究对象的私人领域，这就涉及研究对象的隐私保护问题。隐私保护原则要求研究者在研究过程中要做到匿名和保密。

匿名指的是研究参与者的身份只能为研究小组中指定的成员知晓，而最保险的办法则是研究者不记录参与者的姓名。① 在研究开始以前，研究者就应主动向研究对象澄清匿名原则，明确告知对方自己无论在任何情况下都不会泄露他们的姓名和身份，一切与他们有关的地名、单位名和人名都将使用匿名，必要时敏感性材料也将被删除。匿名"应该遵循的一个原则是，要把知道研究参与者底细的人数降低到最小的限度"②。在研究中，我们可以通过对研究对象进行编码等方式实现匿名的要求，这样只有知道编码规则的人才能将研究对象识别出来。

保密指的是无论研究以何种形式面世，研究者不应泄露参与者说了些什么、做出了什么评论，这里既包括不能点破其姓名角色，也不能让人根据文中线索做出合理的推断，从而追溯到参与者的身份。③ 在研究的过程中，往往会涉及一些敏感问题，比如"你觉得幼儿园的老师怎么样""你认为幼儿园的管理水平如何"等，研究对象对这些问题提供信息可能会给他们的生活和工作带来麻烦和困扰，此时研究者应该严格地对研究对象的姓名、性别、身份、家庭住址等个人信息加以保密。这样做，一方面可以消除研究对象的顾虑，向研究者提供真实的信息资料，保证研究的科学性；另一方面也有利于在研究者和研究对象之间建立相互尊重、平等合作的研究关系，避免给研究对象的生活、工作和学习带来不必要的伤害。

为了做好保密工作，研究人员可以参考如下方法：① 要求研究对象提供信息，不署名；② 让第三方(除研究者和研究对象之外的第三方人员)选择样本并收集资料；③ 使用标志符号，一旦得到被试对象的答复，符号便可以去掉，这样研究对象虽然知道是哪些研究对象做了答复，但又无法把具体答复与答复人联系起来；④ 如果研究资料来源于两个或多个行政部门，那就必须把每位被试对象编成代码；⑤ 研究结束后在规定时间内消除敏感信息资料。④

匿名与保密看似简单，事实却并非如此。即使研究者使用化名来隐瞒研究对象的身份，被识破的风险仍然是存在的，如果研究所涉及的圈子很小，圈内人就有可能从文中把研究对象辨认出来，因此一些关键信息如地域、单位、社区等信息都必须加以掩盖。研究者应该清醒地意识到一旦研究对象的身份被泄露会给他们带来的负面

---

① 李荷. 社会研究的伦理规范——历史、哲学与实践[J]. 人文杂志，2011(3)：158.
② 梅雷迪斯·D. 高尔，沃尔特·R. 博格，乔伊斯·P. 高尔. 教育研究方法导论[M]. 6版. 许庆豫，等译. 南京：江苏教育出版社，2002：80.
③ 李荷. 社会研究的伦理规范——历史、哲学与实践[M]. 人文杂志，2011(3)：158.
④ 梅雷迪斯·D. 高尔，沃尔特·R. 博格，乔伊斯·P. 高尔. 教育研究方法导论[M]. 6版. 许庆豫，等译. 南京：江苏教育出版社，2002：81.

影响。未能保护好参与者的隐私造成的伤害是多方面的,如果读者从中分辨出何人做了何事,研究对象的行为便会被放在公共审视之下,从而影响到他们的声誉和生活。因此,在研究过程中,研究者必须慎之又慎。

(四) 文化平等原则

在研究过程中,有时会出现研究者与研究对象之间存在的文化、教育、经济水平等方面的差异而造成研究者对研究对象的不适当态度,这种现象尤其会出现在初始研究者身上。比如,来自城市高校的学生到农村地区进行幼儿园教学现状的调研,由于对当地情况缺乏了解,甚至听不懂当地的方言,便由此做出"教学方法落后""学生学习能力低下""教育管理混乱"等不公正的评判,从而产生歧视的态度。这便牵涉到文化平等原则。

所谓文化平等,指的是平等对待研究对象和收集到的研究资料与数据,不应因研究对象的性别、民族、文化背景和经济地位等方面的差异而有所不同,更不能以研究者的个人喜好或为了证明研究目的而隐瞒或消除某些数据与资料。

在研究过程中,要坚持文化平等原则,应注意以下几点:① 当研究者与研究对象出现观点不一致时,需要及时进行沟通,建立平等、谅解、真诚的合作关系;② 研究者在设计研究方案时,应该首先了解研究对象的经济水平、文化、教育、宗教、民族等背景性因素,从而保证研究方案尽可能没有造成歧视的内容;③ 在梳理数据资料时,要公平对待不同研究对象提供的信息,如实反映调查情况,不能因为要证明研究目的或其他人为因素而随意或故意忽视和删除资料。①

除上述四个原则之外,在研究过程中,研究者和研究对象往往会处于一种权利不对等的情境,研究者在研究时占据主动地位,这种不对等的权利关系会产生剥削:参与者给研究者提供信息,研究者从而获得学位、发表文章或晋升,而被研究者却所获甚少。② 为了避免这一问题,学界提出了各种解决方案,有人提倡应以各种形式回报对方,诸如馈赠礼物、提供帮助、招待食物、聆听对方的倾诉等;也有人主张将研究结果反馈给参与者,以示承情和认可,有的研究能使研究对象在研究过程中获取力量和解放。这样的做法在某种程度上都可以对研究对象提供一定的补偿,在研究过程中都可以去尝试。

---

① 霍力岩.学前教育研究方法[M].北京:高等教育出版社,2011:57.
② 李荷.社会研究的伦理规范——历史、哲学与实践[J].人文杂志,2011(3):159.

第二节 学术研究的基本规范

一、如何处理研究过程中的人际关系[①]

学前教育研究是与人打交道的研究,这就决定了学前教育研究不仅要符合伦理道德规范,还要求处理好研究过程中的不同人际关系,即研究过程中各方利益的处理也要符合基本学术规范和伦理原则。研究过程中的人际关系包括研究者与研究对象的关系、研究者与教育管理者的关系以及研究者与研究合作者之间的关系等,下面我们就如何处理这三对关系进行分析。

(一)如何处理与研究对象的关系

在学前教育研究过程中,婴幼儿、婴幼儿的父母和幼儿教师往往是重要的研究对象,研究者的研究往往会给他们带来被窥探的感觉,因此处理好与研究对象的关系就显得尤为必要。要处理好与研究对象的关系,可以从以下几个方面入手:

(1)研究者要时刻警惕研究是否会给研究对象造成伤害或带来不利影响。研究者应该意识到研究工作可能给研究对象带来的风险与伤害,研究者没有权力毫无禁忌地刺探研究对象的所有方面,伦理道德原则应高于研究的进展和新知识的获得。

(2)研究者对研究对象所进行的一切调查研究都应获得知情同意。知情同意原则一方面是对研究者和研究对象的保护,另一方面也有利于双方建立平等、友好、和谐的人际关系。

(3)采取积极措施保护研究对象的利益。在研究过程中,研究者应为研究对象享有一切权利提供便利,在双方发生利益冲突时,原则上研究者应将研究对象的利益放在第一位加以保护。

(4)做好保密工作。研究者应在研究开展的整个过程以及研究成果的发表方面,严格做好匿名和保密工作,这样做一方面可以使研究对象在一定程度上消除后顾之忧,提供更加真实的信息;另一方面也避免了给研究对象带来伤害。

(5)持有平等的态度。一方面,研究者要意识到,在研究过程中,双方处在一种平等的位置,只是分工有所不同而已,不要居高临下,不应对研究对象持有歧视态度;另一方面,对研究过程中研究对象提供的数据资料,应平等对待,真实反映实际情况,不根据自己喜好和需要进行随意的删减。

(二)如何处理与教育管理者的关系

学前教育研究为了获得合法性并能够顺利地开展,必须得到相关单位的许可

[①] 本部分内容主要参考霍力岩.学前教育研究方法[M].北京:高等教育出版社,2011:58.

和支持。由于学前教育研究通常需要到幼儿园的实际情景中做研究,因此,获得研究对象所在幼儿园(包括幼儿园的主管单位教育行政部门)的管理者的允许是必需的。此外,学前教育研究者多数是高校教师和教育科研部门的研究人员,为了让自己的研究项目得以顺利开展,此课题研究还需要获得研究者所在单位管理者的批准。上述两类管理者便是研究的"守门人",如果无法获得他们的允许,研究便不可能得以顺利开展。因此,在开展研究时,必须要注意处理好与教育管理者之间的关系。

(1) 要采取正常的办事渠道。一般来说,教育管理者代表的是学校行政单位,研究课题的合法性不会遭到质疑。

(2) 研究方案需要经过两方面教育管理者的审核。对研究对象所在单位的管理者来说,让他们审核研究方案是让他们允许研究者进入幼儿园进行研究的前提条件;而对研究者所属单位的管理者来说,审核研究方案一方面是对研究中涉及的伦理问题进行把关,另一方面也是对研究课题的价值和质量进行把关,亦可避免因管理者对研究的质疑而出现争端。

(3) 研究中各自承担的责任和获得的利益要明确。教育管理者在很多情况下会参与研究中,为研究提供资源,履行责任并获得利益。因此,在研究开始之前就应明确双方的责任和利益,这样就不会导致研究中关系和职能的混乱。

(4) 研究成果发表时需要经管理者同意,并根据实际情况署名。研究成果的发表可能会向大众呈现一些研究对象的情况,而这些情况可能是研究对象所在单位的管理者不想呈现的,因而在成果发表之前,一定要征得管理者的同意,如果管理者不同意,则不能公开发表相关研究成果。除此之外,在成果发表时,研究者要客观地说明教育管理者在研究过程中为研究所做的工作,并对其表示感谢;如果有必要的话,还应为教育管理者署名。

(三) 如何处理与研究合作者的关系

研究者与研究合作者的关系包括研究者与发起者(出资者)的关系和研究者与研究伙伴的关系两类。

1. 与发起者(出资者)的关系

许多学前教育研究是由第三方发起并资助的,在这样的研究中,研究者和发起者的关系有些像雇佣关系,这种雇佣关系要求研究者一方面要履行对发起者(出资者)的义务,另一方面也要坚持维护研究的科学性并保护研究对象的权益,这往往使研究者处于一种两难的境地。因此,在处理与研究发起者(出资者)的关系时,应注意在权衡中建立友好合作的关系,具体说来,应做好以下几个方面:

(1) 研究之前研究者应向研究的发起者(出资者)声明双方各自的职责。职责明确、清楚可以避免之后出现利益争端。

(2) 研究者应根据发起者(出资者)的要求提供服务。研究者应根据发起者的目的制订详尽的研究方案,向研究者说明研究的思路、步骤、方法、日程安排、可能存在的风险、研究结果的程序方式、各方可以获得的利益等问题,并且通过专家评估获得发起者的认可。

(3) 坚持遵循研究伦理道德以维护学术的科学严谨和研究对象的权益。研究者在研究过程中要特别注意在达成发起者的任务和遵循学术伦理道德之间做好权衡,全力维护研究的学术伦理道德,不应使学术的价值屈服于金钱。

2. 与研究伙伴的关系

部分学前教育研究往往是由一个学术团体共同完成的,因此,在研究过程中就需要处理好与其他研究人员之间的关系。如何使每个研究的参加者都具有责任感和荣誉感,如何做到上下团结一致、同心同德,是任何一项集体协作研究成败的关键。因此,在处理与研究伙伴的关系时,一方面要遵循法律规范的要求,另一方面也要遵循一定的伦理原则。

(1) 公平对待研究伙伴。以平等的态度对待研究伙伴是建立良好研究关系的基础,研究主持者在针对研究内容提出各自观点的时候,要平等对待每一个研究伙伴提出的观点和意见,不能忽视甚至蔑视;研究主持者与研究伙伴只是分工不同,在研究中不能认为提供支持服务的研究伙伴就要绝对服从领导;在酬劳方面要公平分配,不能根据个人主观喜好而对不同人给付不同报酬。

(2) 沟通是解决问题的最好方式。在研究过程中,团队内部难免会出现观点和意见不一致的情况,此时,研究主持者应通过沟通的方式来解决问题,而不是用权威强制研究伙伴服从自己的命令。

(3) 公开发表研究成果时,要客观地呈现研究伙伴为研究所作的贡献。在撰写研究报告、学术论文、论著时要恪守学术规范,根据对研究的贡献大小,为研究伙伴按顺序署名。

二、研究过程中的学术诚信

除了保护研究对象、处理好与各方面的人际关系之外,研究者还要坚守科学研究的职业伦理,即学术诚信。查尔斯·李普斯在《诚实做学问——从大一到教授》一书中提出了学术诚信的三个原则[①],即:

第一,当你声称自己做了某项工作时,你确实做了。当你仰赖了别人的工作时,你要引注它。

第二,你用他人的话时,一定要公开而精确地加以引注,引用的时候,也必须公开而精确。

第三,当你要介绍研究资料时,你应该公正而真实地介绍它们。无论是对于研究涉及的数据、文献,还是别的学者的著作,都该如此。

---

① 查尔斯·李普斯.诚实做学问——从大一到教授[M].郜元宝,李小杰,译.上海:华东师范大学出版社,2006:3.

要想在研究中做到学术诚信,则必须注意引注的规范、数据的规范和发表的规范三个方面。

(一) 引注的规范

在撰写学术论文、著作和研究报告时,难免会借鉴和转述别人学术论文和著作中的观点内容,如果在借鉴和转述时不说明出处而把别人的东西当作自己的,便是学术剽窃,是一种学术不端行为,是要坚决摒弃的。因此,在学术论著的撰写过程中,做好引注是非常重要的。那么什么是引注呢?所谓引注,包括引用和注释两部分,其中,引用是指转述或直接陈述他人的观点内容,而注释则是针对引用的内容作出的注解,以此来说明引用内容的出处。①

在研究过程中,做好引注需要遵循什么样的原则呢?教育部社会科学委员会颁布的《高等学校哲学社会科学研究学术规范(试行)》中明确提出如下两点:① 引文应以原始文献和第一手资料为原则。凡引用他人观点、方案、资料、数据等,无论曾否发表,无论是纸质或电子版,均应详加注释。凡转引文献资料,应如实说明。② 学术论著应合理使用引文。对已有学术成果的介绍、评论、引用和注释,应力求客观、公允、准确。伪注、伪造、篡改文献和数据等,均属学术不端行为。②

杨玉圣、张保生在《学术规范导论》中提出了十条引用伦理,也值得我们借鉴,即:① 学术引用应体现学术独立和学者尊严;② 引用必须尊重作者原意,不可断章取义;③ 引注观点应尽可能追溯到相关论点的原倡者;④ 写作者应该注意便于他人核对引文;⑤ 应尽可能保持原貌,如有增删,必须加以明确注明;⑥ 引用以必要为限;⑦ 引用已发表或出版修订版的作品应以修订版为依据;⑧ 引用未发表的作品须征得作者或相关著作权人的同意,并不得使被引用作品的发表成为多余;⑨ 引用应伴以明显的标示,以避免读者误会;⑩ 引用须以注释形式标注真实出处,并提供与文献相关的准确信息。③

学术注释也有自己要遵循的原则,做好学术注释需要做到:清楚呈现引用文献的基本信息以方便读者查阅,注释应该呈现的内容包括原作者、文献名称、出版者、出版时间、年卷期、版本、页码等。学术注释有具体的规则,目前尚未统一。在本章附录中,我们将给读者呈现《中国社会科学》杂志的注释规范。

(二) 数据的规范

收集、整理、分析数据资料是学前教育研究的重要内容,在这个过程中,研究者需要坚守学术规范,才能保证研究的真实可信度和科学性,在研究资料的收集、整理和分析时,也应符合学术诚信的要求。

---

① 霍力岩.学前教育研究方法[M].北京:高等教育出版社,2011:61.
② 教育部社会科学委员会.高等学校哲学社会科学研究学术规范(试行)[OL]. http://www.edu.cn/20041118/3121016.shtml.
③ 转引自霍力岩.学前教育研究方法[M].北京:高等教育出版社,2011:61-62.

1. 收集资料时的学术诚信

在收集资料时，做研究记录应诚实、完整、可靠。在这个过程中，捏造研究数据和资料是最为突出的不符合学术诚信的行为。研究者在研究过程中，不能为了让数据资料成为证明研究问题的有力证据而自己随意篡改和编造数据资料，更不能直接拿别人的实验结果或调查数据稍作改动便为我所用，这都是不符合学术诚信规范的。此外，研究者还要注意收集研究对象在常态状况下的信息。

2. 数据处理中的学术诚信

在整理数据资料时，研究者应遵循统计规范，不能为了证明自己的研究目的随便删改数据，尽可能使用spss等统计分析软件帮助研究者直观呈现研究结果。

在整理文字资料时，研究者应尽可能客观、准确地理解所搜集文字资料的含义，避免曲解和误读资料的含义，尽管由于研究者个人理论知识和分析能力的限制，出现曲解和误读是不可避免的。

（三）研究成果规范

除了引注和数据需要规范之外，研究成果也需要规范。《高校哲学社会科学研究学术规范（试行）》中对学术成果规范做了以下八点要求①：

（1）不得以任何方式抄袭、剽窃或侵吞他人学术成果。

（2）应注重学术质量，反对粗制滥造和低水平重复，避免片面追求数量的倾向。

（3）应充分尊重和借鉴已有的学术成果，注重调查研究，在全面掌握相关研究资料和学术信息的基础上，精心设计研究方案，讲究科学方法。力求论证缜密，表达准确。

（4）学术成果文本应规范使用中国语言文字、标点符号、数字及外国语言文字。

（5）学术成果不应重复发表。另有约定再次发表时，应注明出处。

（6）学术成果的署名应实事求是。署名者应对该项成果承担相应的学术责任、道义责任和法律责任。

（7）凡接受合法资助的研究项目，其最终成果应与资助申请和立项通知相一致；若需修改，应事先与资助方协商，并征得其同意。

（8）研究成果发表时，应以适当方式向提供过指导、建议、帮助或资助的个人或机构致谢。

---

① 教育部社会科学委员会. 高等学校哲学社会科学研究学术规范（试行）[OL]. http://www.edu.cn/20041118/3121016.shtml.

附录 3-1

《高等学校哲学社会科学研究学术规范(试行)》①

一、总则

（一）为规范高等学校(以下简称高校)哲学社会科学研究工作，加强学风建设和职业道德修养，保障学术自由，促进学术交流、学术积累与学术创新，进一步发展和繁荣高校哲学社会科学研究事业，特制订《高等学校哲学社会科学研究学术规范(试行)》(以下简称本规范)。

（二）本规范由广大专家学者广泛讨论、共同参与制订，是高校师生及相关人员在学术活动中自律的准则。

二、基本规范

（三）高校哲学社会科学研究应以马克思列宁主义、毛泽东思想、邓小平理论和"三个代表"重要思想为指导，遵循解放思想、实事求是、与时俱进的思想路线，贯彻"百花齐放、百家争鸣"的方针，不断推动学术进步。

（四）高校哲学社会科学研究工作者应以推动社会主义物质文明、政治文明和精神文明建设为己任，具有强烈的历史使命感和社会责任感，敢于学术创新，努力创造先进文化，积极弘扬科学精神、人文精神与民族精神。

（五）高校哲学社会科学研究工作者应遵守《中华人民共和国著作权法》《中华人民共和国专利法》《中华人民共和国国家通用语言文字法》等相关法律、法规。

（六）高校哲学社会科学研究工作者应模范遵守学术道德。

三、学术引文规范

（七）引文应以原始文献和第一手资料为原则。凡引用他人观点、方案、资料、数据等，无论曾否发表，无论是纸质或电子版，均应详加注释。凡转引文献资料，应如实说明。

（八）学术论著应合理使用引文。对已有学术成果的介绍、评论、引用和注释，应力求客观、公允、准确。伪注、伪造、篡改文献和数据等，均属学术不端行为。

四、学术成果规范

（九）不得以任何方式抄袭、剽窃或侵吞他人学术成果。

---

① 教育部社会科学委员会.高等学校哲学社会科学研究学术规范(试行)[OL]. http://www.edu.cn/20041118/3121016.shtml.

（十）应注重学术质量，反对粗制滥造和低水平重复，避免片面追求数量的倾向。

（十一）应充分尊重和借鉴已有的学术成果，注重调查研究，在全面掌握相关研究资料和学术信息的基础上，精心设计研究方案，讲究科学方法。力求论证缜密，表达准确。

（十二）学术成果文本应规范使用中国语言文字、标点符号、数字及外国语言文字。

（十三）学术成果不应重复发表。另有约定再次发表时，应注明出处。

（十四）学术成果的署名应实事求是。署名者应对该项成果承担相应的学术责任、道义责任和法律责任。

（十五）凡接受合法资助的研究项目，其最终成果应与资助申请和立项通知相一致；若需修改，应事先与资助方协商，并征得其同意。

（十六）研究成果发表时，应以适当方式向提供过指导、建议、帮助或资助的个人或机构致谢。

五、学术评价规范

（十七）学术评价应坚持客观、公正、公开的原则。

（十八）学术评价应以学术价值或社会效益为基本标准。对基础研究成果的评价，应以学术积累和学术创新为主要尺度；对应用研究成果的评价，应注重其社会效益或经济效益。

（十九）学术评价机构应坚持程序公正、标准合理，采用同行专家评审制，实行回避制度、民主表决制度，建立结果公示和意见反馈机制。评审意见应措辞严谨、准确，慎用"原创"、"首创"、"首次"、"国内领先"、"国际领先"、"世界水平"、"填补重大空白"、"重大突破"等词语。评价机构和评审专家应对其评价意见负责，并对评议过程保密，对不当评价、虚假评价、泄密、披露不实信息或恶意中伤等造成的后果承担相应责任。

（二十）被评价者不得干扰评价过程。否则，应对其不正当行为引发的一切后果负责。

六、学术批评规范

（二十一）应大力倡导学术批评，积极推进不同学术观点之间的自由讨论、相互交流与学术争鸣。

（二十二）学术批评应该以学术为中心，以文本为依据，以理服人。批评者应正当行使学术批评的权利，并承担相应的责任。被批评者有反批评的权利，但不得对批评者压制或报复。

七、附则

（二十三）本规范将根据哲学社会科学研究事业发展的需要不断修订和完善。

(二十四)各高校可根据本规范,结合具体情况,制订相应的学术规范及其实施办法,并对侵犯知识产权或违反学术道德的学术不端行为加以监督和惩处。

(二十五)本规范的解释权归教育部社会科学委员会。

(经教育部社会科学委员会 2004 年 6 月 22 日第一次全体会议讨论通过)

附录 3-2

《中国社会科学》关于引文注释的规定[①]

为便于学术交流和推进本社期刊编辑工作的规范化,在研究和借鉴其他人文社会科学学术期刊注释规定的基础上,我们对原有引文注释规范进行了补充和完善,特制定新的规定。本规定适用于《中国社会科学》、《中国社会科学内刊》和《历史研究》。

一、注释体例及标注位置

文献引证方式采用注释体例。

注释放置于当页下(脚注)。注释序号用①,②,③……标识,每页单独排序。正文中的注释序号统一置于包含引文的句子(有时候也可能是词或词组)或段落标点符号之后。

二、注释的标注格式

(一)非连续出版物

1. 著作

标注顺序:责任者与责任方式/文献题名/出版地点/出版者/出版时间/页码。

责任方式为著时,"著"可省略,其他责任方式不可省略。

引用翻译著作时,将译者作为第二责任者置于文献题名之后。

引用《马克思恩格斯全集》、《列宁全集》等经典著作应使用最新版本。

示例:

赵景深:《文坛忆旧》,上海:北新书局,1948 年,第 43 页。

谢兴尧整理:《荣庆日记》,西安:西北大学出版社,1986 年,第 175 页。

蒋大兴:《公司法的展开与评判——方法·判例·制度》,北京:法律出版社,2001 年,第 3 页。

任继愈主编:《中国哲学发展史(先秦卷)》,北京:人民出版社,1983 年,第 25 页。

[①] 《中国社会科学》编辑部. 关于引文注释的规定[OL]. http://qk.cass.cn/zgshkx/tgxt/ywzs/.

实藤惠秀:《中国人留学日本史》,谭汝谦、林启彦译,香港:中文大学出版社,1982年,第11-12页。

金冲及主编:《周恩来传》,北京:人民出版社、中央文献出版社,1989年,第9页。

佚名:《晚清洋务运动事类汇钞五十七种》上册,北京:全国图书馆文献缩微复制中心,1998年,第56页。

狄葆贤:《平等阁笔记》,上海:有正书局,[出版时间不详],第8页。

《马克思恩格斯全集》第31卷,北京:人民出版社,1998年,第46页。

2. 析出文献

标注顺序:责任者/析出文献题名/文集责任者与责任方式/文集题名/出版地点/出版者/出版时间/页码。

文集责任者与析出文献责任者相同时,可省去文集责任者。

示例:

杜威·佛克马:《走向新世界主义》,王宁、薛晓源编:《全球化与后殖民批评》,北京:中央编译出版社,1999年,第247-266页。

鲁迅:《中国小说的历史的变迁》,《鲁迅全集》第9册,北京:人民文学出版社,1981年,第325页。

唐振常:《师承与变法》,《识史集》,上海:上海古籍出版社,1997年,第65页。

3. 著作、文集的序言、引论、前言、后记

(1) 序言、前言作者与著作、文集责任者相同。

示例:

李鹏程:《当代文化哲学沉思》,北京:人民出版社,1994年,"序言",第1页。

(2) 序言有单独的标题,可作为析出文献来标注。

示例:

楼适夷:《读家书,想傅雷(代序)》,傅敏编:《傅雷家书》(增补本),北京:三联书店,1988年,第2页。

黄仁宇:《为什么称为"中国大历史"?——中文版自序》,《中国大历史》,北京:三联书店,1997年,第2页。

(3) 责任者层次关系复杂时,可以通过叙述表明对序言的引证。为了表述紧凑和语气连贯,责任者与文献题名之间的冒号可省去,出版信息可括注起来。

示例:

见戴逸为北京市宣武区档案馆编、王灿炽纂《北京安徽会馆志稿》(北京:北京燕山出版社,2001年)所作的序,第2页。

4. 古籍

(1) 刻本

标注顺序:责任者与责任方式/文献题名(卷次、篇名、部类)(选项)/版本、页码。

部类名及篇名用书名号表示,其中不同层次可用中圆点隔开,原序号仍用汉字数字,

下同。页码应注明 a、b 面。

示例：

姚际恒：《古今伪书考》卷 3，光绪三年苏州文学山房活字本，第 9 页 a。

(2) 点校本、整理本

标注顺序：责任者与责任方式/文献题名/卷次、篇名、部类(选项)/出版地点/出版者/出版时间/页码。可在出版时间后注明"标点本""整理本"。

示例：

毛祥麟：《墨余录》，上海：上海古籍出版社，1985 年，第 35 页。

(3) 影印本

标注顺序：责任者与责任方式/文献题名/卷次、篇名、部类(选项)/出版地点/出版者/出版时间/(影印)页码。可在出版时间后注明"影印本"。为便于读者查找，缩印的古籍，引用页码还可标明上、中、下栏(选项)。

示例：

杨钟羲：《雪桥诗话续集》卷 5，沈阳：辽沈书社，1991 年影印本，上册，第 461 页下栏。

《太平御览》卷 690《服章部七》引《魏台访议》，北京：中华书局，1985 年影印本，第 3 册，第 3080 页下栏。

(4) 析出文献

标注顺序：责任者/析出文献题名/文集责任者与责任方式/文集题名/卷次/丛书项(选项，丛书名用书名号)/版本或出版信息/页码。

示例：

管志道：《答屠仪部赤水丈书》，《续问辨牍》卷 2，《四库全书存目丛书》，济南：齐鲁书社，1997 年影印本，子部，第 88 册，第 73 页。

(5) 地方志

唐宋时期的地方志多系私人著作，可标注作者；明清以后的地方志一般不标注作者，书名其前冠以修纂成书时的年代(年号)；民国地方志，在书名前冠加"民国"二字。新影印(缩印)的地方志可采用新页码。

示例：

乾隆《嘉定县志》卷 12《风俗》，第 7 页 b。

民国《上海县续志》卷 1《疆域》，第 10 页 b。

万历《广东通志》卷 15《郡县志二·广州府·城池》，《稀见中国地方志汇刊》，北京：中国书店，1992 年影印本，第 42 册，第 367 页。

(6) 常用基本典籍，官修大型典籍以及书名中含有作者姓名的文集可不标注作者，如《论语》、二十四史、《资治通鉴》、《全唐文》、《册府元龟》、《清实录》、《四库全书总目提要》、《陶渊明集》等。

示例：

《旧唐书》卷 9《玄宗纪下》，北京：中华书局，1975 年标点本，第 233 页。

《方苞集》卷6《答程夔州书》，上海：上海古籍出版社，1983年标点本，上册，第166页。

(7) 编年体典籍，如需要，可注出文字所属之年月甲子(日)。

示例：

《清德宗实录》卷435，光绪二十四年十二月上，北京：中华书局，1987年影印本，第6册，第727页。

(二) 连续出版物

1. 期刊

标注顺序：责任者/文献题名/期刊名/年期(或卷期，出版年月)。

刊名与其他期刊相同，也可括注出版地点，附于刊名后，以示区别；同一种期刊有两个以上的版别时，引用时须注明版别。

示例：

何龄修：《读顾诚〈南明史〉》，《中国史研究》1998年第3期。

汪疑今：《江苏的小农及其副业》，《中国经济》第4卷第6期，1936年6月15日。

魏丽英：《论近代西北人口波动的主要原因》，《社会科学》(兰州)1990年第6期。

费成康：《葡萄牙人如何进入澳门问题辨证》，《社会科学》(上海)1999年第9期。

董一沙：《回忆父亲董希文》，《传记文学》(北京)2001年第3期。

李济：《创办史语所与支持安阳考古工作的贡献》，《传记文学》(台北)第28卷第1期，1976年1月。

黄义豪：《评黄龟年四劾秦桧》，《福建论坛》(文史哲版)1997年第3期。

苏振芳：《新加坡推行儒家伦理道德教育的社会学思考》，《福建论坛》(经济社会版)1996年第3期。

叶明勇：《英国议会圈地及其影响》，《武汉大学学报》(人文科学版)2001年第2期。

倪素香：《德育学科的比较研究与理论探索》，《武汉大学学报》(社会科学版)2002年第4期。

2. 报纸

标注顺序：责任者/篇名/报纸名称/出版年月日/版次。

早期中文报纸无版次，可标识卷册、时间或栏目及页码(选注项)。同名报纸应标示出版地点以示区别。

示例：

李眉：《李劼人轶事》，《四川工人日报》1986年8月22日，第2版。

伤心人(麦孟华)：《说奴隶》，《清议报》第69册，光绪二十六年十一月二十一日，第1页。

《四川会议厅暂行章程》，《广益丛报》第8年第19期，1910年9月3日，"新章"，第1—2页。

《上海各路商界总联合会致外交部电》,《民国日报》(上海)1925年8月14日,第4版。

《西南中委反对在宁召开五全会》,《民国日报》(广州)1933年8月11日,第1张第4版。

(三) 未刊文献

1. 学位论文、会议论文等

标注顺序:责任者/文献标题/论文性质/地点或学校/文献形成时间/页码。

示例:

方明东:《罗隆基政治思想研究(1913—1949)》,博士学位论文,北京师范大学历史系,2000年,第67页。

任东来:《对国际体制和国际制度的理解和翻译》,全球化与亚太区域化国际研讨会论文,天津,2000年6月,第9页。

2. 手稿、档案文献

标注顺序:文献标题/文献形成时间/卷宗号或其他编号/藏所。

示例:

《傅良佐致国务院电》,1917年9月15日,北洋档案1011—5961,中国第二历史档案馆藏。

《党外人士座谈会记录》,1950年7月,李劼人档案,中共四川省委统战部档案室藏。

(四) 转引文献

无法直接引用的文献,转引自他人著作时,须标明。标注顺序:责任者/原文献题名/原文献版本信息/原页码(或卷期)/转引文献责任者/转引文献题名/版本信息/页码。

示例:

章太炎:《在长沙晨光学校演说》,1925年10月,转引自汤志钧:《章太炎年谱长编》下册,北京:中华书局,1979年,第823页。

(五) 电子文献

电子文献包括以数码方式记录的所有文献(含以胶片、磁带等介质记录的电影、录影、录音等音像文献)。

标注项目与顺序:责任者/电子文献题名/更新或修改日期/获取和访问路径/引用日期。

示例:

王明亮:《关于中国学术期刊标准化数据库系统工程的进展》,1998年8月16日,http://www.cajcd.cn/pub/wml.txt/980810-2.html,1998年10月4日。

扬之水:《两宋茶诗与茶事》,《文学遗产通讯》(网络版试刊)2006年第1期,

http://www.literature.org.cn/Article.asp? ID=199,2007年9月13日。

(六) 外文文献

1. 引证外文文献,原则上使用该语种通行的引证标注方式。
2. 本规范仅列举英文文献的标注方式如下：

(1) 专著

标注顺序:责任者与责任方式/文献题名/出版地点/出版者/出版时间/页码。文献题名用斜体,出版地点后用英文冒号,其余各标注项目之间,用英文逗点隔开,下同。

示例

Peter Brooks, *Troubling Confessions: Speaking Guilt in Law and Literature*, Chicago: University of Chicago Press, 2000, p. 48.

Randolph Starn and Loren Partridge, *The Arts of Power: Three Halls of State in Italy*, 1300—1600, Berkeley: California University Press, 1992, pp. 19-28.

(2) 译著

标注顺序:责任者/文献题名/译者/出版地点/出版者/出版时间/页码。

示例:

M. Polo, The Travels of Marco Polo, trans. by William Marsden, Hertfordshire: Cumberland House, 1997, pp. 55, 88.

(3) 期刊析出文献

标注顺序:责任者/析出文献题名/期刊名/卷册及出版时间/页码。析出文献题名用英文引号标识,期刊名用斜体,下同。

示例:

Heath B. Chamberlain, "On the Search for Civil Society in China," *Modern China*, vol. 19, no. 2 (April 1993), pp. 199-215.

(4) 文集析出文献

标注顺序:责任者/析出文献题名/文集题名/编者/出版地点/出版者/出版时间/页码。

示例:

R. S. Schfield, "The Impact of Scarcity and Plenty on Population Change in England," in R. I. Rotberg and T. K. Rabb, eds., Hunger and History: The Impact of Changing Food Production and Consumption Pattern on Society, Cambridge, Mass: Cambridge University Press, 1983, p. 79.

(5) 档案文献

标注顺序:文献标题/文献形成时间/卷宗号或其他编号/藏所。

Nixon to Kissinger, February 1, 1969, Box 1032, NSC Files, Nixon Presidential Material Project (NPMP), National Archives II, College Park, MD.

三、其他

(一)再次引证时的项目简化

同一文献再次引证时只需标注责任者、题名、页码,出版信息可以省略。

示例:

赵景深:《文坛忆旧》,第24页。

鲁迅:《中国小说的历史的变迁》,《鲁迅全集》第9册,第326页。

(二)间接引文的标注

间接引文通常以"参见"或"详见"等引领词引导,反映出与正文行文的呼应,标注时应注出具体参考引证的起止页码或章节。标注项目、顺序与格式同直接引文。

示例:

参见邱陵编著:《书籍装帧艺术简史》,哈尔滨:黑龙江人民出版社,1984年,第28-29页。

详见张树年主编:《张元济年谱》,北京:商务印书馆,1991年,第6章。

(三)引用先秦诸子等常用经典古籍,可使用夹注,夹注应使用不同于正文的字体。

示例1:

庄子说惠子非常博学,"惠施多方,其书五车。"(《庄子·天下》)

示例2:

天神所具有道德,也就是"保民"、"裕民"的道德;天神所具有的道德意志,代表的是人民的意志。这也就是所谓"天聪明自我民聪明,天明畏自我民明畏"(《尚书·皋陶谟》),"民之所欲,天必从之"(《尚书·泰誓》)。

思考与练习

1. 学前教育研究应遵循的基本伦理原则有哪些?
2. 如何处理研究过程中的人际关系?
3. 引注的规范、数据的规范和研究成果的规范有哪些?

附录3-3

负责任研究行为规范指引(2023)

推荐阅读

1. 霍力岩.学前教育研究方法[M].2版.北京:高等教育出版社,2018.
2. 慕荷·吉.早期儿童教育研究方法[M].费广洪,译.北京:高等教育出版社,2012.
3. 格伦达·麦克诺顿,等.早期教育研究方法:国际视野下的理论与实践[M].李敏谊,滕珺,译.北京:教育科学出版社,2008.

4. 梅雷迪思·D.高尔,沃尔特·R.博格,乔伊斯·P.高尔.教育研究方法导论(第六版)[M].许庆豫等,译.南京:江苏教育出版社,2002.

5. 查尔斯·李普斯.诚实做学问:从大一到教授[M].郜元宝,李小杰,译.上海:华东师范大学出版社,2006.

6. 杨玉圣,张保生.学术规范导论[M].北京:高等教育出版社,2004.

7. 教育部社会科学委员会学风建设委员会.高校人文社会科学学术规范指南[M].北京:高等教育出版社,2009.

8. 文雯.英国教育研究伦理的规范和实践对我国教育研究的启示[J].外国教育研究,2011(8).

9. 黄盈盈,潘绥铭.中国社会调查中的研究伦理:方法论层次的反思[J].中国社会科学,2009(2).

10. 张玲.教育科学研究中的伦理问题[J].当代教育论坛,2009(2).

第四章　学前教育研究的基本过程

在本章中,我们首先概要性地介绍了学前教育研究从确定研究问题、查阅文献、收集资料、分析资料到推导结论的一般过程,然后对量的研究的基本步骤与研究设计以及质的研究的基本程序分别进行了介绍与描述。

第一节　学前教育研究的一般过程

一、学前教育研究的一般过程概述

学前教育研究是由一连串相互联系、前后相接、具有因果关系的步骤构成的。学者们对科学研究的步骤可能有许多严格的分类,但典型的划分往往是4~6个步骤。从科学方法的一致性以及研究过程提供的基本的、系统的要素来看,学前教育研究的过程可以分为五个步骤,即确定研究问题、查阅文献、收集资料、分析资料、推导研究结论。

开展学前教育研究的第一个步骤是确立研究问题,研究问题的确立是整个研究的起点,决定着整个研究的方向和目的以及研究是否有价值。在研究问题确定以后,就需要建立一个进行研究的框架,明确必要的研究假设以及与所要研究问题有关的条件。

开展学前教育研究的第二个步骤是查阅文献,即查阅别人研究类似问题的信息。查阅文献,可以帮助我们了解对于这个问题,前人做了哪些方面的研究、用了什么样的研究方法、得出了什么样的研究结论、还有哪些方面值得研究、还可以用什么研究方法进行研究,进而明确我们该如何进行研究,并从已有的文献中获得研究的启示。

收集资料是开展学前教育研究的第三个步骤。研究者既可以通过已出版或公开发表的文献、学术会议论文等方式收集资料,也可以通过自己的实际调查获取信息,完成资料的收集过程。在收集资料时,研究者不能带着随意的、无准备的态度进行,而应当对该过程加以适当的组织和控制,以便能够对手头的问题做出有效的决策。

开展学前教育研究的第四步是针对问题对资料进行分析。研究者完成资料收集以后,就要针对研究问题,选择科学、恰当的资料分析方法对研究资料进行整理分析。

开展学前教育研究的第五个步骤是分析资料后做出总结或得出具有普遍意义的结论。研究结论是在研究框架的基础上,根据资料分析的结果得出的,得出结果后可以通过研究报告或学术论文的形式将研究结果呈现出来,并公之于众,为更多的人所了解和应用,转化为更大的社会价值。

在上述描述中,研究过程被描述为有系统、有秩序的,但千万不要由此就认为研究过程是死板的,研究步骤是可以跳跃或交叉的。实验研究和验证假设的研究等类型的研究,是先确定研究问题的,而在质的研究中,则通常的假设可能在资料收集完以后也没有形成,直到对资料进行分析后才能得出。①

二、学位论文开题报告简介

对本科生来说,与学前教育研究的一般过程密切相关的一个内容便是学位论文开题报告的撰写,所以,在本部分中,我们对学位论文开题报告做一简要的介绍。

一般说来,学位论文开题报告大致包括学生和指导教师的基本信息、学位论文的题目、选题依据、选题意义、论文撰写提纲、研究方法和手段、研究计划进度及其内容、研究可能遇到的困难和解决问题的途径、指导教师和院(系)负责人意见等部分构成。

学位论文开题报告的第一部分内容是学生和指导教师的基本信息,包含了学生的姓名、学号、院系、专业以及指导教师的姓名、职称等基本信息,学生可根据实际如实填写。

学位论文开题报告的第二部分内容是学位论文的题目,需要学生填写所选择的论文题目。

学位论文开题报告的第三部分内容是选题依据,其中包括选题缘由、关于本课题国内外研究的现状以及可能的突破点等。

学位论文开题报告的第四部分内容是选题的意义,包括选题的理论意义和实践意义两部分,分别从理论和实践角度说明本选题的意义,有的选题往往侧重于理论意义,有的选题则更加侧重实践意义,有的选题既有理论意义又有现实意义。

学位论文开题报告的第五部分内容是撰写研究提纲,要求对该研究的重点、难点以及创新点进行说明,并对整个研究的内容进行简要的概括。

学位论文开题报告的第六部分内容是研究方法和手段,要求详细交代开展本研究所需要的具体研究方法和手段。

学位论文开题报告的第七部分内容是研究计划进度和内容,要求对研究开展的时间计划进行交代。

学位论文开题报告的第八部分内容是研究可能遇到的困难及解决问题的途径。在本部分,要求对研究过程中可能遇到的困难进行分析,并提出解决困难的途径。

学位论文的第九部分是指导教师的意见和院(系)意见,由指导教师和院(系)填写,对该选题报告做出评价意见。

---

① 袁振国.教育研究方法[M].北京:高等教育出版社,2000:4.

【案例4-1】

北京师范大学本科毕业生毕业论文(设计)开题报告①

学生姓名		学　　号	
所在院系		专　　业	
指导教师姓名		指导教师职称		指导教师单位	
毕业论文题目	
开题报告内容	
选题依据(选题经过,国内、国外研究现状,初步设想及突破点等)	
理论和实践的意义及可行性论述	
论文撰写过程中拟采取的方法和手段	
论文撰写提纲	
计划进度及其内容	
指导教师意见	指导教师：　　　　　　　　　　　　　　　　　　　　年　月　日
院(系)负责人意见	院(系)负责人(公章)：　　　　　　　　　　　　　　　年　月　日

注:纸张填写不够可另加附页。

---

① 北京师范大学本科生毕业论文(设计)开题报告[OL]. http://jwc.bnu.edu.cn/docs/20101104093547139676.doc.

第二节 量的研究的基本步骤

客观存在的一切事物都是质和量的统一体,质和量构成了客观事物的两种不同的规定性,这两种不同规定性便构成了科学研究的两种取向,即量的研究的取向和质的研究的取向。在本节中,我们主要对量的研究的基本步骤做简要的介绍。

一、量的研究概述

量的研究又称作定量研究或量化研究,以实证主义为理论基础,它指的是一种对事物可以量化的部分进行测量和分析,即通过封闭式问卷、结构式访谈、量表和统计报表以及实验方法获得数据资料为基础,对所得数据资料进行统计描述和相关分析,以此来检验研究者预先设定的理论假设的研究方法。

量的研究一般适合在宏观层面上对事物进行大规模的调查和预测。它具有三个方面的特点:① 量的研究是借助统计数据说话的。数字是量的研究中最基本和最必不可少的符号,数理统计是量的研究的基本工具,统计表、统计图是其常用的资料呈现方式,研究结果也主要是靠数据说话的。② 研究结论具有可重复验证性。量的研究致力于通过数理统计的方法来揭示事物内部的规律,遵循严格的研究设计,因此,量的研究的结论具有较强的可重复验证性。③ 研究结论具有较好的推广性。量的研究往往通过大规模的抽样调查来获得数据,并且研究设计也要求做到高标准化和精确化,尽量排除无关变量的影响,因此,量的研究所得到的研究结论往往是普适性的,推广性较强。①

量的研究的优点概括起来有以下几个方面:① 量的研究适合在宏观层面对社会现象进行大面积的统计调查,有助于我们精确地描述社会现象,获得关于社会的新信息,包括某些新的数值化的社会信息、某些新的宏观性的社会信息以及某些有关社会现象的未来性社会信息;② 大规模的抽样调查数据可以使我们较为容易地判定样本在社会群体中的代表性,通过随机抽样可以获得有代表性的数据和研究成果;③ 量的研究的研究工具和资料收集有标准化的程序,便于对研究的效度和信度进行相对准确的测量;④ 量的研究可以通过一定的研究工具和研究手段对研究者事先设定的理论假设进行验证;⑤ 量的研究获得的量化数据及其统计分析为我们进行横向和纵向的比较研究奠定了基础;⑥ 由于量的研究可以对社会情境进行适当的控制,因此可以使用试验干预的手段对控制组和实验组进行对比研究;⑦ 量的研究在考察事物之间的因果关系及其相关关系方面具有较大的优势;⑧ 量的研究有助于克服研究者既有的"价值倾向",可以用客观的数字来检验人们通常得到的"印象"是否符合客观事实;⑨ 由于统计分析方法的规则是统一的,彼此容易学习,学者之间的交流也很

---

① 刘晶波.学前教育研究方法[M].北京:人民教育出版社,2006:75.

多,故量的研究的质量优劣相对容易评价,在同行中比较容易达成共识。除此之外,恰如谢宇所说,相比于定性研究,量的研究可以使学生更容易学习,学生通过统计课程的规范学习就可以从老师那里学习到比较系统的量的研究方法①。量的研究的上述优点可以帮助研究者探明事物的社会结构,探寻事物的发展趋势②,从而有助于有效实施社会预测,为政策的制定和做出决策提供依据。

量的研究也有其自身的缺陷与不足。第一,社会是处在不断变化的过程之中的,由此导致一些"变量"的内涵及其对社会现象的解释能力也必然处在不断变化之中③,而对于这些变化的分析需要定性研究者的观察与概括;第二,量的研究测量的时间往往只是一个或几个固定的时间点,很难对事件的发生过程进行全程追踪;第三,量的研究无法触及深层,它只能对事物的那些比较表层的、可以量化的部分进行测量,而不能获得具体的细节性内容;第四,量的研究只能对研究者事先预定的一些理论假设进行证实,很难了解当事人自己的视角和想法,同时,由于在量的研究中,学者分析的对象主要是变量和数字,而与当事人没有直接的接触或感受,可能会导致其忽视"变量"的承载者对此的实际感受;第五,量的研究对数据的依赖度极高,但往往通过调查所得来的数据真假难辨,无法保证当事人所提供的信息是完全准确的,只能假设其为真。

二、量的研究的基本概念

量的研究具有一套与质的研究完全不同的概念体系,主要包括抽样、变量、测量、误差、概念与操作化、信度与效度等。

(一)抽样

1. 抽样的含义

与抽样密切相关的两个概念是总体和样本。

总体总是与构成它的要素相关的,指的是构成它的所有要素的集合。一般情况下,研究者总是希望研究自己感兴趣的整个群体,而这个群体往往是数量较大、分布广泛、涉及人员众多的,这个群体我们就把它称为目标总体。但是在实际研究过程中,由于受到时间、财力、物力、人力等方面的限制,研究者往往不能对目标总体进行研究。这时,就需要研究者根据感兴趣的总体来抽选样本,研究者能够获得的目标总体中的一部分,也即研究者的研究结果可以推广应用的那个总体,我们将其称作可抽样总体或可获得总体。目标总体是研究者的理性选择,而可抽样总体是研究者的现

---

① 谢宇.序言[M]//马戎.社会学方法与定量研究.北京:社会科学文献出版社,2006:5.
② 关于定量研究在探明事物的社会结构和发展趋势方面的论述,参见吴康宁于2009年5月31日在陕西师范大学所做的"走进教育社会学"讲座。
③ 在南京师范大学教育社会学沙龙中,吴康宁对转型社会所导致的"总体性概念"的塌崩的论述就是一个很典型的表现。

实选择①。

所谓样本,指的是运用一定的方法,从总体中抽取出来的一部分要素的集合,是研究中为研究者提供信息的那个群体。比如,我们做一项某市幼儿教师职业素养的调查,该市所有幼儿教师就是这项研究的总体,我们运用一定方法,从中抽取具有代表性的800名幼儿教师进行了调查研究,这800名幼儿教师构成的群体就是样本。

了解了总体和样本之后,我们再来看抽样。抽样指的是运用一定的方法和技术从总体中抽取样本的过程。通过抽样,我们可以减少研究对象的数量而不影响研究的科学性,这样既节省了人力、物力和财力,又能保证研究顺利完成。

2. 抽样的要求

在抽样时,应重点考虑以下几个方面:

(1) 确认可抽样总体

研究者明确了研究的目标群体之后,就需要确认可抽样群体,即研究者希望研究结果可以推广到的群体,抽样应该在可抽样总体中进行。比如,我们要做一个"某省农村幼儿入园情况的调查研究",可抽样总体就是该省农村地区的所有幼儿。

(2) 要确定合理的样本容量

样本容量又称作样本规模,指的是样本总体所包含的个体的数量。样本容量的大小,一方面取决于研究的精确度要求、研究的目的和内容,要能够抽取足够多的具有代表性的总体;另一方面也要考虑抽样的可能性,尽最大可能降低误差。

在统计学中,样本容量通常以30为界限,30以下的称为小样本,30以上的称作大样本。合理的样本容量应该是研究者在合适的时间内,能够运用的精力、财力和人力都允许的情况下所能获取的尽可能大的样本。在一般的学前教育研究中,研究往往并不会要求很高的精确度,在综合考虑各种因素的情况下,研究者一般是根据经验来确定样本容量的大小的,样本容量的范围可参考表4-1。

表4-1 总体规模和样本比例表②

总体规模	样本占总体的比重
100人以下	50%以上
100~1 000人	20%~50%
1 000~5 000人	10%~30%
5 000~10 000人	3%~15%
10 000~100 000人	1%~5%
100 000人以上	1%以下

---

① 霍力岩.学前教育研究方法[M].北京:高等教育出版社,2011:94.
② 袁方.社会学研究方法教程[M].北京:北京大学出版社,1997:228.

(3) 适宜的抽样方法

根据实际条件和需要,选择适宜的抽样方法进行抽样。

3. 抽样的方法

(1) 简单随机抽样

简单随机抽样是最基本的抽样方式,是其他抽样方法的基础,它指的是通过一定的程序在总体中抽取一组样本,要使总体中的每一个个体都有同等而独立的机会被选为样本的成员。其中,"同等"指的是所有个体被选中的机会都是一样的,而"独立"则指的是每一个个体被选为样本时不会对其他个体的入选产生影响。比如,现在我们要用简单随机取样的方式从某市100所幼儿园中抽取40所作为研究样本,我们可以将这100所幼儿园的名称或者将名称用数字编号写在纸上,然后放进一个纸箱里,搅乱掺混后,随机抽取40张写有不同名称或者编号的纸条,这样就用简单随机抽样的方式抽取了40个研究样本。在这个过程中,每个幼儿园都有同等的机会被选为研究的样本,而且不会影响其他幼儿园被选入样本的可能性。

简单随机抽样的优点在于当总体和样本足够大时,所获得的研究数据能在由统计公式决定的误差范围内被推广到一个更大的总体中去,且随机抽样的方式也保证了样本的公平性和代表性。此外,简单随机抽样也有自身的不足,即当总体较大而样本较小时,简单随机抽样所获得的样本代表性较差;如果总体容量太大,这种抽样方法也比较费时、费力、费钱。因此,简单随机抽样方式一般只在样本规模比较大时采用。

(2) 分层抽样

分层抽样是指在抽样之前将总体按照不同的性质或特征分为不同的子总体,这些性质相同的子总体就是层(群),然后从每一层中分别抽取子样本,将子样本合在一起就构成了总体的样本①。比如,某市有幼儿园150所,其中省级优质园有30所,市级优质园有60所,市级达标园有60所。现在要从这150所幼儿园中抽取90所作为研究对象,如果我们采用简单随机取样方式进行抽样,就有可能发生优质园和达标园比例失衡的问题,即抽取的优质园中可能占据60%以上,而达标园占40%以下,而采用分层抽样就可以避免这样的情况出现。与简单随机取样相比,分层抽样能够提供代表性,且可以减少抽样误差(原因在于从同质总体比从异质总体中抽取样本所产生的误差要小)。

在具体操作过程中,分层抽样一般采用比例分层抽样的方法,即按照分属各层的子总体在总体中所占的比例来抽取样本的方法,也就是说在总体中所占比例较大的层抽取的子样本也大一些,而在总体中所占比例较小的层抽取的子样本也小一些。还是上面所举的例子,省优质园与总体的比例是1∶5,市优质园与总体的比例是2∶5,市达标园与总体的比例是2∶5,因此按照上述比例,应该从省优质园中抽取12

---

① 霍力岩.学前教育研究方法[M].北京:高等教育出版社,2011:102.

所,从市优质园中抽取24所,从市达标园中抽取24所。这样,样本中不同类型的幼儿园的比例就与总体中不同类型幼儿园的比例相同了。

（3）系统抽样

系统抽样,又叫等距抽样,是指系统化地将总体中第K个个体选入样本。具体操作方法为:① 将总体中的所有个体按照顺序排列起来,并给个体编上号码;② 计算出抽样间距,抽样间距指的是两个被选中的个体间的标准距离,计算抽样间距的方法为总体容量除以样本容量;③ 在最开始的K个个体中,用完全随机的方法抽取一个个体作为样本,记下这个个体的编号,假设其为X,这个X就是随机抽取样本的起点;④ 在总体中,从X开始,每间隔K个个体抽取一个个体作为样本,即陆续抽取的个体分别为X,X+K,X+2K,X+3K,…,X+(n−1)K。最后,将这些抽取出来的个体结合起来,就成了研究所要求的样本容量[1]。

举例来说,我们要从1 000个幼儿中抽取100个幼儿作为样本,我们可以先给这1 000个幼儿编号,然后计算抽样距离K,即K=1 000/100=10,也就是说每间隔10人抽取一名幼儿。如果用简单随机抽样的方法在前10个号码中抽取的是第5号,每间隔10名抽取一名,则接下来抽取的号码分别为15、25、35、45……,以此类推,直到抽满100个名额为止。

在进行系统抽样时,要注意保证总体的排列顺序是随机的,而不要出现周期性问题,否则就会带来很大的抽样误差,影响研究的科学性。如果总体的排列是有规律的或者系统的,而不是随机的,尤其是出现总体的排列方式与抽样间隔的循环方式一致的情况时,便会出现周期性问题。周期性问题在系统抽样时是一定要避免的。

（4）整群抽样

整群抽样是指从总体中随机抽取一个或几个单位整体作为样本的抽样方法。在整群抽样中,抽样的单位是自然形成的个体群。

比如,我们现在要从某幼儿园大班、中班和小班中抽取120名幼儿作为样本,已知现在该幼儿园每个学段有4个班,每个班有40名儿童,且每个班的情况大致相同。如果我们用简单随机取样或系统抽样,就需要对这个幼儿园的所有幼儿进行编号,然后从中随机抽取120名幼儿作为样本。整群抽样则正好相反,由于各班情况大致相同,我们可以用随机抽样的方式从每个年段中分别抽取一个班级,这样共抽得三个班级120名幼儿,恰好符合样本容量,从而达到取样的要求。

整群抽样在某种程度上可以简化抽样的过程,节省研究的人力、物力和财力,因此在大规模、大范围的调查中应用比较多。但是,整群抽样也有不足和缺陷,由于抽取的个体主要集中在几个子群体中,涉及面相对较小,因此很多时候会影响样本的代表性,进而导致调查结果出现偏差。

（5）目的抽样

目的抽样,又叫有意抽样,即按照研究的目的要求从总体中抽取样本。比如,要

---

[1] 霍力岩.学前教育研究方法[M].北京:高等教育出版社,2011:103.

研究智障儿童的某种特点，便可按智障儿童的标准来抽样。

（6）方便抽样

方便抽样，又称偶遇抽样，在这样的抽样中，研究者往往选择那些最容易接近的人作为研究对象。

方便抽样抽取的样本代表性不足，由此所推断出来的研究结论的科学性和推广性也较差。因此，方便抽样常常用于干预试验或预调查时，也可用于调查收尾时补缺。

（二）变量

1. 变量的含义

在量的研究中常会涉及的第二个概念是常量和变量。所谓常量，是指一个研究中的所有个体都具有的特征或条件；变量指的是随情景的变化而发生变化的人或事物的特征。在学前教育研究中，变量指的是"研究者感兴趣的，或者与所要研究与测量的特征有关的那些随条件和情景变化而在质与量上会起变化的那些方面①"。比如父母的教养方式、家庭社会经济背景等，这些变量的不同会导致对幼儿发展的影响不同。

2. 变量的分类

变量可以分为自变量、因变量和控制变量三种类型。其中，自变量是指能够引起因变量发生变化的变量，在研究中，往往指那些能引起被测量行为特征变化的变量；因变量是指因自变量发生变化而随之发生变化的变量；控制变量是指与既定研究目的无关的非研究变量，它是研究者不想研究，但会对研究的进程和结果产生影响而需要加以控制的变量，包括除自变量和因变量之外的一切变量。

除此之外，变量还可以分为连续变量、离散变量两种。所谓连续变量，是指在一定区间内可以任意取值的变量，其数值是连续不断的，相邻两个数值可作无限分割，即可取无限个数值，比如幼儿的身高、体重等。离散变量则代表的是不同的类型，期间没有中间值，比如"性别"只能代表男性和女性等。

（三）测量

1. 测量的含义

测量就是根据一定的法则，将事件或物体所具有的某种属性数量化的过程，即对测量对象的某一方面属性给出一个可资比较的数值②。比如对幼儿的智商、创造力等的测量。

2. 测量的基本类型

根据测量参照系的不同，测量可以分为常模参照测验和目标参照测验两种。其

---

① 刘晶波.学前教育研究方法[M].北京：人民教育出版社，2006：82.
② 刘晶波.学前教育研究方法[M].北京：人民教育出版社，2006：84－85.

中,常模参照测验是指通过把个体的分数与总体的常模表进行对比来诠释个体分数的测验方式。目前,我国对学前儿童实行的常模参照测验工具主要有智力测验和身体发育测验等。目标参照测验指的是通过把个体分数与预先制定的目标分数进行比较而对个体分数进行诠释的方法,目的在于测试研究对象是否达到了预期的水平,而不是与其他人进行比较。

(四) 误差

1. 误差的含义

误差指的是与测量目标无关的任何一种变量或多次测量结果不一致所造成的不准确的测量结果。① 教育与心理测量的特点决定了在学前教育研究中误差是不可避免的。

2. 误差的分类

根据误差的来源,我们可以将误差分为系统误差、取样误差和测量误差三类。系统误差指的是持续地使测量结果或研究结果向某一方向产生偏差倾向的误差,这种误差可能影响到研究结果的真实性和有效性。取样误差是指由随机取样方法的先天局限造成的误差,这种误差是无法避免和控制的。测量误差是指使用量表、问卷等测量工具实施测量时所带来的误差,这种误差会影响到测量结果的可靠性和一致性,进而影响到研究结果的准确性。

(五) 概念定义和操作定义

概念定义指的是对变量的本质性概括,用以揭示变量即研究问题的内涵。操作定义则指的是根据研究中对变量进行测量所要进行的必要操作给出的定义,目的在于便于操作和测量。比如,要研究儿童智商对儿童学习的影响,我们运用文献、逻辑思辨等方法,对智商的本质进行的界定就是概念定义;而在实际研究过程中,可以用智力测验分数来代表智商,智力测验分数就是智商的操作性定义,可以进行测量。

(六) 效度与信度

效度和信度是判断测量结果或研究结论是否有效、精确的两个重要指标。其中,效度就是有效性,指的是测量工具或手段能够准确测出所需测量的事物特征的程度。它可以分为内部效度、外部效度和内容效度三种。内部效度指的是研究中自变量和因变量之间因果关系的明确程度,是研究结果可以被精确解释的程度;外部效度指的是研究结果能够推广到其他样本中的程度;内容效度则是指测量内容对所要测量的变量内容的代表性程度,反映的是测量工具本身在内容广度方面的确切程度。

信度指的是研究所得结果的稳定性和可靠性,信度通常用信度系数来表示,数值为0~1。信度包括重测信度、复本信度、内部一致性信度、评分者信度等不同类型。重测信度是指同一被试者、同一个测验在不同的时间测量两次所得结果的相关系数;复本信

---

① 刘晶波.学前教育研究方法[M].北京:人民教育出版社,2006:89.

度是指以两个等值但题目不同的测验(复本)来测量同一群体,然后求得被试者在两个测验上得分的相关系数;内部一致性信度是测验内部题目之间的信度关系,考察测验的各个题目是否测量了相同的内容或特质。内部一致性信度又分为分半信度和同质性信度。评分者信度是指各评分者之间评分的一致程度,在有两个以上评分者的情况下,往往使用肯德尔和谐系数作为信度估计。

三、量的研究的基本步骤

量的研究遵循以演绎为主的假设检验逻辑。在程序上,首先提出明确的研究假设,然后收集资料,再进行分析,程序较为固定和刚性。其中,研究假设是整个研究过程的核心和主线,规定着研究的重点、方向以及资料的构成和分析的框架。

一般说来,量的研究主要包括以下五个前后相继的步骤:① 确定研究问题;② 在探索性研究的基础上,结合已有理论,充分发挥科学想象力和创造力,提出研究假设;③ 对研究假设所涉及的抽象概念和命题进行操作化定义,形成可供测量的具体变量;④ 通过观察、实验、调查研究等方法收集资料;⑤ 分析和研究资料,概括和检验研究假设。①

第三节 质的研究的基本程序

了解了量的研究及其相关概念和研究步骤之后,我们接下来再看质的研究的基本程序。

一、质的研究概述

质的研究是在对量的研究进行质疑和批判的基础上发展起来的,在产生和发展的过程中受到现象学、阐释学、民族志、符号互动论等思潮和方法的影响。由于质的研究本身的复杂性,关于质的研究的许多基本问题仍然处于不断探索之中。在我国,关于质的研究的定义较有代表性的是陈向明对质的研究的界定,即"质的研究是以研究者本人作为研究工具,在自然情境下采用多种资料收集方法对社会现象进行整体性研究,使用归纳法分析资料和形成理论,通过与研究对象互动对其行为和意义建构获得解释性理解的一种活动②"。

质的研究具有以下几方面的特点:① 质的研究是自然主义的。质的研究的数据资源是现实的情境,研究人员本身就是重要的研究工具。从事质的研究的研究人员都认为,人们所处的情境对人们行为有显著的影响,因此,研究人员应该尽可能地进

---

① 嘎日达.论科学研究中质与量的两种取向和方法[J].北京大学学报(哲学社会科学版),2004(1):58.
② 陈向明.质的研究方法与社会科学研究[M].北京:教育科学出版社,2000:12.

入那个情境。② 质的研究是一种描述性研究。质的研究收集到的数据是以语言、图片、录像带、个人文档、备忘录或其他官方记载的资料,都是描述性数据资料。③ 质的研究特别关注研究的过程。质的研究者特别关注研究的过程,而不是简单地关注结果和产出。④ 质的研究采用归纳的方法分析数据。质的研究人员使用归纳的方法分析他们收集到的数据,目的在于把分类的数据整合在一起,并进行提炼,而不是证明或否定在开展研究之前持有的研究假设。⑤ 质的研究特别强调对"意义"的关注。对质的研究方法而言,"意义"是最基本的关注点,研究人员对不同的人是如何理解自身生活意义这一问题尤其感兴趣①。

陈向明曾经把定性研究的优势概括为七个方面,即:① 在微观层面上对社会现象进行比较深入细致的描述和分析,对小样本进行个案调查,研究比较深入,便于了解事物的复杂性;② 注意从当事人的角度找到某一社会现象的问题所在,用开放的方式收集资料,了解当事人看问题的方式和观点;③ 对研究者不熟悉的现象进行探索性研究;④ 注意事件发生的自然情境,在自然情境下研究生活事件;⑤ 注重了解事件发展的动态过程;⑥ 通过归纳的手段自下而上建立理论,可以对理论有所创新;⑦ 分析资料时注意保存资料的文本性质,叙事的方式更加接近一般人的生活,研究的结果容易起到迁移作用。②

定性研究的不足也是显而易见的。第一,定性研究不适合在宏观层面甚至中观层面对规模较大的人群或社会机构进行研究,其选择的研究对象往往是个案,且缺少对其所选研究对象在总体中代表性的论证,因此它的代表性往往会受到挑战,由此得出的研究结果和结论也会受到人们的质疑,其推广度也受到质疑;第二,定性研究结果的效度、信度也无法像定量研究那样进行工具性的准确测量;第三,定性研究如果缺乏量化的指标,就很难进行横向和纵向的比较研究,"甚至很难对研究对象进行最基本的勾画"③,其学术价值和应用意义也会受到影响;第四,由于定性研究没有建立起统一的研究程序,很难建立公认的质量衡量标准,因此不同学者之间的研究往往无法进行相互比较,相互之间的交流也比较少,而且互不服气;第五,定性研究既费时又费工,它往往需要经历一个相当长的研究时间,而且收集到的资料较为庞杂,资料的整理和分析工作也比较困难;第六,定性研究对研究者的要求过高,它往往依赖于研究者观察时得到的"直觉",这就要求研究者有较为丰富的生活经历和感受力,这不是一般研究人员所能够达到的;第七,定性研究中研究者的参与会导致其角色和情感冲突,研究者在研究过程中角色难定,增加了研究的主观性质。除此之外,与定量研究一样,定性研究也存在着研究文本的真假难辨问题,研究者无法保证当事人所提供信息的真实性,只能是建立在假设为真的基础上来进行研究。

---

① 罗伯特·C.博格丹,萨利诺普比克伦.教育研究方法:定性研究的视角[M].4版.钟周,等译.北京:中国人民大学出版社,2008:6-8.
② 陈向明.质的研究方法与社会科学研究[M].北京:教育科学出版社,2000:473.
③ 谢宇.序言[M]//马戎.社会学研究与定量研究.北京:社会科学文献出版社,2006.

二、质的研究与量的研究比较

作为两种不同的研究方式,质的研究与量的研究之间存在很多方面的不同。下面,我们就以表格的形式对二者的区别做一比较(见表 4-2)。

表 4-2 质的研究与量的研究的比较①

类别 内容	量的研究	质的研究
研究的目的	证实普遍情况,预测、寻求共识	解释性理解,寻求复杂性,提出新问题
对知识的定义	情境无涉	由社会文化所建构
价值与事实	分离	密不可分
研究的内容	事实,原因,影响,凝固的事实,变量	故事,事件,过程,意义,整体探究
研究的层面	宏观	微观
研究的问题	事先确定	在过程中产生
研究的设计	结构性的,事先确定的,比较具体	灵活的,演变的,比较宽泛
研究的手段	数字,计算,统计分析	语言,图像,描述分析
研究工具	量表,统计软件,问卷,计算机	研究者本人(身份,前设),录音机
抽样方法	随机抽样,样本较大	目的性抽样,样本较小
研究的情境	控制性,暂时性,抽象	自然性,整体性,具体
收集资料的方法	封闭式问卷,统计表,实验,结构性观察	开放式访谈,参与观察,实物分析
资料的特点	量化的资料,可操作的变量,统计数据	描述性资料,实地笔记,当事人引言
分析框架	事先设定,加以验证	逐步形成
分析方式	演绎法,量化分析,收集资料之后	归纳法,寻找概念和主题,贯穿全过程
研究结论	概括性,普遍性	独特性,地域性
结果的解释	文化客位,主客体对立	文化主位,互为主体
理论假设	在研究之前产生	在研究之后产生
理论来源	自上而下	自下而上
理论类型	大理论,普遍性规范理论	扎根理论,解释性理论,观点,看法

---

① 陈向明.质的研究方法与社会科学研究[M].北京:教育科学出版社,2000:11.

(续表)

类别 内容	量的研究	质的研究
成文方式	抽象,概括,客观	描述为主,研究者的个人反省
作品评价	简洁,明快	杂乱,深描,多重声音
效度	固定的检测方法,证实	相关关系,证伪,可靠性,严谨
信度	可以重复	不能重复
推广度	可控制,可推广到抽样总体	认同推广,理论推广,积累推广
伦理问题	不受重视	非常重视
研究者	客观的权威	反思的自我,互动的个体
研究者所受训练	理论的,定量统计的	人文的,人类学的,拼接和多面手的
研究者心态	明确	不确定,含糊,多样性
研究关系	相对分离,研究者独立于研究对象	密切接触,相互影响,变化,共情,信任
研究阶段	分明,事先设定	演化,变化,重叠交叉

由表4-2可以看出,从研究目的、研究内容到研究设计、研究手段、资料收集和分析方法一直到研究结果的解释、理论类型等研究的各个层面,两者都存在着不同,有些方面甚至完全相反。但要注意的是,尽管质的研究和量的研究两者之间有着较大差别,但它们的连续性多于他们的二分性,两者之间是互为补充的,质的研究和量的研究的融合也是当前研究方法发展的趋势之一。

三、质的研究的基本程序[①]

作为一种有目的、有计划的研究活动,尽管质的研究不需要像量的研究那样在研究之前就确立明确、具体的工作步骤,但仍然需要一定的操作程序和实施步骤。具体说来,质的研究的基本程序包括以下几个方面:

(一)界定研究对象,确立研究问题

质的研究的第一个步骤是界定研究对象,确立研究问题。在界定研究对象时要注意两个方面的问题:一是界定的研究对象的范围应比较宽泛,避免漏掉其他重要的现象,在研究开始之后,根据研究的具体情况再逐步缩小自己的研究范围;二是对研究对象的界定不应带有"前设",尤其是没有经过检验的"前设"。

在质的研究中,确立研究问题是一个不断聚焦的过程,从一个比较宽泛的视野开始,逐步缩小关注的范围,最后集中到自己认为重要的一个或数个问题之上。在确立

---

① 本部分主要参考刘晶波.学前教育研究方法[M].北京:人民教育出版社,2006:168-195.

研究问题时,应注意考虑以下几个方面的问题:一是研究者对此问题确实不了解,希望能通过此次研究对其进行深入的了解与认真的探讨;二是该问题对被研究者来说具有实际意义,是他们关心的问题;三是要根据研究的时间、地点、研究者人数、研究经费、研究方法的类型等因素确立研究的内容、目标、任务和范围。

研究问题确立以后,研究者还需要对研究的问题进行语言的表述。质的研究注重对研究问题的边界进行界定,研究问题的表述越具体越好。即使为了使研究问题不至于显得太小而使用较为宏大的表述时,也应在研究报告中的问题说明部分明确指出。比如,研究者基于对5位幼儿教师的访谈和观察进行了"幼儿教师对自己职业看法的研究",如果题目使用的是"幼儿教师对自己职业看法的研究",在研究报告中应明确指出,这里所说的幼儿教师指的是"某市某幼儿园的5位教师"。

(二)了解背景知识,构建概念框架

在确立研究问题之后,接下来要做的便是在了解背景知识的基础上,构建概念框架。在质的研究中,研究者要了解的背景知识既包括与该研究问题直接相关或间接相关的既有研究成果,也包括研究者个人对该研究问题的经历、了解和看法,研究者的经历不仅影响着研究者从事研究的方式,而且对研究者本身来说就是十分有价值的知识。

概念框架又称作工作设计或设计思路,是在了解背景知识的基础上对研究提出的初步设想,它相当于一份研究的草图,为后续的研究工作提供了纲领性的指导。

(三)选择研究对象,收集研究资料

质的研究在选择研究对象时,应按照研究目的选择能够为研究问题提供最大信息量的研究对象,即选择那些在被研究文化中生活时间较长、了解该文化内部实情、具有一定观察和反思能力、性格比较外向、善于表达自己的人。比如,我们要研究某一个幼儿园的管理文化,我们最好选择一个在该幼儿园工作时间相对较长的老师,而不是刚进入该幼儿园工作数月的新教师。

收集资料既是质的研究的基础环节,也是质的研究的关键环节。在搜集资料的过程中,研究者应根据研究的问题、目的、对象等多重因素,综合运用观察、访谈、实物收集等多种资料收集方法收集研究资料。这里要注意的是,质的研究对"资料"的定义比较宽泛,只要这些东西可以为研究目的服务,可以用来回答研究问题,就可以作为研究的资料。

(四)分析资料,建构理论

完成资料收集之后,接下来要做的工作就是对研究资料进行整理和分析,并在资料分析的基础上,进行理论的建构,其中"扎根理论"是质的研究中最常用的建构理论的方式。

(五)撰写研究报告

质的研究报告是研究结果的具体呈现,撰写质的研究报告是一个艰难的过程,没有固定的章法可循。质的研究报告一般包括问题的提出、研究的目的和意义、背景知

识、研究方法的选择和运用、研究的结果以及对研究结果的检验六个部分。

上面我们给出了质的研究的大体步骤,但在实际研究的过程中,质的研究的各个环节往往不是孤立的,而是一个彼此重叠、相互渗透、周而复始的循环过程。这一点,质的研究的初学者应该牢记。

思考与练习

1. 简述学前教育研究的一般过程。
2. 简述量的研究的特点、优点与不足。
3. 论述简单随机抽样的含义及优缺点。
4. 论述分层抽样的含义及操作方法。
5. 论述系统抽样的含义及操作方法。
6. 论述整群抽样的含义及优缺点。
7. 变量的类型有哪些?
8. 论述误差的含义及类型。
9. 概念定义和操作性定义的区别是什么?
10. 信度与效度是指什么?
11. 论述质的研究的特点、优点与不足。
12. 论述量的研究的特点、优点与不足。
13. 简述质的研究的基本程序。

推荐阅读

1. 袁振国.教育研究方法[M].北京:高等教育出版社,2000.
2. 刘晶波.学前教育研究方法[M].北京:人民教育出版社,2016.
3. 谢宇.社会学方法与定量研究[M].北京:社会科学文献出版社,2006.
4. 袁方.社会学方法教程[M].北京:北京大学出版社,1997.
5. 罗伯特·C.博格丹,萨利诺普比克伦.教育研究方法:定性研究的视角[M].4版.北京:中国人民大学出版社,2008.
6. 陈向明.质的研究方法与社会科学研究[M].北京:教育科学出版社,2000.
7. 风笑天.现代社会调查方法[M].4版.武汉:华中科技大学出版社,2009.

第五章 研究问题的确立

科学研究始于问题,学前教育研究也不例外。确立研究问题是开展学前教育研究的开端,研究问题确立的是否恰当往往对研究过程具有决定性的意义。在本章中,首先要明了何为确立研究问题,在此基础上,分析研究问题的范围和来源,进而探讨一个好的研究问题应具有的特点,最后介绍研究问题确立的整个过程。

第一节 确立研究问题的含义

一、确立研究问题的含义

(一) 研究问题与学前教育研究问题

在日常的生活、学习和工作中,我们会遇到各种各样的问题。所谓问题,指的是客观事物之间的矛盾在人们头脑中的反映,反映的是人们对客观事物或现象认识的不足。而研究问题指的是研究者依据一定的研究目的,通过对研究对象的主客观条件进行分析而确立的需要具体解决的问题。

明了研究问题之后,我们再来看学前教育研究问题。学前教育研究问题指的是学前教育领域中的研究问题,是学前教育研究者所要回答的具体问题,是一个可以通过研究来进行回答的问题。学前教育研究问题具有如下特点:

(1) 学前教育研究问题是学前教育领域内需要探索的问题。在学前教育领域中,存在着许许多多的问题,但并不是所有的问题都可以进入学前教育科学研究的范畴,因为有许多问题靠常识、习惯和已有经验就能够很好地加以解决。学前教育研究的问题,都是人类已有的认识和实践经验至今尚未完全解决的问题,是需要进一步探索的问题。

(2) 学前教育研究问题是可以探究的问题,即问题的答案必须存在,是可以预测的。从研究问题是否解决的角度来看,研究问题可以分为已经解决的问题、尚未解决但可以基本解决的问题以及尚未解决且当前不具备条件解决的问题。学前教育研究的是第二类问题,即学前教育领域中尚未解决但可以基本解决的问题。

(3) 学前教育研究问题是专业性的问题。学前教育的任何一个环节,都存在着各种各样实实在在需要解决的问题,比如教育教学问题、管理问题等,这些都是学前教育领域中的专业性问题。

(4) 学前教育研究问题是具体化的问题。学前教育研究问题应当界限清楚,其研究的对象、范围、内容、方法等应尽量明确；而不应当模糊不清，笼统空洞，指向性与针对性不明晰，这样的课题科学性往往会受到较大影响。

（5）学前教育研究问题是真问题，而不是假问题。学前教育研究问题应是真问题，而不是炮制的虚假问题。

（二）确立研究问题

确立研究问题是指学前教育研究者在专业学习和实践活动过程中经过反复的思考与验证，从众多理论或实践问题中选择的，有明确而集中的研究范围、研究目的与研究任务的题目①。学前教育研究者按照具有一定规范的操作步骤，经过反复思考，从人们发现并尚未解决的问题中选择要进行研究的问题，并将其陈述为符合一定规范的命题形式，这个过程就是研究问题的确立过程。

二、确立研究问题的意义

对于学前教育研究来说，确立研究问题具有重要的意义。

（一）确立研究问题是研究活动的起点

科学研究始于问题，发现并提出有意义的研究问题是科学研究的起点。科学研究固然是为了解决问题，但往往更是为了引出深层次的问题，正是"问题"的深入导致研究的深入。从某种程度上我们可以说，学前教育科学发展的历史就是它所研究问题发展的历史，是研究问题的不断展开与深入的历史。就研究者而言，在自己的研究领域内发现并提出一个有科学价值的问题，本身就是重要的认识成果。从这个意义上来看，提出一个问题往往比解决一个问题更困难、更重要，"因为解决一个问题也许仅是一个数学上的或试验上的技能而已。而提出新的问题、新的可能性，从新的角度去看待旧的问题，都需要有创造性的想象力，而且标志着科学的真正进步②"。因此，许多研究者都把课题的形成和选择看作研究工作中最重要、最复杂的一个阶段，作为研究战略的起点。

关于确立研究问题，涉及两种观点的争论，即"科学研究始于问题"还是"科学研究始于观察"。有研究者基于对认识发生发展过程的分析，提出"科学研究始于观察"，强调认识的实践基础。但我们认为，作为科学研究来说，其过程却是从问题开始，观察必须从一定的研究问题出发，观察如果不引起问题，只不过是对观察到的事实的镜像式的陈述而已，而这不是研究。如果不善于从观察中提出问题，不能够把实际问题转化为科学研究课题，也就不可能引起真正意义上的科学研究。只有提出了研究问题，才能决定应该观察什么和如何进行观察。因此，"科学研究始于问题"与"科学研究始于观察"二者具有不同含义。只有明确科学研究始于问题，才能把科研看作是一种能动的、创造性的活动过程。

---

① 刘晶波. 学前教育研究方法[M]. 北京：人民教育出版社，2006：21.
② 爱因斯坦，英费尔德. 物理学的进化[M]. 周肇威，译. 长沙：湖南教育出版社，1999：66.

(二) 确立研究问题决定了研究活动的目标和方向

研究问题一旦确立，从某种程度上来说，整个研究的研究目的、研究意义、研究对象、研究范围、研究方法以及预期的研究成果和预期研究成果的价值也就确定了，研究活动的目标和方向也就明确了。是否善于提出研究问题是进行科学研究的关键，它直接决定了研究价值的大小以及研究是否能够取得成功。大量的研究表明，研究问题确立得好，研究往往就会事半功倍，能迅速取得研究成果；相反，如果研究问题确立不当，研究则往往事倍功半，甚至半途而废。研究问题确立不当是导致研究失败最常见的原因。

(三) 确立研究问题有助于提高学前教育研究者的研究能力

确立研究问题的能力是判断学前教育研究者研究能力高低的一个标准，它是学前教育研究者敏锐的洞察力、比较强的判断力、扎实的专业理论知识、丰富的研究方法知识、开阔的学术视野以及丰富的社会生活经验的综合体现。

有的学前教育的实际工作者，在长期的教育实践中积累了较为丰富的资料，但往往不善于或无力把问题提炼成科学研究的课题，导致研究成果往往停留在一般的经验总结阶段，而不能纳入一定的理论框架中去。也有一些学前教育研究的初学者，由于缺乏问题意识，不会提出问题，盲目跟着"热点"走，满足于"初探""刍议""商榷"的水平，热衷于"创立"新学科、"构建"新体系，缺乏深入、扎实的科学研究和系统的理论基础。有的人发表了不少文章，涉及多个领域的内容，虽然面宽、有新意，但显得零碎肤浅。因此，学会正确确立研究问题对于提高学前教育研究者的科学研究能力和水平具有特别重要的意义。

综上所述，确立研究问题在学前教育研究中处于非常重要的位置，任何一项学前教育研究活动都要重视研究问题的确立，走好这关键的一步。

第二节　研究问题的范围与来源

教育活动是一项复杂的社会活动，教育系统是个复杂开放的社会系统，有自身的要素、结构与功能，所以教育研究问题范围比较广泛，来源也较为丰富。

一、教育研究问题的选择范围

教育研究的对象是教育存在，作为"教育存在"，包含三种不同的形态，即教育活动型存在、教育观念型存在和教育反思型存在。其中，教育活动型存在即教育实践活动，是教育最为生动、丰富和基本的内容；教育观念型存在是指对教育实践活动的再认识；而教育反思型存在则是对教育研究活动及其研究系统化成果的再认识。这三种存在形态交互作用,都是教育研究对象的组成部分①。上述三种教育存在形态决定了教育研究问题的范围,其中,教育活动型存在是教育学研究的核心和本源。下面,我们主要从教育活动型存在分析教育研究问题的范围。

(一)教育本质

关于教育本质的研究是教育研究的基础,它是对"教育是什么""与其他社会活动相比教育有什么独特性"以及"教育区别于其他社会活动的特点是什么"等问题的研究,是一种宏观层面的教育研究。它倾向于将教育看作一种复杂的社会现象,从哲学层面对其进行研究。它讨论的是"教育是什么",而不是"教育应该是什么"。在教育本质研究的历史上,曾经出现上层建筑说、生产力说、特殊范畴说、多重属性说等不同学说。

(二)教育功能

教育功能研究是教育研究的一项重要内容,它涉及教育的地位与作用,教育与社会的关系,以及教育与人的关系等内容。教育功能研究既研究教育的社会功能(教育的政治功能、经济功能、文化功能等)和育人功能(教育在儿童身心发展中的作用),又研究教育的正向功能和负向功能,还研究教育的显在功能与潜在功能。比如,学前教育对幼儿个体发展的作用研究、学前教育对社会发展的作用研究、学前教育的潜在功能研究等。

(三)教育政策

教育方针、政策对学前教育的发展具有重大影响,这既包括教育方面的方针和政策,也包括与教育相关的其他领域的方针和政策。对教育政策的研究也是教育研究的内容之一。比如,学前教育体制改革研究、学前教育投入体制改革研究、学前教育管理体制改革研究、农村学前教育发展政策研究、城乡学前教育一体化发展政策研究等。

(四)教育组织

教育组织是教育系统中的一个重要构成要素,对教育组织的研究是教育研究中的一个重大课题,它涉及教育中的各级各类组织及其管理的研究,比如幼儿园的组织与管理研究、幼儿园班级的组织与管理研究等。

(五)教师与学生

教师与学生是教育活动中最为核心的两个构成要素,因此对教师与学生的研究也显得尤为重要。比如,对幼儿教师专业发展的研究、幼儿教师生存状态研究、幼儿教师自我认同研究、学前儿童气质研究、家庭教养方式对儿童性格的影响研究等。

(六)教育内容

教育内容涉及的范围极其广泛,包括了人类社会各活动领域的知识、经验和技

---

① 叶澜.教育研究方法论初探[M].上海:上海教育出版社,1999:306-307.

能。对教育内容的研究也极其丰富,课程安排和内容设置等是其研究的核心。比如,通过对不同地区幼儿教育教材进行研究,可以从中发现各地教育观和儿童观的异同;对幼儿教材中男女性别角色进行研究,分析其对儿童性别社会化的影响,等等。

(七)教育方法与技术

教育方法与技术是教育者达成教育目的的手段与方法,对教育方法与技术的研究也是教育研究的内容。它既可以研究某一群体的教育方法与技术,比如智障儿童的教育方法研究、孤独症儿童教育方法的研究等;也可以研究某一个体细小行为问题的教育方法,比如如何处理孩子的攻击性行为、如何处理幼儿入园焦虑问题等。此外,还包括远程教育、多媒体课件制作等内容。

除了上述研究内容之外,教育研究还包括教育研究方法研究、不同文化背景下的比较教育研究等。具体到每一分支,又都有丰富的研究现象,比如关于幼儿心理发展的研究就涉及幼儿的认知发展研究、情感发展研究、社会性发展研究等多个方面,而社会性发展又涉及个性发展、自我意识发展、性别角色发展等。由此可见,教育研究问题的范围是比较广泛的,内容也是较为丰富的。

二、教育研究问题的来源

教育研究问题从何而来是教育研究的新手面临的首要问题,也是教育研究新手亟须了解的。其实,教育研究问题的来源是多方面的,概括起来,主要有以下两方面的来源。

(一)教育理论

教育研究的主要功能之一就是生产教育理论。经过漫长的发展,教育研究已经积累了大量的教育理论。对既有理论的分析、评价、验证可以帮助学前教育研究者发现和提出新问题。

1. 在继承原有研究成果的基础上进行深化研究和拓展研究

任何一项科学研究都是建立在已有研究成果的基础上的,学前教育研究者可以密切关注当前学前教育研究的潮流和趋势,在当前潮流和趋势已取得研究成果的基础上,对该研究问题进行深化和拓展性的研究,生发出新的研究问题。

2. 通过对既有理论观点的质疑与批判来发现与寻找问题

对待同一问题,往往会产生有争议的不同观点,这种有争议的问题本身就为我们提供了一种相互冲突的对立面,为我们提出新的研究问题提供了参照。比如,儿童是否应该读经、能否进行早期识字教育的争论等。此外,当我们站在某一观点的反面,以极端的方式来看待问题时,也常常会让研究者茅塞顿开,产生很多有价值的问题。比如,当人们研究如何避免学前教育小学化的倾向时,研究者可以考虑对学前教育小学化的表现进行研究。

3. 挖掘既有理论的薄弱点和空白处,从中发现问题

由于受当时社会状况和研究方法等的影响,某些研究问题的某些方面往往会被

人们所忽略,而这正是研究者可以发现研究问题的领域。相对于其他教育学科而言,学前教育研究领域仍有许多尚待开垦的处女地,学前教育研究者要善于在学习和工作中发现这些问题,并不断开拓新的研究问题领域,完善相关研究。

4. 从不同学科的交叉之处寻找研究问题

在学科发展大分化、大综合的趋势下,不同学科之间的交叉与融合领域便出现了大量可以并且值得研究的新问题。学前教育也不例外,学前教育与其他学科的交叉融合也为学前教育提供了大量可供选择与研究的新问题。比如,学前教育学与教育社会学的交叉融合便产生了学前教育社会学的研究。

5. 对国外理论进行本土化研究和比较研究

引进国外先进的教育思想和理论是发展我国学前教育的重要举措。对引进的国外理论,针对中国的具体情况开展本土化研究,使其成为适合本土教育实际的理论,比如瑞吉欧项目的中国化研究;或者通过对比国内外的相关教育理论与实践,讨论不同背景下教育的共同规律和差异等,比如中美学前教育发展的比较研究。

(二) 教育实践

学前教育实践活动中出现的各种问题是学前教育研究的最为基本的研究问题来源。当前,我国学前教育事业正处于改革与发展的新时期,在改革与发展的过程中出现了大量的新情况和新问题,对这些新情况、新问题进行归纳分析,从中找出具有普遍性和代表性的问题来进行研究,也是学前教育研究者获取研究问题的重要来源。以学前教育实践为着眼点,可以考虑从以下两个方面入手形成研究问题。

(1) 将学前教育实践中突出存在的、迫切需要解决的热点与难点问题直接转化为学前教育研究的问题。比如,在当前学前教育快速发展的大背景下,对我国学前教育体制改革问题的研究、农村学前教育发展问题的研究等。

(2) 在将学前教育理论、观念等运用于学前教育实践过程中面临的问题,也可以转化为学前教育研究的问题。

第三节 好的研究问题的特点

一、问题必须有价值

选定的问题不仅对本学科研究领域具有好的内部价值(理论上要有新突破,实践上要对教育改革有重要的指导作用),而且对相关其他领域,如心理学、哲学等有高的外部价值。问题的意义是确立选题的重要依据,它制约着选题的根本方向。

如何衡量选定课题有无意义及意义的大小,主要是看两个基本方面:一是所选择的研究课题是否符合社会发展、教育事业发展需要,是否有利于提高教育质量,促进婴幼儿全面发展。这方面强调的是课题要具有重要的应用价值,选题范围要广,要从当前教育发展的实际出发,针对性要强,要选取有代表性的、被普遍关注、争论较大的、亟须解决的问题。二是所选择的研究课题是根据教育科学本身发展的需要,为检验、修正、创新和发展教育理论,建立科学的教育理论体系的需要。这方面课题一般较专深,具有重要的学术价值,在理论上要有所突破和建树,或有重要的补充和完善。教育研究的实际课题,有的强调应用价值,有的强调学术价值,有的二者兼而有之。但无论哪一种,都要选择那些最有意义的教育问题作为研究对象。正如列宁所指出的"从全部总和""从联系中去掌握事实",那种"胡乱抽出一些个别事实和玩弄事例"的做法,"是没有任何意义的","或是完全起相反的作用"。这就要求我们要"从大处着眼",用综合的、普遍联系的、全面的观点去分析研究个别事物及其相互关系。

这里需要说明的一点是,我们对选定问题的价值不应作狭隘的理解,不能以一个课题在研究中的成败来判定它所提出的问题的意义。原因在于,人们正是从错误问题所导致的失败中学到许多重要知识,从正反对比中得到经验教训。

二、问题必须有科学的现实性

选题的现实性,集中表现为选定的问题要有科学性,指导思想及目的明确,立论根据充实、合理。选题的科学性,首先表现在要有一定的事实依据,这就是选题的实践基础。研究课题是从实践中产生的,具有很强的针对性;实践经验同时又为课题的形成提供一定的、确定的依据。选题的科学性,还表现在以教育科学基本原理为依据,这就是选题的理论基础。教育科学理论将对选题起到定向、规范、选择和解释作用。没有一定的科学理论依据,选定的课题必然起点低、盲目性大。应该看到,选题的实践基础和理论基础制约着选题的全过程,影响着选题的方向和水平。为了保证选题有科学的现实性,还需要对选定的课题进行充分论证。

三、问题必须具体明确

选定的问题一定要具体化,界限要清,范围宜小,不能太笼统。其原因在于,问题是否具体适度往往影响全局的成败。那种大而空、笼统模糊、针对性不强的课题往往科学性差。只有对问题有清晰、透彻的了解,才能为建构指导研究方向的参照系提供最重要的依据,因此不宜把课题选得太宽、太大、太复杂。韩非子在《喻老》篇中指出:"天下之难事必作于易,天下之大事必作于细。"这就是说,要从小处着手。

四、问题要新颖,有独创性

选定的问题应是前人未曾解决或尚未完全解决的问题,通过研究应有所创新、有新意和时代感。

要做到选题新颖,就要把研究课题的选择放在总结和发展过去有关学科领域的实践成果和理论思想的主要遗产的基础上,没有这个基础,任何新发展、新突破都是不可能的。应该看到,科学上的任何重大成果,几乎都是科学工作者在前人、别人工作成就基础上一步步取得的,即使是被人认为非常新的、第一次开辟的新领域,也仍然是由以前或同时代的人的工作提供了基础条件。因此,要通过广泛深入地查阅文献资料和调查,搞清所要研究的课题在当前国内外已达到的水平和已取得的成果,要了解是否有人已经或者正在或者将要研究类似的问题。如果要选择同一问题作为研究课题,这就要对已有工作进行认真审视,从理论本身的完备性、从研究方法的科学性高度进行评判性分析,在此基础上,重新确定自己研究的着眼点。只有在原有研究成果基础上的突破和创新,才具有研究的意义。

五、问题要有可行性

所谓可行性,指的是问题是能被研究的,存在现实可能性。具体分析,可行性包含以下三方面的条件:

(一)客观条件

除必要的资料、设备、时间、经费、技术、人力、理论准备等条件外,还有科学上的可能性。这就是恩格斯指出的:"我们只能在我们时代的条件下进行认识,而且这些条件达到什么程度,我们便认识到什么程度。"有的选题,看起来似乎是从教育发展的需要出发,但由于不符合现实生活实际,违背了基本的科学原理,也就没有实现的可能。

(二)主观条件

主观条件是指研究者本人原有知识、能力、基础、经验、专长,所掌握的有关这个课题的材料以及对此课题的兴趣。也就是说,要权衡自己的条件寻找结合点,选择能发挥自己优势特长的课题。有的人擅长实践操作,就不一定非选理论研究课题;反过来,有的人擅长于理论思维,就不一定非要选择实验研究课题。而在一个课题协作研究组当中,不同特长的人优势互补,才能真正发挥出整体研究效益。对于刚起步的年轻人,最好选择那些本人考虑长久、兴趣最大的课题。而在教育第一线从事实践工作的教师,选题最好小而实。自己提出的研究问题,更容易激发信心和责任感,更容易发挥创造性。总之,知己之短长,扬长避短,才能尽快出成果。

(三)时机问题

选题必须抓住关键性时期,什么时候提出该研究课题要看有关理论、研究工具及条件的发展成熟程度。提出过早,问题会攻不下来。如前几年有人曾尝试从生理学角度,通过对脑电图的研究来考察人的认识规律,由于各方面条件还不具备而调整。提出过晚,又会被认为是亦步亦趋,毫无新意。这里有一个胆识问题,善于抓住新课题,又要注意时机。正如贝弗里奇所说,如何辨别有希望的线索,是研究艺术的精华所在。具有独立思考能力,并能按照其本身价值而不是按照主宰当时的观点去判断论证的科学家,最有可能认识某种确属新东西的潜在意义。

在教育科学研究中经常出现以下选题不当的情况:一是范围太大,无从下手;二是主攻目标不十分清楚;三是问题太小,范围太窄,意义不大;四是在现有的条件下课题太难,资料缺乏;五是经验感想之谈,不是科研题目。因此,正确选题并非一蹴而就,它要求研究者不仅要有科学的教育理论指导,还要坚持唯物主义观点,从实际出发,通过对事实材料的分析比较,善于发现和抓住重要问题;不仅要把握该领域理论研究的全局,而且要对教育实际有深入的了解;不仅要有问题意识,而且要了解和掌握选题的有关知识和方法,不断提高自己的选题能力和创新、判断、评价等综合能力。

第四节 研究问题确立的过程与方法

科学而新颖的课题的选定,实际上是经过了一个从产生研究动机到勾画出研究大致轮廓的过程,是对提出的初步研究假设进行不断检验的过程。研究者最初往往是在阅读、研究有关领域的文献中,如教育期刊、研究报告、教育论文索引、相关学科的重要期刊,或在教育教学实践过程中,受到某一点启发,产生联想,从而形成一个初步的研究假设,进而带着这个粗泛的想法广泛查阅有关资料,了解前人在这方面的研究成果、研究方法以及该问题目前被关注的程度。随着思考的深入,原来朦胧模糊的想法逐渐变得集中、清晰和明确,不仅对此问题大致情况有一个总体把握,而且形成了如何进一步研究该问题的初步思路,这时就可以确定课题了。

选题的方法是灵活多样的,不同研究课题,研究的性质、方向也不同,加上研究者本身的差异,因此选题方法无一定之规。但要选好题,以下几点是要注意的:

一、要有明确的、相对稳定的研究方向

初学研究的人,一开始总是对几个研究方向同时感兴趣。如果要在某方面真正获得成果,而且有所成就,就必须把主要精力集中在一两个方向上。这里所谈的研究方向,其含义有三层:一是总方向,二是某学科领域的方向,三是研究者个人的主攻方向。个人研究主攻方向是受学科领域的制约的,只有把个人的研究纳入某一具有强的生命力的学科系列中,个人的研究才会得到发展,这正是现代社会发展的要求。

二、要善于对问题进行分解

要把一个大的问题按照内在逻辑体系分解成相互联系的许多问题,从而找到解决这个问题的步骤和相关的网络。也就是说,将所要研究的问题展开成一定层次结构的问题网络,从而在问题具体化基础上选题。

例如:中国科学院心理研究所一博士生选题时的研究思路:问题解决是人类认知活动的基本过程之一,启发式策略又是人类问题解决的核心。目前关于问题解决启发式策略的研究大致分为五个方面,即策略性质与策略结构、问题结构与问题表征、专家知识与专家直觉、表象性质与表象作用、社会认知与社会学习。在这五个方面的研究中,策略的性质与结构问题是其中的首要问题。基于这一分析判断,她选定了

"弈棋问题解决启发式的元策略模型"作为研究课题。也正是通过对问题的分解,才能确定某个问题当前能不能研究和如何研究。

比如:国内外都曾有人提出关于"教育规律数学化"问题,这一课题的研究涉及以下内容:必须解决把教育、教学概念科学术语化问题,排除"多义性",使它具有单义性、确定性;必须找到某些与表征教育规律有关的普遍联系,普遍属性的特征量,而且这些特征量必须与可观察量发生联系才有意义,有了这些特征量才有可能对它们做出数量上的描述;必须创造一个相应的符号和符号系统;要解决相应的数学工具或逻辑推演规则,等等。

只有作了认真分析才能确定选题的方向。正确地对问题进行分解,实际上也是预期课题将会以什么样的方式和步骤获得解决,从而为进行课题论证提供依据。善于对问题进行分析,也正是着手进行科学研究的一个重要的基本功。一个成熟的研究工作者,常常在这方面表现出特殊的才能、深刻的洞察力和远见卓识。

三、要善于转换问题的提法,并使问题形成系列

善于转换问题提法是指能不断从一个新的角度提出问题。例如,多少年以来关于课堂教学环节的研究,从赫尔巴特、杜威到凯洛夫,似乎已形成了一套理论。在以后几十年教学实践中,老师们在现代教学观指导下创造了生动丰富的新课堂教学结构,突破了原来那种单一僵化教学环节的束缚,迫切要求从理论上得到科学的解释和说明,这就是近年来我国学者依据系统科学理论对教学模式问题的研究。从教学环节到教学模式,正是转换了一个新的角度,不仅是一个名词术语的替换,而是在理论基础、研究内容、研究方法上都有了质的不同。因此,作为一个科学研究工作者,不仅能够善于提出问题,而且要善于从新的角度提出问题。不墨守成规,不固执现有理论,按照现代社会现代教育发展的要求,找到各种发展的生长点,研究者才能使研究的问题步步深入。

问题转换还指当一个问题解决以后要把握时机及时转向由此引申出的其他相关问题,表现出问题延伸的系列。也就是说,要使所研究的课题沿一定脉络具有前后的相关性。

四、要对选定的课题进行论证

课题论证是对选定问题进行分析、预测和评价,其目的在于避免选题中的盲目性。进行这种课题论证,本身也是一种研究,它必须依据翔实的资料,并以齐全的参考文献和精细的分析来支持自己关于课题的主张。通过课题论证,进一步完善课题方案,创设落实的条件。

课题论证主要回答以下问题:
(1) 研究问题的性质和类型。
(2) 本课题研究的迫切性和针对性,具有的理论价值和实践意义。
(3) 该课题以往研究的水平和动向。包括前人及其他人有关研究的基础、研究

已有的结论及争论等,进而说明该课题研究将在哪方面有所创新和突破。

(4)本课题理论、事实的依据及限制,研究的可能性,研究的基本条件(包括人员结构、任务分配、物质设备及经费预算等),以及能否取得实质性进展。

(5)课题研究策略步骤及成果形式。

在系统的分析综合基础上写出简洁、明确具体、概括的论证报告,一般约五六百字。课题论证报告不仅用于申报研究项目,而且应用于发表论文的开篇,以及学位论文的前言部分。

对于重大课题,常常必须写出开题报告,并经过同行专家的审议。开题报告内容一般包括:课题名称、意义(研究本项目的实际意义和理论意义);研究的主要内容;本课题国内外研究现状,预计有哪些突破;完成本课题的条件分析,包括人员结构、资料准备和科研手段等。

附录 5－1

南京师范大学学前教育本科毕业论文部分选题

颜之推儿童家庭教育思想初探
大班幼儿语言表达能力与同伴关系的相关研究
农村地区幼儿家长教育观念的现状调查
家长眼中的"家园联系"
幼儿教师游戏观的调查研究
中班角色游戏中教师指导行为的调查研究
南京市鼓楼区幼儿教师进修动机的调查研究
夸美纽斯和陈鹤琴家庭教育思想的比较研究
幼儿积木游戏的发展特点与指导策略
幼儿青睐西式快餐的归因思考及教育启示
幼儿教师儿童观的研究
大班幼儿家长理财教育观念的调查与探析
论幼儿园课程改革中教师角色的转变
南京市区 5～6 岁幼儿双休日活动情况的调查与分析
园长一日工作的个案调查与分析
"多彩光谱方案"对幼儿园教育评价改革的启示
南京市十所省级示范幼儿园"幼小衔接"现状调查
一个脑损伤儿童游戏治疗的个案研究
营养保健食品在幼儿家庭中使用情况的调查报告
家庭玩具的购买和使用现状的调查

南京城区幼儿教师幸福感的调查研究
幼儿家长对幼儿园双语教育的态度及影响因素的调查
幼儿家长美术教育观念的调查研究——以南京市一所幼儿园幼儿家长为例
童丐的昨天、今天和明天——有关流浪乞讨儿童的个案研究
南京市幼儿园电脑普及和利用情况的调查与分析
关于家长的儿童衣着观的调查研究
幼儿园综合课程方案的个案研究
南京市三所幼儿园课程方案现状的调查与分析
幼儿园电化教育应用的现状分析及展望
角色游戏中教师指导语类型及作用的研究
基于建构主义理论的幼儿数学软件开发和应用的思考
蒙台梭利教育和瑞吉欧教育的比较及启示
南京市部分玩具市场现状的调查与思考
亲子园现状调查
当前城市幼儿存在的主要健康问题及其对策
4~8岁儿童地球概念的发展
幼儿园运用档案袋评价的现状调查和研究
同一儿童在不同场合下的行为差异、成因分析及对策
儿童健康认知研究
对主题活动中美术教育的反思
3~7岁儿童生命概念的发展研究
幼儿园男教师工作现状研究
南京市两所幼儿园课题管理现状的研究
5~6岁儿童劳动教育现状的调查
学前教育专业本科生择业倾向的现状调查与分析
幼儿园中儿童游戏权利保护问题的研究
南京市六所幼儿园教师科学观调查
具有气质倾向差异的幼儿教师在师幼互动过程中行为状况的比较研究
外国儿童在中国获得汉语情况的个案研究
家长对幼儿在园游戏的态度调查
幼儿数学教育软件评价标准初探
学前儿童审美想象发展特点初探
废旧材料在幼儿园游戏中运用情况的观察研究
关于当前幼儿家长对于识字教育的认识与态度的调查研究
关于幼儿园体育课教师课堂教学策略实施的调查研究
关于3~6岁幼儿亲子阅读现状的调查研究
社会文化与幼儿园课程

幼儿玩沙游戏的特点和指导策略

幼儿园体育场地现状及使用的调查研究

思考与练习

1. 学前教育研究问题的特点是什么?
2. 确立研究问题的意义是什么?
3. 研究问题的来源有哪些?
4. 好的研究问题的特点有哪些?
5. 简述研究问题确立的过程与方法。

推荐阅读

1. 赖特·米尔斯. 社会学的想象力[M]. 陈强,张永强,译. 北京:生活·读书·新知三联书店,2005.

2. 裴娣娜. 教育研究方法导论[M]. 合肥:安徽教育出版社,1995.

3. 张燕,邢利娅. 学前教育科学研究方法[M]. 北京:北京师范大学出版社,1999.

4. 吴康宁. 教育研究应研究什么样的"问题"——兼谈"真"问题的判断标准[J]. 教育研究,2002(11).

第六章　查阅文献

查阅文献是科学研究工作中的重要步骤之一,包括对相关研究文献的检索、查阅、分析、归纳、解释以及文献综述的撰写等内容。文献是进行科学研究的基础,查阅文献是进行科学研究的基础性工作,它贯穿于科学研究的全过程,从选题、初步调查以及论证课题,制订计划、搜集、整理和分析研究资料到形成研究报告,都离不开有关课题文献的查阅。学前教育研究科学文献的数量和质量,正是判断学前教育学科发展水平的重要标志。

第一节　查阅文献的意义和作用

一、查阅文献的基本概念

"文献"一词最早见于《论语·八佾》,朱熹注为:"文,典籍也;献,贤也。"古人以"文"为典籍记录,以"献"为贤者及其学识,后来发展为专指著述。它是指把人类的知识用文字、符号、图形、音像等手段记录下来的有价值的手稿、书籍、报纸、杂志、影片、录像带、磁带、微缩胶片等典籍。

文献是指"记录有知识的一切载体,即以载体形式传递知识[①]"。文献是记载人类知识的重要手段,也是保存、传递、交流研究成果的重要渠道和形式。作为一种主要情报源和信息源,文献是进行学前教育科学研究的重要组成部分。学前教育科学文献是教育科学文献的重要组成部分,指的是记载有关学前教育科学的情报信息和知识的载体。

查阅文献是学前教育研究过程中的重要工作环节,包括对相关研究文献的检索、查阅,对有价值的资料与信息进行记录、归纳、整理、分析与解释,以及文献综述的撰写等内容。

二、文献的类型

根据不同的依据,文献有不同的分类方法。

(一)根据文献的加工深度分

根据文献的加工深度不同,可以分为零次文献、一次文献、二次文献和三次文献。

---

① 裴娣娜. 教育研究方法导论[M]. 合肥:安徽教育出版社,1995:88.

零次文献是一种特殊形式的资料信息源,它主要包括两方面的内容:一是未经记录、未形成文字材料的口头信息,即一次文献以前的知识信息;二是未正式发表的原始文献,比如书信、手稿、笔记、记录等。

一次文献也称一级文献,是以作者本人的科学研究成果为基本素材而撰写的文献,主要包括专著、论文、调查报告、研究报告、档案材料、论文、报刊、政府出版物、产品样本、会议文献等。一次文献是直接记录事件经过、研究成果、新知识、新技术的文献,具有创造性,是做好研究的第一手资料,对研究工作有很高的直接参考和借鉴使用价值。

二次文献也称二级文献,是对一次文献进行加工整理,使之系统化、条理化的检索性文献,主要包括题录、书目、索引、提要、文摘以及类似内容的各种数据库等,具有报告性、汇编性、简明性等特点。二次文献是十分重要的检索工具,可以帮助我们在短时间内找到自己研究所需要的资料。

三次文献也称三级文献,是在利用二级文献基础上对某一范围内一级文献进行广泛、深入分析研究之后,加工、整理而成的带有个人观点的文献资料,主要包括数据手册、年鉴、动态综述、进展报告、年度百科大全以及研究报告等。这类文献综合性强、浓缩度高、覆盖面广、信息量大,内容新颖,具有综合性、浓缩型、参考性等特点。

(二)根据不同的信息载体分

根据信息载体不同,文献可以分为印刷型、缩微型、音像型和计算机阅读型。

印刷型文献是以纸张为载体,以印刷为记录手段而形成的一种文献形式,如书籍、报刊画册等。其中,图书是整个文献载体中的主体,也是有着悠久历史的传统文献形式,包括教科书、参考工具书、学术专著等。印刷型文献携带方便,可以随处阅读,这是其优点,但也存在着诸如存储密度小、体积大、不便于保存等不足。

缩微型文献是以感光材料为载体,使用现代缩微摄影技术保存的信息,常见的有缩微胶片、缩微卡片、缩微平片等。缩微型文献具有体积小、便于保存和收藏、价格便宜等优点,但阅读较为不便,需要有较复杂的阅读设备来支持。在整个文献中,缩微型文献所占数量较少,主要藏于图书馆之中。

音像型文献也称视听型文献,是以磁性和感光材料为载体记录声音、图像等信息资料的一种文献形式,具有存取快捷,可闻其声、见其形,易理解等优点,但阅读时也需要阅读设备的支持。

计算机阅读型文献是信息时代特有的信息资源,主要包括光盘、新闻组、BBS、国际互联网等,具有信息量大、内容新、获取方便等优点。随着计算机的普及和信息技术的迅猛发展,计算机阅读型文献也将越来越受到研究者的重视。

此外,根据文献的社会属性,还可以将文献分为政治文献、经济文献、教育文献等。

三、学前教育文献的主要分布

由于创造、记录与传播的方式不同,学前教育文献资料的分布极为广泛且形式多样。

(一) 书籍

书籍主要包括名著典籍、学术专著、教科书、资料性工具书(如教育辞书和百科全书)及科普通俗读物。它是学前教育科学文献中品种最多、数量最大、历史最长的一种情报源。

1. 名著典籍

名著典籍指的是一个时代、一个学科、一个流派中最有影响的权威著作,比如中外古今著名教育家、哲学家的教育名著等。它们是人类文化的瑰宝,是治学和研究的基石,因而大都作为必读书收入各种导读书目中。

2. 学术专著

学术专著(包括论文集)是就学前教育领域某一专门问题进行系统、全面、深入的论述,内容专深,大多是作者多年研究成果的结晶。它往往是就某个问题的发展历史和现状、研究方法和成果、不同学派的观点和争论以及存在的问题和发展趋势加以论述,并附有大量的参考文献和书目。学术专著中阐明了作者自己的独到见解,介绍了新颖的材料,通常反映了学术研究的最新进展,论述较系统,形式较规范。论文集往往是汇集了许多学者的学术论文,问题集中,论点鲜明,情报容量大,学术价值高。如瞿葆奎先生主编的《教育学文集》即属此种类型。

3. 教科书

教科书是专业性书籍,具有严格的科学性、系统性和逻辑性。内容一般包括学前教育的基本理论、基础知识、学科领域内的科研成果以及讨论的问题等。教科书一般要求学术的稳定性,名词术语规范,结构系统严谨,叙述概括,文字通俗,可读性强。目前,高校学前教育专业,有一批专著性的教科书,作为高年级或研究生使用的教材。

4. 手册

手册,往往汇集了经常需要参考的文献资料,就某一分支学科有关问题的历史和现状、方法和结果以及各种争论观点作广泛客观的叙述,不涉及作者本人见解。手册具有类例分明、资料具体、叙述简练、小型实用、查阅方便等特色。具体来看,有综合性的手册,如《中华人民共和国资料手册》;有分科专业性的手册,如《当代中国社会科学手册》,以学科和地区为主要线索,其中"教育学研究"(第十三章)分别介绍了教育心理学、教育经济学、幼儿教育、普通教育、职业技术教育、高等教育和教育史等不同领域发展历史、当前研究的主要问题以及发展趋势和展望。

5. 教育辞书、百科全书及科普读物

教育辞书和百科全书都属于资料性工具书。教育辞书主要是提供教育科学名词术语的资料,规范、精练、准确,以条目形式出现。辞书,有一定格式,第一句是破题,后面是基本论点。百科全书则是对人类一切门类或某一门类知识的完备概述,不仅提供定义,而且有原理、方法、历史和现状、统计和书目等多方面的资料,着重反映当代学术的最新成就。在一般文献学书籍中将百科全书特点概括为以下几点：一是汇编性，用已有的大量资料作为基础，博采众长，全面叙述，避免缺漏和偏狭；二是概述性，从大量文献中提炼出材料加以概括；三是分类性，以知识的科学分类体系作为编撰的基础；四是检索性，有完善的检索系统；五是可读性，可供系统阅读或浏览。百科全书既能提供最新的学术信息和研究成果，又能提供系统知识，其内容注重全、精、新，文字规范、严密、简洁，由众多专家学者撰稿，具有较强的权威性。是否有一部优秀的百科全书，已成为衡量一个国家科学文化发展的尺度之一。目前，全世界已有五六十个国家和地区编辑出版了综合性百科全书，数量达两千多种。《中国大百科全书·教育》于1985年出版，是我国第一部教育百科全书，收词目800多条，反映了教育科学的全貌及最新研究成果。

至于科普读物，则是面向广大群众的以普及教育科学知识为宗旨的通俗读物，有初、中、高级之分，文字浅显，但最新信息含量较低。

（二）报刊

报纸和期刊均属连续出版物。报纸是以刊登新闻和评论为主的定期连续出版物，如《教师报》《中国教育报》以及《光明日报》《文汇报》等大报的教育科学版。报纸发行广泛，传递信息迅速，但材料分散不系统，且不易保存。

期刊，是定期或不定期的连续出版物，有周刊、月刊、双月刊、季刊等。期刊可分为学术理论性期刊，情报性期刊，技术、事业性期刊和普及性期刊。教育科学范围内的期刊主要有三类：一类是杂志。杂志刊载有关科学论文、研究报告、文摘、综述、评述与动态，兼容性强；一类是汇报、集刊、丛刊、汇刊及高校的学报；还有一类是文摘及复印资料，这是一种资料性及情报索引刊物。如中国人民大学分科的报刊复印资料，经过专门人员精心选编成册定期出版，有重要文章，并附有一定时期内主要文章的篇目索引，可帮助研究人员及时掌握某一特定课题的文献概况。

期刊拥有庞大的写作队伍和读者群，出版周期短，内容新颖，论述深入，发行量大，常反映有关学科领域研究的最新动态和最高水平，是教育科研工作者查阅文献最有效且简便的主要来源。

（三）教育档案类

档案资料是人类在各种社会实践活动中直接形成的，并且具有保存价值的原始文献材料。教育档案类包括教育年鉴、教育法令集、教育统计、教育调查报告、学术会议文件、资料汇编、名录、表谱以及地方志（我国特有的地方百科全书）、墓志、碑刻等。

1. 年鉴

年鉴是系统汇集一年内重要事件、学科进展与各项统计资料的工具书。它以记事为主，内容通常包括专论或综述、统计资料和附录。其中，专题论述是年鉴的主体。由于年鉴内容完备，项目齐全，记载翔实，查找方便，因此它是了解新情况、研究新问题、积累资料、撰写历史的信息密集型工具书。年鉴按年编辑出版，积累起来就是一部编年体的历史，具有重要的参考价值。

2. 教育法令集

教育法令集是官方的有关教育政策法规的指令性文件汇集,通过立案归档,成为资料的一部分,如我国教育文献法令汇编,高教、普教、基础教育、政策法令法规文件选编,师范教育法令汇编,中国少先队工作文件选编等。这些文献集中反映了国家的教育方针政策、法令、规章制度、统计数据等情况,是全面了解我国教育状况和制度沿革及发展演变的有用资料。法令汇编在20世纪50年代比较齐全,教育统计资料近年来比较齐备。

3. 学术会议文献

学术会议文献,包括报告、纪要、提交会议的论文(多数是未公开发表),往往反映一个学科领域的研究动向和研究成果,代表了国内外教育发展水平,是进行研究的一个重要资料来源。

4. 学位论文

学位论文,是本科生和研究生进行专题研究后为取得某种学位而撰写并提交的科学论文,是带有一定独创性的一次文献,一般选题论证充分,文献综述较全面,探讨问题往往比较专深。学位论文少数在期刊和图书中刊载,多数不公开发表,一般由研究生招收单位保存。

(四)专家询问

专家询问是通过个人交往接触的非正式渠道搜集资料,研究者与本专业或相近专业的研究人员、学者进行交谈,交流讨论学术问题。专家访谈具有高度选择性和针对性,从专家询问渠道获得的情报信息具有极大的价值,从观点到方法上的启迪将有助于课题研究的深入。

(五)非文字资料

非文字资料主要包括校舍、遗迹、绘画、出土文物、歌谣等,在教育科学研究资料分布中主要指以声音、图像等方式记录有知识的载体,通过视听觉传递知识,更直接、精练、形象。非文字资料同样有一个如何分类、著录、编目、贮存、检索和使用的问题,一般以科学分类为分类体系,注意科学性、实用性和可指定性。

四、查阅文献的意义和作用

查阅文献对于学前教育研究来说有着多方面的意义和作用,它贯穿科学研究的全过程,从选题、初步调查以及论证课题、制订计划、搜集、整理和分析研究资料到形成研究报告,都离不开有关课题文献的查阅和利用,且在不同阶段所起作用也各不相同。

(一)可以帮助研究者进一步界定研究问题

在研究问题确立以后,还必须对研究问题的范畴进行进一步的限制和界定,如果没有充分界定研究问题的范畴,研究往往会流于空泛。在这一阶段,查阅文献可以使研究者更全面深入地了解前人在该领域、该问题上已经做过的工作，采用了什么样的方法，解决了什么样的问题，得出了什么样的结论，取得了什么样的成果，等等。研究者据此便可以把握研究的新动向，聚焦研究问题，明确研究目标，避免重复劳动。

（二）可以启发研究者的研究思路

查阅文献可以使研究者拓宽视野，开阔思路。在阅读文献资料时，研究者有可能受到启发，触类旁通，产生顿悟；也可能在对文献资料产生怀疑之后，找到研究该问题的新思路。由于每个研究者的生活经验和理论背景都各不相同，在阅读文献时，每个研究者都有可能看到其他研究者不曾看到的地方，而这正是研究得以深入的重要方面。因此，研究者要善于捕捉这些信息，提出新的观点，为研究开拓新的思路。

（三）可以给研究者以研究方法的指导

在确定研究问题之后，如果选取的研究方法不恰当，往往不能取得预期的研究效果。对同一问题，采取的研究方法不同，有时也会得出不一样的研究结论。因此，在查阅文献时，要特别关注对该问题的研究中，已有研究采取了什么样的研究方法，该研究方法对该问题的研究是否有效，还可以采取哪些研究方法。如果发现既有研究中的某些研究方法未能产生有价值的研究结果，则应摒弃该研究方法。此外，通过对别人研究方法的借鉴，也往往能够修正自己的研究方案，避免意想不到的困难。

（四）帮助研究者获取进一步研究的建议

研究者一般会在其研究报告的结尾处附上由他们的研究所引发的需要继续探讨的问题以及可以进一步研究的建议。这些研究问题和建议往往是研究者经过大量研究后获得的，具有较高的参考价值，研究者可以认真思考，并从中获取帮助。

（五）获取新的理论支持

研究所需的理论支持不是预先设想出来的。研究者首先要收集研究领域的数据，对其进行分析并得出结论。当理论看上去论据充分、论证有力时，再去查阅相关文献，然后通过观点汇合把理论和文献联系起来。只有以这种方式查阅出来的文献才是真正支撑理论的，这可以让研究者怀疑自己或他人的理论，从而提炼理论、发展观点以便进一步研究，也可以为研究者解释研究结果提供背景资料。

第二节　查阅文献的原则与过程

研究问题确立以后，查阅文献工作便开始了。查阅文献并非一项简单的工作，它要从各种不同的资料中获得大量有用的信息，要对资料进行细致、系统的阅读，以及全面透彻的了解和把握。

一、查阅文献的基本原则

文献的质量直接关系着后续研究的开展与研究结果的获得。因此，查阅文献不

是随意的、盲目的,而必须遵循一定的要求,按照一定的原则来进行。一般而言,查阅文献要遵循以下基本原则:

(一) 查阅文献要全面,即全面性

文献查阅越全面,对自己的观点及论据的完整帮助就越大。通过浏览,不仅要广泛查阅特定范围内的国内外相关研究成果,而且要把视野放宽,广泛查阅特定范围以外的有关研究成果;不仅要搜集与自己观点一致的文献材料,也要搜集那些与自己观点不一致,或与自己构思相矛盾的文献资料;不仅要广泛查阅中文资料,同时也需查阅外文资料,以便及时掌握最新的研究资料和动向。唯有如此,才不至于偏听偏信,保证研究的客观全面。那么,查阅文献怎么样才算"足够"呢?从数量上看并没有确切的答案,一般认为文献数量的多少取决于查阅文献的目的,当文献信息趋于稳定,研究问题的内容比较完全时,文献查阅工作便可结束了。

(二) 查阅文献要认真细致,即准确性

研究者要花费必要时间来把查阅文献的结果与自身课题明确结合起来,确认所查阅的文献是与研究主题密切相关的最佳文献。

通过文献查阅,要基本掌握三十年来,尤其是近十年来所研究的领域内讨论过哪些问题、有哪些主要观点和意见分歧、有哪些代表人物和主要著作等。查阅文献要认真细致,搞清前人研究的矛盾与分歧所在,进而从中发现问题。有学者精辟地分析了该过程中大致存在的三种情况:其一,前人的结论可能是正确的,但论据不充分;结论可能是错误的,但研究过程或研究方法可能有启发;其二,前人的争论焦点,可能是问题的关键所在,也可能只在表面现象上争吵不休,并未触及问题的实质;其三,前人的理论依据及史料依据,可能是准确无误并十分丰富的,也可能是篡改文献,贫乏薄弱得不足为据。我们要通过细致查阅,认真推敲观点和论据,搞清来龙去脉。

在实践中常常发生因疏忽而形成的论据失误,主要表现为三个方面:一是曲解引申,主观臆断;二是只知其一,不知其二,或突出其一,忽略其二,断章取义;三是脱离实际,追赶时尚,将马克思主义词句作为教条,生吞活剥并未真正理解。

(三) 查阅文献要勤于积累

研究者应在平时养成不断学习、善于积累的好习惯,要有意识地培养自己读书治学的能力,掌握文献查阅的方法,平时注意做好读书笔记、札记、卡片等,编制自己的文摘、提要和综述,逐步建立自己的资料库。同时,还要善于使用国家的信息库。

(四) 查阅文献要善于思考

由于文献是在一定的历史条件下产生的,必然带有时代和个人的局限性,因此,研究者需要对文献进行认真思考,不断分析,做到在批判中继承,在扬弃中创新。这就要求研究者不仅要有与研究问题有关的知识储备,而且必须要有理论思维的品质,要能够在阅读中进行比较、分析、联想和构思,进而产生解决问题的新观点、新思路。

作为学前教育研究工作者,应该像蜜蜂一样,对文献资料经过去粗取精、去伪存真,由表及里地改造制作,要舍弃成见,在理论联系实际的基础上锻炼和提高对资料真伪和价值的判断力和敏感性,进行创造性的理论思维。这样,创新才有可能。

二、查阅文献的过程

(一) 查阅文献的步骤

查阅文献是一件较为复杂的工作,应遵循一定的步骤,按照一定的程序有系统地进行。一般来说,文献查阅大致包括如下步骤。

1. 确定与研究问题有关的关键内容

查阅文献需依据自己关注的问题,带有明确的目的和任务,查询与该问题有直接联系或密切相关的文献资料。首先,研究者要分析研究问题,弄清研究问题的关键所在,确定适合的主题索引;其次,限定查阅的学科范围,明确文献查阅的要求和范围,一般说来,学前教育研究可以在教育学、心理学、社会学、哲学、历史学等学科领域内查阅资料;再次,要根据研究问题确定所要查阅资料的时间范围和语种;最后,分析已知的查阅线索,看是否可能扩大查阅的范围。

2. 文献查阅

在确定关键内容后,文献查阅工作便开始了。一般来说,研究者适合从二级文献入手,先查相关领域的主要索引、文摘、动态之类的简易并且概括性较强的资料,按照时间顺序进行查阅;然后按图索骥,寻找一些三级文献中的综述性文章来阅读,了解该领域研究的大致情况,特别关注其中提及的资料来源。间接资料虽然评述了该领域的大量研究,但是并不详细且带有个人的理解与解释,所以还必须根据其中的资料出处搜寻原始资料,并对原始资料进行选择和阅读,确定其对自己的研究是否有价值。

在学前教育研究中,零次文献的查阅和收集也是不可忽视的。幼儿的作品,幼儿的体检记录,幼儿教师的教案,幼儿活动的照片、录像等有关幼儿园保育和教育情况的记载都可以作为资料运用于研究。这些资料需要研究者在平时注意收集,也可以通过他人代为寻找搜集。

3. 整理和筛选资料

在找到对自己的研究有价值的文献资料之后,接下来要做的工作便是对这些资料进行进一步的整理和选择。首先,研究者要把在文献查阅过程中初步选定的资料下载或复印下来,将材料按照内容和重要程度进行排序与分类;然后认真阅读这些材料,剔除与研究问题无关的材料、虚假材料、重复的材料以及已被证明不科学的材料;同时,从自己具体的研究需要出发,选择那些全面、完整、深刻并正确阐明所要研究问题的有关资料,以及包含新观点、新方法的资料;然后对材料中的复杂或重要的文献做摘要或总结,并准备一份完整的文献目录,以备最后写参考文献使用。

4. 撰写文献综述

查阅文献的最后一项工作便是综合所查阅到的文献,撰写研究综述。关于研究综述的撰写,将在本章第四节中详细介绍,这里不做赘述。

上述四个查阅文献的步骤并不总是严格按顺序进行,而是可以根据研究需要交叉进行的。比如,当查阅与研究问题相关的文献时,可能会发现需要重新修改研究综述,而这可能将文献查阅引向新的方向;或者当我们在整理文献资料时发现所收集的资料只与研究问题间接相关,这就要求研究者重新回到第一个步骤,寻找更相关的文献资料。总之,研究者在查阅文献时要根据自己的实际情况,灵活多变,减少不必要的失误,努力提高工作效率。

(二) 文献检索时易出现的问题

研究者在查阅文献时易出现的主要问题有以下几方面:

1. 查找无着

研究者找不到自己所需要的文献资料。比如,由于不熟悉查找资料的途径和方法,对研究问题所需要的资料查找无着,这便需要研究者熟悉查找资料的途径和方法,运用多种途径和方法进行资料查找。

2. 重复查找

在综合运用多种查阅途径和方法查找文献时,可能会出现重复查找的情况。

3. 以偏概全

查找资料浅尝辄止,以致以"树木"代替"森林",以偏概全。

4. 多查少用

费了九牛二虎之力,发现查找到的资料不能物尽其用。

(三) 提高文献检索效率的策略

1. 由近及远

这一策略主要包含两层意思:其一是要充分利用自己身边已有的文献或检索工具资源,从自己身边已有的文献或检索工具资源开始查阅;其二是查找文献的年代,可以由当今到过去,由国内至国外进行查阅。

2. 由小到大

由小到大指的是检索的范围刚开始时要小一点,然后逐渐扩大查阅范围。也许范围较小时会查阅不到所要的文献,但是随着范围的逐步扩大,便会查找到所需要的文献资源。如果一开始便将检索范围扩得很大,数千万条资料呈现在面前,就会增加检索的时间和精力。例如,幼儿园教师创新素质评价研究,我们可以先查阅教师创新素质评价研究,然后扩至教师创新素质研究,最后扩至创新素质研究。

3. "网""钓"结合

互联网、计算机数据库、光盘检索是便捷的现代化检索工具,研究者应充分利用。但是网络资源再丰富,也总有"漏网之鱼",不可能包罗所有的资料。因此,研究者除了利用计算机检索之外,还要利用印刷型检索工具,两者相互结合,互为补充,就能保证资料搜集的全面性。

4. 跟踪追击

跟踪追击就是按照已经掌握的文献资料正文中所提及的,或文章脚注、文后所列参考目录等为线索,逐一追溯,从而不断获得新线索,进而再扩大追踪范围,以便获得所需文献资料。这种文献检索方法省时省力,检索到的文献也往往具有一定的权威性。

5. 借助外力

借助外力就是请图书馆或高校的资料中心帮助检索或查找全文,但必须告知研究问题和查找资料的范围。这类服务往往是收费的,最后还需要研究者自己查缺补漏,因为收集资料是一项灵活性很大的工作,其他收集人员不如研究人员了解得深入和全面,从而影响资料收集的数量和质量。

第三节 查阅文献的具体方法

对于查阅文献工作来说,主要通过两种手段来实现:其一是传统手工查询,其二是计算机检索。

一、传统手工查询

手工查询文献资料的过程往往需要花费很多时间,查询的效率也不是很高,但有助于研究者充分找到自己想要的资料,尤其是原始资料。因此,研究者必须掌握这种查阅文献的手段。

(一) 检索性工具书的使用

人类历史源远流长,各种学前教育资料浩如烟海。如何从大量的文献资料中全面迅速准确地查获自己科研课题所需文献呢?这里有一个方法是否科学合理的问题。正确的检索资料方法应达到四点要求:① 准,高的查准率。② 全,高的查全率。搜集的资料不仅有正面的,也有反面的,既有纵向的也有横向的,既有中文的也有外文的,既全面又系统。③ 深,占有情报的多样性及内容的专深。④ 快,要迅速。一个准确度高、有价值的情报资料,如果检索速度慢了,耽误了时机,就会失去它的应有价值。要在准、全、深基础上做到快,就要学会利用各种类型的检索性工具书。

检索性工具书是比较完备的汇集某一方面的资料,并按照特定的方法加以编排,内容比较概括,以供检索文献线索时查找的图书。检索性工具书不仅提供准确的资料,而且提供经过筛选和条理化了的文献出处和内容线索。常用的检索性工具书有书目、索引、文摘、传记资料等,也包括辞书、百科全书、年鉴及手册。

书目,是统计和反映某一时期内全国出版的图书总目、期刊目录、报刊目录及其他文献目录。如通过《四库全书总目提要》《汉书艺文志》《隋书经籍志》《中国丛书综

录》检索古代教育文献。而要查近现代教育文献,就要翻阅《全国总书目》《全国新书目》《中国国家书目》《中国出版年鉴》等工具书。它们各有其特色,如《全国总书目》,每期都收有大量的教育书籍,大致分为教育学、思想政治教育、德育、教育理论、电化教育、教育心理学、教育行政与学校管理等十多个大类。《全国新书目》,则是迅速反映全国各类新出版图书。至于《中国社会科学文献题录》,则是全国报刊上新发表的学术文献题录,同样具有高的参考价值。书目的著录项目一般包括文献名称、作者、卷册、版本、价格及文献所属学科,有的还有内容提要,以向读者提供文献概况和线索。

索引,是将书籍或报刊中的内容或项目摘记下来,编成简括的条目,按一定顺序排列并注明其出处。按检索内容和途径,索引可分为篇目索引(题录、论文索引)、字词句索引(书中摘出的字、词、句组成)、专名索引(按人名、地名、书名等编排)、主题索引(内容按主题集中编辑,如马克思恩格斯全集主题索引)。索引收集内容广泛,文字简洁。

检索性文摘,是以简练的语言文字精确地表述原文献主要内容并注明出处,内容专深,强调科学情报价值。一般原文节录为多,包括主要论点、论据、结论,述而不评,陈而不议,客观公正地、真实地反映学术观点的本来面目。目前,文摘载体朝多样化发展,不仅有书本式,而且有期刊式和卡片式。文摘按内容可分为综合式文摘和学科性文摘。我国文摘目前已有多种,如《新华文摘》《教育文摘》《高教文摘》《高等学校文科学报文摘》等。人们借助文摘可获得学术信息,简要地了解文献内容,有目的地选择所需的一次文献,从而提高检索和使用文献的效率。

传记资料,一般附有被传人物的著作目录,为我们提供从作者入手查找文献的途径。如《中国教育家传略》,收进了从孔子到李大钊共146位历代著名教育家小传。

另外,还有表附(用表格编年形式展现出来)、图录(以图像形式表示)、地图和名录等。其他如《十三经》《二十四史》,也可以叫广义的工具书、准工具书。

(二)书籍的查阅

要查阅书籍,必须先了解我国图书馆当前采用的图书分编方法,即"科图法"和"中图法"。

1. 科图法

科图法,即中国科学院图书馆图书分类法。该分类法将图书分成马列主义、毛泽东思想、哲学、社会科学、自然科学、综合性图书五大部二十五个大类。分类号用阿拉伯数字组成,大类后用小数点分开,后面再用数字代表各个小的类目。其中,与学前教育研究密切相关的分类号是38.4(师范教育)、38.5(幼儿教育、学前教育)、39.4(家庭教育)、39.5(特殊教育)等。

2. 中图法

中图法,即中国图书馆分类法,是目前占据主流的图书馆图书分编法。中图法按英文字母顺序分为二十二大类,每类用一个字母代替,如G代表教育,F代表经济等。大类下细分的学科用阿拉伯数字组成。与学前教育研究密切相关的类号有 G4（教育）、G61（学前教育、幼儿教育）、G76（特殊教育）、G78（家庭教育）等。

手工查找书刊资料的捷径是首先查阅图书馆中的卡片式目录，记录图书的索书号，然后到相应的书架上去索取，任何规范的图书馆都会有类似的检索系统。随着计算机检索的发展，现在高校图书馆均配有计算机书目检索系统，可以直接通过计算机书目检索系统查找图书，这样更加方便快捷。

（三）期刊的查询

对学前教育研究来说，学术理论期刊是除图书外最为重要的文献来源，它具有资源丰富、知识更新快和学术前沿性强等优点，期刊查阅对研究者来说十分必要。

1. 常用期刊介绍

（1）学前教育领域期刊介绍

《学前教育研究》：由中国学前教育研究会和长沙师范学院联合主办，1987年创刊，现为月刊，面向国内外公开发行。《学前教育研究》是"全国中文核心期刊"、"CSSCI"扩展版来源期刊、"全国学前教育理论核心刊物"、"全国教育类核心期刊"。该刊以及时反映国内外幼教研究成果为特色，以有效指导我国幼教实践为宗旨，是我国最高级别的学前教育专业期刊，是国内目前唯一一本幼教理论刊物。该刊的读者和作者群主要是我国的幼教理论研究工作者、幼教管理工作者、各高等院校学前教育专业师生、幼儿园园长以及广大的幼儿园教师。

《早期教育》：由江苏教育报刊社主办，系全国中文核心期刊、中国期刊方阵双效期刊、江苏省优秀期刊、华东地区优秀期刊，旗下有教师版、家教版、幼儿美术版三份期刊。月发行量40万份，是全国发行量最大的幼教期刊。《早期教育》教师版是幼教工作者从事教科研的好助手，开设研究与探索、教育经验、园务平台等栏目。《早期教育》家教版办刊理念和幼儿园教育理念一脉相承，开设绘本故事、益智游戏、教子经验、卫生保健等栏目。图文并茂、彩色精印。《早期教育》美术版是我国唯一一本幼儿美术教育专业期刊，开设趣味绘画、手工坊、早期画廊、创意之窗等栏目，图文并茂，彩色精印。

《学前教育》：由北京教育音像报刊总社主办，分为幼教版和家教版，分别针对3～6岁幼儿教师和家长，先后荣获"中国期刊方阵双效期刊""华北地区十佳期刊""北京市社科优秀期刊"等称号。

《教育导刊（幼儿教育）》：由广州市教育委员会主管，广州市教育科学研究所主办，创刊于1983年，多次入选"全国中文核心期刊"。该刊理论联系实际，反映幼儿教育领域最新理论成果和实践经验，内容丰富，具有很强的前瞻性、趣味性和可操作性。主要栏目包括卷首语、专家访谈、专家论坛、探索·研究、儿童发展、课程·教学、活动设计、专家咨询台、管理方略、本期关注、随笔杂谈、话题讨论、家教锦囊、隔海的风、幼教博览、信息网站等。

《幼儿教育》：由浙江教育报刊社主办，浙江师范大学杭州幼儿师范学院和浙江教育报刊社联合出版,先后荣获"全国教育类核心期刊""华东地区优秀期刊""浙江省一级期刊"等荣誉称号。下设家长版、教师版和教育科学版。该刊是幼教普及性刊物,以普及幼教科学理论、总结幼教先进经验、宣传幼儿教育为宗旨,栏目包括研究与探索、活动设计方案、行政管理等。

此外,学前教育类的杂志还有《幼教博览》《幼教新视野》《幼教园地》《现代幼教》《幼儿教育导读》《山东教育(幼教版)》等。

(2) 其他领域

教育学类:学前教育是教育学的一个分支学科,所以研究者也可以根据自己的研究问题从教育类期刊中获取对自己的研究有帮助的文献。教育学类的主要期刊包括《北京大学教育评论》《教育研究》《华东师范大学学报(教育科学版)》《教育学报》《教育研究与实验》《教育理论与实践》《教育发展研究》《比较教育研究》《全球教育展望》《教师教育研究》《中国教育学刊》等。

心理学类:学前教育科学与心理科学有着紧密的联系,心理学类期刊也是学前教育研究者可以参考的文献。心理学类的主要期刊包括《心理学报》《心理发展与教育》和人大复印资料《心理学》等。

2. 期刊查阅方法

一般图书馆的期刊是以两种形式呈现,即现刊和过刊。现刊是指当年度出版的期刊,过刊是当年度以前的期刊,以《中国图书馆分类法·期刊分类表》为依据分类编目。在确定了要查阅的研究主题、期刊种类、时间和范围之后,可以采用如下查阅方法进行期刊查阅。

(1) 顺查法

按时间范围,以所检索课题研究的发生时间为检索始点,按事件发生、发展时序,由远及近,由旧到新的顺序查找,一般可以查全。查时可以随时比较、筛选,查出的结果基本上可以反映事物发展的全貌。此法多用于范围较广泛、项目较复杂、所需文献较系统全面的研究课题以及学术文献的普查。

(2) 逆查法

与顺查法正好相反,逆查法(倒查法)是按由近及远、由新到旧的顺序查找。这种方法多用于新文献的搜集以及新课题的研究,而这种课题大都是需要最近一个时期的较新论文、专著,不太关注历史渊源和全面系统,易漏检。

(3) 引文查找法

又称跟踪法,是以已掌握的文献中所列的引用文献、附录的参考文献作为线索,查找有关主题的文献。这种方法的优点在于文献涉及范围比较集中,获取文献资料方便迅速,并可不断扩大线索。这种回溯过程往往会找出有关研究领域中重要的、丰富的原始资料。其缺点在于查得的文献资料受原作者引用资料的局限性及主观随意性影响,资料往往比较杂乱,没有时代特点。因此,要注意文献的可靠性。

(4) 综合查找法

该方法是指将各种方法结合加以使用以达到检索目的的方法。

二、计算机检索

20世纪50年代末期出现了世界上最早的计算机信息检索系统。随着计算机技术的迅猛发展,计算机信息检索也获得了飞速的发展,如今已成为普遍使用的信息检索手段。伴随着互联网信息技术的发展和网络数据库的建设不断完善,运用计算机检索资料已经成研究者查阅文献的首选方法。

相比传统的手工检索,计算机检索的优点极其明显:① 检索速度快,运用计算机检索能够在数秒钟内完成对几十万甚至数百万数据的处理,检索效率大大提高;② 检索范围大,计算机的数据库能够提供多种检索工具,还可以用逻辑方法把多种检索方法组合使用,能够同时对跨越几年甚至几十年的数据进行检索;③ 可以同时检索多个数据库,计算机可以同时打开多个数据库供研究者检索,并且可以去掉其中重复数据;④ 可以立刻得到原文,计算机检索可以即时下载阅览全文,即时打印。

1. 局域网环境下的检索系统

现在绝大多数图书馆均采用了公共联机书目查询系统,读者可以利用计算机终端来查询基于图书馆局域网内的馆藏数据资源。只要打开书目查询系统,选择适合的检索条件(一般为题名、作者、关键词、主题词、出版社等),即可查找到所需文献。

2. 互联网环境下的检索系统

电子图书馆的出现使研究者不论身在何处,都可以利用互联网查找数据库资源。研究者可以运用网上查询系统进行网上图书、期刊和其他载体信息数字资源的检索,诸如电子光盘、数字资源和网络导航等。

(1) 电子光盘:指的是图书馆所藏书刊的光盘版、数据光盘电子出版物等一些电子数据光盘。

(2) 数字资源:指的是互联网上的电子图书、期刊、论文等大型数据库资源。当前研究者可以利用的数字资源很多,其分类也各不相同。根据数字资源的语言可以分为中文数字资源和外文数字资源;根据数字资源的类型可以分为图书数字资源、报刊数字资源、报纸数字资源、学位论文数字资源、会议论文数字资源等;根据数字资源的内容可以分为全文数字资源、文摘数字资源、索引数字资源等。

数字资源多为收费资源,由高校和科研机构购买,供研究者使用。目前,学前教育研究中常用的数字资源主要有中国知网、超星数字图书馆、读秀中文学术搜索、书生之家、大成老旧刊全文数据库、人大复印资料数据库、晚清和民国期刊全文数据库、中文科技期刊全文数据库、CALIS学位论文库、万方数据库、Ebrary电子图书、EBSCO e-book collection(原netlibrary电子图书)、Springer Link电子图书、EBSCOhost(ASP、BSP等所有数据库)、ERC教育学全文数据库等。

(3) 网络导航:在互联网环境下的检索系统中,一般还会提供相关网站导航与链接,研究者可以方便地进出一些有利于查阅文献的网站。

目前,很多网站都有自己的学术搜索引擎,比如谷歌、百度、雅虎等,只要输入想要查询的关键词或主题词,就可以查阅到大量相关文献资料。此外,一些学前教育网站也能够提供学前教育方面的信息,研究者也可以加以利用。

由上可知,查阅文献是一项需要研究者付出大量时间和精力的工作,方法是多种多样的,可以根据自己的研究情况和实际灵活运用多种方法进行查阅。

第四节　文献综述的撰写

查阅文献的最后一个步骤就是文献综述的撰写。下面,我们从文献综述的含义与类型、文献综述的基本格式以及文献综述应遵循的原则几个方面,对文献综述的撰写进行详细的介绍。

一、文献综述的含义与类型

(一) 文献综述的含义

文献综述指的是对某个时期或某个专题的若干文献进行系统组织和叙述性概括。研究者撰写文献综述的目的有两个:其一,为自己的课题研究作铺垫,在课题研究中承担"承上启下"的作用。借助文献综述,研究者可以了解该领域的研究状况,说明本研究的背景,整理出关于该问题研究的现状,并进行评价。这时文献综述并不是独立的文献,而是学术论文的组成部分(绪论、引言部分)。其二,为他人提供有关信息,使别人能够从中获得关于该研究问题的最新动态和进展的信息。这时,文献综述本身就是一项研究成果,是独立的文献,常常以学术论文的形式发表在期刊上。

(二) 文献综述的类型

文献综述大致可以分为三种类型,即目录性综述、文摘性综述和分析性综述。

1. 目录性综述

目录性综述是按照某一专题或某种共同特征将一定时段内出现的内容相似的原始文献题名加以综合描述。这种综述类似于题录,既不反映原始文献的质量,也不涉及作者文中的观点,仅是就事论事地提供信息,如某人做过什么等。

2. 文摘性综述

文摘性综述对文献探讨的问题进行综合描述。它反映的内容比目录性综述要明确、具体,但对所包含的信息不加分析和评论,只是把收集到的文献中论述的问题加以归类,分别描述。文摘性综述是课题研究常用的综述形式。例如,关于《开展幼儿区域活动的经验》专题的文献综述可以从下面几个方面进行综述:① 幼儿区域活动的概念与特点;② 开展幼儿区域活动的意义;③ 幼儿区域活动的内容安排;④ 幼儿区域活动的空间布局;⑤ 幼儿区域活动材料的投放;⑥ 幼儿区域活动中教师的角色与地位。

3. 分析性综述

分析性综述是将原始文献中讨论的内容加以归类、浓缩、综合、分析,并附有综述撰写者的评论,甚至做出结论,述评结合。这类综述要求较高,难度也较大,撰写者除占有大量资料、熟悉专业内容之外,还需具备较高的分析概括能力和批判阅读能力。

二、文献综述的基本格式

文献综述的撰写有多种格式,但一般来说都包括以下四个部分。

(一) 引言部分

在引言部分,主要撰写背景材料、发展历史、现状分析、存在的问题以及撰写综述的目的、意义和论述范围。

(二) 主体部分

根据文献的具体情况,主体部分可以分成几个问题进行论述,论述问题的多少应尽可能与引言部分相对应;如果某一部分的内容特别多,可以将其分成若干个小问题分别进行论述,以使其条理清楚。

主体部分是综述的精华,通过提出问题、分析问题、比较不同的学术观点及其论据,给读者提供考虑问题的依据。主体部分论述的问题要明确,如果有不同的学术观点,一般应先说肯定的观点,然后再说否定的观点,要尽可能说明争论的焦点以及到目前为止有无结论。主体部分引用的资料要注意质量,强调新观点、新方法的运用,重复观点和方法则少引用或不引用,只需将重复内容归类并提及即可。专业术语的翻译要尽可能规范统一,转述的语句必须忠实原文,不要断章取义,歪曲作者的原意。

(三) 结语部分

结语部分主要是对主体部分进行小结,并进一步提出已有研究中还存在的问题以及今后研究的方向或展望。这部分是带有总结性的语句,应做到恰如其分,尤其是对有争议的学术观点,评述时应留有余地。

(四) 参考文献部分

参考文献部分要将所引用的文献全部列出。参考文献的著录应遵循一定的格式,按一定规则(作者姓氏首字母顺序、文中出现先后顺序等)进行排列。参考文献部分既表明了文献综述中的资料有可靠来源,也表示对原作者劳动和著作权的尊重,并且还为读者深入了解和探讨问题提供有关文献的线索,因此必须核对,确保无误。

三、文献综述应遵循的原则

好的文献综述应该遵循如下指导原则①：

(1) 选择的文献和手头要研究的问题直接相关。

(2) 将不同研究的结果进行综合，凸显其相关性。不能仅仅提供文献的纲要，或者孤立写一两段，缺乏思想和结果之间的联系。

(3) 当不同研究报告的结果相互矛盾时（这种现象在教育研究中随处可见），要仔细检查结果中的差异，并尝试给出可能的解释。忽略差异，仅仅汇总效应，会丢失信息，无法识别问题的复杂性。

(4) 只是列举回顾所研究的领域是不完善的，需要扩展，说明本领域中还需要研究的问题。（注意：这并不意味着建议的研究能够满足需求，或者是重要的）

(5) 虽然需要准确引用参考文献中的信息，但文献综述不应简单罗列观点。

(6) 文献综述应该按照所研究问题的关键点进行组织。不要按照时间顺序组织文献综述，这会引起所回顾的研究的相关性和连续性的混乱。

(7) 给读者一些提示，以发现不同研究结果之间的相对重要性。某些研究结果可能会比另外一些重要，这需要标识出来。

(8) 为文献综述提供结束语，不要用最后研究的评论作为整个文献综述的结束。提供一个小结，将最重要的要点综合在一起。

此外，有研究者还对文献综述过程中可能会犯的错误进行了研究。邓金按照综述阶段对每一阶段可能出现的 9 种类型的错误进行了概括②。

第一阶段（初始阶段，包括从文献中选择那些和主题相关的文献）：

类型 1：无解释的选择。相关的研究被排除在文献综述的范围之外，但是没有给出排除的原因。

类型 2：缺乏辨别。认为所有研究的质量、价值或者相关性相同，而其实不然。

第二阶段（包括识别每一研究的背景、方法和结果）：

类型 3：细节错误。对所综述研究的取样、方法、设计和其他细节等错误地表述。

类型 4：双重计数。把同一项目不同报告作为对同一结果的多重验证，而实际上只有一个项目或研究。

类型 5：无法识别错误的结论。在陈述研究结论上，错误地表征作者的发现。这种错误不易发现，如果对结论不加批判的接受则会犯这样的错误。

类型 6：无根据的归因。综述者随意赋予研究以结论或结果，而这些结论或结果并未获得相关研究相关因素的证明。

---

① 威廉·维尔斯马,等.教育研究方法导论[M].9 版.袁振国,等译.北京：教育科学出版社,2000：69 - 70.

② 转引自威廉·维尔斯马,等.教育研究方法导论[M].9 版.袁振国,等译.北京：教育科学出版社,2000：70 - 71.

类型 7:抵制相反的结果。忽视和文献综述者所得结论不一致的研究结论。

第三阶段(包括概括研究结果、得到对主题的一般性认识):

类型 8:间接错误。由于第一阶段和第二阶段产生的错误而导致概括的错误。即由于先期的错误导致后续的概括存在问题。

类型 9:不能列举与推论有关的所有证据。无法指出研究的结论或结果与推论之间的相关性。

文献综述对研究者开展研究具有重要的作用,学前教育研究者应不断提高自己撰写文献综述的能力。

附录 6-1

国内较有代表性的学前教育研究常用网站

1. 中华人民共和国教育部网站(http://www.moe.gov.cn/)
2. 人民教育出版社(http://www.pep.com.cn/)
3. 中国教育和科研计算机网(http://www.edu.cn/)
4. 中国学前教育网(http://www.preschool.net.cn)
5. 学前课程研究网(http://www.xqkc.com/)
6. 北京学前教育网(http://www.bjchild.com/)
7. 上海学前教育网(http://www.age06.com)
8. 江苏幼儿教育网(http://www.jskid.com)
9. 山东学前教育网(http://www.sdchild.com/)
10. 浙江学前教育网(http://www.06abc.com/)
11. 中国幼儿教师网(http://www.yejs.com.cn/)
12. 中国福利会幼儿教育网(http://www.cwii.org.cn/)

思考与练习

附录6-2

早期依恋干预
研究综述

1. 简述文献的类型及主要分布。
2. 查阅文献的意义是什么?
3. 查阅文献的基本原则有哪些?
4. 查阅文献时易出现的问题有哪些?
5. 阐述文献综述的含义与应遵循的基本原则。
6. 文献综述的基本格式是什么?

**推荐阅读**

1. 刘晶波.国外学者关于师幼互动问题的文献综述[J].早期教育,2000(12).
2. 张晓,陈会昌.儿童早期师生关系的研究概述[J].心理发展与教育,2006(2).
3. 杨莉君.利益相关者托育服务质量观研究的最新进展及启示——基于国际研究的系统性文献综述[J].湖南师范大学教育科学学报,2023(5).

第七章 观察法

观察,是指人们对周围存在事物的现象和过程的认识。"观"是看,"察"是分析研究。它是一种有目的、有意识的感性认识活动,属于认识论范畴,而不是生理学范畴的概念。观察的重要特点正是在于强调"自然发生"的条件下,对观察对象不加任何干预控制。

观察是人类获取外部世界信息的基本方法,也是进行科学研究不可缺少的重要活动和手段。通过观察,可以发现问题、提出问题,可以收集资料、验证资料,还可以了解差异、评价效果。观察法是学前教育研究中被广泛应用的一种研究方法,尤其适用于对幼儿和教师行为进行研究。

第一节 观察法概述

一、观察法的含义与构成要素

(一) 观察法的含义

观察法是指通过感觉器官或辅助仪器,在自然状态下,有目的、有计划地对研究对象进行系统、连续的考察、记录和分析,从而获取事实材料的研究方法。

通过上述对观察法的界定,我们可以看出,观察法包含以下四层含义:

其一,感觉器官和辅助仪器是进行观察的两条基本途径。一般来说,观察往往借助于观察者的感觉器官来进行,如果条件允许,也可以利用录音笔、摄像机、数码相机等现代化的仪器设备来进行观察。

其二,"有目的、有计划"是指通过观察所要解决的问题以及获取的资料都是事先设定的,观察活动的时间、顺序、过程、对象、仪器设备、记录方法等都是预先安排好的。观察法的观察目标是明确、具体的,而这正是日常观察与科学观察的区别所在。

其三,"自然状态"是指被观察的对象必须处于常态之下,而没有进行人为控制,目的在于使观察对象的本来面目客观、真实地呈现出来。

其四,"系统、连续"指的是观察应该是全面的、纵向跟踪的,而不是片面的、偶发的。

其五,"考察、记录、分析"是指观察的基本过程,即通过认真观察、详细记录、深入分析进而获取对事实的了解和认识。

(二) 观察法的构成要素

观察法由四个要素构成，即观察者、观察手段、观察对象和观察对象的行为状态。

1. 观察者

观察者往往是研究者本人或经过观察训练的研究者聘请的观察人员。作为观察者，必须要敏锐、仔细、准确，要具备一定的理论知识和较宽的视野，能够从多个角度看问题，能够运用现代化的仪器设备辅助观察，提高观察的准确性、系统性和全面性。

2. 观察手段

随着科学技术的发展，观察手段已经有了较大改进。虽然传统的肉眼观察、耳听手记的观察方式仍然是观察的主要手段，但录音笔、摄像机、数码相机、单向观察室等现代观察手段也开始运用到观察之中，有利于帮助研究者对那些"偶然"的和稍纵即逝的现象进行反复观察，从而获取更好的观察效果。

3. 观察对象

观察对象包括两个层面，即教育活动中的人和教育活动本身。通过观察，观察者可以获取如下信息：

（1）环境信息：包括物理环境及其结构，比如幼儿园的布局、教室内的设施摆放等。

（2）人的信息：包括人的组织结构、被观察者的特征（如性别、年龄等）。

（3）相互关系信息：包括人与环境之间、人与人之间的各种相互作用关系，这些关系既可能是正式的，也可能是非正式的；既可能是计划的，也可能是非计划的；既可能是言语的，也可能是非言语的。

（4）教育环境信息：包括教育资源及其组织、课程安排、教学风格等。

4. 观察对象的行为状态

观察对象的行为状态应该为"真实状态"，没有因为外界的影响、干预或控制而处于一种特殊的状态。观察者要保证真实状态下的观察结果。

二、观察法的特征

与日常生活中的一般观察不同，科学研究中的观察是一种积极的思维过程，它包括从观察准备到获得观察结果的全过程的实施。通过这一过程，研究者能够扩大感性认识，启发思考，产生新的发现，因此，科学观察是科学研究中最基本、最常见的获取经验资料的一种方法。

科学研究中的观察法具有如下特征：

（一）目的性与计划性

科学观察不是随机的、盲目的。科学观察的核心任务是针对特定选择的需要，发现一定内容的情况，回答特定范围的问题。因此，观察法需要事先进行观察设计，突出目的性和计划性。

(二) 直接性

直接性是指观察者与观察对象有直接的接触和联系,中间不需要其他中介环节,观察到的结果和所获得的信息资料,也往往具有真实可靠性,是研究的第一手资料。

(三) 情境性

科学观察一般是在自然状态下实施的,对观察对象不进行任何的干预与人为控制,观察到的结果都是在一定的自然情景下发生的真实现象,具有一定的客观性。

(四) 及时性

科学观察往往是即时进行的观察,能够捕捉到正在发生的现象,所获得的信息资料比较及时。

(五) 长期性

观察者可以对观察对象进行较长时间的反复观察和跟踪观察,对观察对象的行为动态演变可以进行分析,这样可以避免表面化和片面化。

(六) 情感性

观察者在观察时往往会受到个人的情感色彩和"先入为主"成见的影响。

(七) 普适性

观察法的适用范围较为普遍,自然科学研究和社会科学研究都普遍适用,而且其他研究方法诸如调查法、访谈法、实验法等也都与观察法有密切关系。

与科学研究中的观察不同,日常生活中的观察往往是偶然发生的,是自发的和无目的的,但这并不意味着日常生活中的观察不重要。对从事学前教育工作的幼儿园教师和研究者来说,对幼儿的了解,大量的信息都来自日常生活观察。因此,在不具备开展正式观察研究的条件下,也可以通过日常生活观察来了解幼儿,考察一些现象和问题。

三、观察法的优缺点

作为一种最基本的科研方法,观察法贯穿在学前教育科学研究的全过程,在学前教育研究中起着十分重要的作用。

第一,通过有目的、有计划地对学前教育领域某一现象及其变化过程进行全面、细致与深入时观察,可以获得认识该事物的比较充实和客观的事实材料。在此基础上,确定某个学前教育现象得以发展的条件,科学地分析和说明所研究的学前教育现象及过程。通过观察获得对事物的最直接的认识,有利于学前教育科学理论的提出,也是总结研究学前教育经验的基本方法之一。

第二,观察法也是检验学前教育科学理论观点是否正确的重要途径之一。学前教育研究假设所推导出来的关于未知事实的结论,只有通过观察到的科学事实加以检验才是科学的、有价值的。正如爱因斯坦所说,"理论所以能够成立,其根源就在于它同大量的单个观察关联着,而理论的'真理性'也正在此"①。

第三,观察有助于研究课题的选择和形成。通过观察可直接导致形成某些新课题,发现某些新观点、新理论,为学前教育研究开拓新的研究方向和领域。

第四,观察方便易行,不必使用特殊设计的复杂仪器设备,不需要特殊条件,适用的研究范围较广。观察法不妨碍被观察者的日常学习、生活和正常发展,因而不会产生不良后果。广大学前教育工作者在教育教学实践中,通过对幼儿的兴趣、动机、个性以及认识能力的研究性观察,更客观地了解幼儿行为的各个方面及个别差异,才能正确评价幼儿行为并有的放矢地提出教育设想和方案,真正收到成效。

观察研究方法的本质同时也规定了它的局限性。由于观察是在自然条件下进行的,它必然会受到错综复杂的各种各样偶然因素的干扰。研究者在观察时原则上不能支配和控制研究对象及其发展过程,从而带来了以下几方面的局限:① 不能判断"为什么"这一类因果关系的问题,只能说明"有什么"和"是什么"的问题。② 由于观察时间和观察情境的限制,在研究对象人数多且分散的情况下应用较困难。③ 由于学前教育现象的复杂且处于不断变化之中,观察项目归类推论性太多,会影响研究的信度。④ 观察研究往往取样小,观察的资料琐碎、不易系统化,普遍性的程度不高。要将研究结论类推到其他总体中时,应谨慎小心。特别是观察者个人意识形态、价值观以及感情色彩可能影响到观察对象的态度和行为,而研究的偏差又不易被察觉,从而影响观察结果解释的客观性。考虑到以上这些局限性,一方面要使观察法与其他研究方法结合使用,另一方面则要说明要真正科学地使用观察法进行学前教育研究,需要研究者有科学的态度并掌握方法的使用要领。

四、观察法的信度和效度

在观察法的实施过程中,多种因素都会对研究的信度和效度产生消极影响,导致出现研究误差。一般来说,影响观察法信度和效度的因素主要包括以下三个方面:

第一,研究样本的选择会影响观察法的信度和效度。在研究样本选择方面,下列情形会影响到研究的信度和效度:① 选择的样本不能代表总体的全部特征;② 选择的样本具有不稳定性,观察者没有认识到人群在一定时间内的变化,从而无法比较当前样本与以前样本;③ 观察所得数据不具有代表性,观察者没有考虑到样本之间的地理和地区差异②。

第二,观察者的个人素质也会影响到观察法的信度和效度。观察者个人素质主要在以下几种情况下会影响到观察法的信度和效度:① 观察者将个人的情感、兴趣、期望和价值观带入观察中,这一方面可能会对观察对象的表现产生诱导或影响,另一方面也可能导致观察记录和对观察对象的评价有失客观;② 随着观察时间的延长,因疲劳等因素导致观察者改变了原来的行为判断标准,降低了研究的信度;③ 技

---

① 爱因斯坦. 爱因斯坦文集[M]. 第1卷. 商务印书馆,1976:115.
② 萨特勒,等. 儿童评价[M]. 陈会昌,等译. 北京:中国轻工业出版社,2008:284.

错误,即观察者由于缺乏观察技巧,在记录过程中出现错记、漏记等问题。

第三,观察对象因素。在观察对象因素方面,可能出现的"观察者效应"也会影响到观察法的信度和效度。所谓观察者效应,是指观察对象由于观察者的出现而表现出的有别于自然状态的行为。由于观察对象意识到自己被观察者观察,他可能会刻意隐藏或隐瞒某些行为,也可能会为了迎合观察者的期望而刻意表现出某种行为,这些行为的出现也会影响到观察法的信度和效度。

(一) 观察法的信度

在考察观察法的信度时,观察者个人素质对信度的影响往往受到更多关注,即"观察者信度"。因为观察者的记录是否准确、客观直接影响甚至决定着研究结论是否科学。当一个以上的观察者同时观察时,每个观察者的记录是否准确、客观,不同观察者对所观察的行为的理解、表述与记录是否一致等,都会对研究结论产生较大影响。考察观察者信度一般可以从三个方面来进行,即标准关联观察者的信度、观察者间的信度和观察者内部信度。

1. 标准关联观察者的信度

所谓标准关联观察者的信度,是指普通观察者的记录与专业观察者的记录达到一致的程度。当研究需要对较大的样本进行观察时,就要聘请、雇用其他研究人员辅助研究者完成观察和记录工作,这些人员如果不能熟练掌握观察的要求,遵循观察的程序,使用标准的记录方法,则研究结果就很难达到准确、客观。要解决这一问题,就需要在正式观察之前,对这些人员进行培训。在正式观察开始前,应对标准关联观察者信度进行确认,确认可以通过以下方法来进行:播放一段视频资料,由专业观察者和一般观察者分别对其进行观察、记录,然后对两者的记录进行比对。此外,在正式观察中,也应不断对标准关联观察者信度进行测查,以确保所收集资料的准确性。

2. 观察者间的信度

所谓观察者间的信度,是指在两个或两个以上观察者的研究中,考量所有观察者记录的一致性。观察者间的信度与标准关联观察者信度是有所区别的,观察者间的信度强调的是所有观察者记录相符的程度,不仅包括一般观察者与专业观察者之间记录的一致性,也包括一般观察者之间、专业观察者之间记录的相符程度;而标准关联观察者的信度则只关注一般观察者与专业观察者观察记录的相符程度。

观察者间信度可以通过以下公式来计算:

观察者间信度=观察者记录相同行为的数量/(观察者记录相同行为的数量+不同行为的数量)[1]

信度一般用百分比的形式表现出来,越接近100%,则观察记录的可靠性就越高。

---

[1] 格伦达·麦克诺顿,等.早期教育研究方法——国际视野下的理论与实践[M].李敏,滕珺,译.北京:教育科学出版社,2008:224.

3. 观察者内部信度

观察者内部信度指的是观察者在观察记录过程中的一致性,它考察的是观察者本人在不同时间、不同情境下进行观察时,是否遵守了同样的标准,使用同样的记录方式。观察者内部信度对观察研究至关重要,它直接表明所选用的观察者是否可靠。因此,在正式观察以前,需要对每个观察者进行考察和筛选。考察与筛选的方法和信度计算的方法可以参照标准关联观察者的信度考察的方法与观察者间的信度计算办法。

4. 提高信度的方法

(1)在正式观察开始之前,对需要观察的行为进行严格、详细、准确的定义,使每个观察者都能够清晰明了所要观察的目标行为的特征,并能够与其他相似或相近的行为做出区分。

(2)要设计和制定观察准则与标准,尽可能对观察的每个细小步骤都提出规范化、标准化的要求,这样至少可以确保因程序化问题而导致的信度降低问题的出现。

(3)要对观察者进行选拔和培训,每种观察记录方法都有严格的操作要求,如果观察者对此一无所知或不能熟练操作,就无法完成观察记录工作。即使观察者有过使用观察法进行研究的经历,也要对其进行针对该项目的培训,以确保每个观察者都能明确操作过程和目标行为,使其遵循统一标准。

(4)单次观察的时间不宜过长,长时间的观察往往会使观察者出现疲劳等问题,进而影响到观察记录的客观性和准确性。

(二)观察法的效度

影响观察法效度的因素主要有两个,即结果的代表性和概括性。

结果的"代表性"指的是在某一时段内某一情境下,观察者观察到的被试行为是否具有稳定性,是否在其他时段、其他情景下也会同样出现。研究者没有必要也不可能每时每刻都对被观察者的行为进行观察,这就需要选取目标行为可能出现的时段和情境来进行观察。但问题在于,研究者选取时段内观察到的行为是偶然出现的还是被观察者的常态?是因为观察者的出现而导致的被观察者的刻意表现还是被观察者的自然行为?如果是被观察者的常态,是观察者的自然行为,则具有较好的代表性;相反,如果仅是偶然出现的,或者是因为观察者的出现而导致被观察者表现出的行为,则代表性就大大降低甚至无从谈起。

结果的概括性指的是根据观察到的被观察者的行为表现,应该能对其做出全面与整体的了解。例如,对某幼儿教师教学组织能力的研究,通过多次观察便可以达成对其全面的了解。

以下措施有助于确保观察法的效度:其一,要尽量覆盖行为可能出现的时段,对某个对象某个行为也要反复进行观察,避免偶然性;其二,采取一些措施与手段减少观察者对被观察者的影响,控制"观察者效应"。

五、观察法在学前教育研究中的意义

观察法在儿童研究中有着悠久的历史,蒙台梭利、陈鹤琴、皮亚杰等著名教育学家和心理学家都曾经运用观察法对儿童进行研究,不但取得了丰硕的成果,也积累了大量运用观察法的经验。在学前教育研究领域中,观察法的运用十分广泛,适合多方面的研究课题。研究者可以通过观察详细考察儿童的身体发育和动作发展、语言发展、认知发展、社会性发展等各个方面的情况,也可以通过儿童日常生活、游戏、同伴互动等各种活动深入地理解他们的语言与非言语行为、情绪行为,发现他们的兴趣、爱好、个性特征以及儿童在群体中不同的社会身份等。研究者还可以通过对教师教学行为的观察来进行课堂行为的管理、教育效果的评价、教学方法的比较等。因此,很多研究者认为,观察法是最适合幼儿、幼儿教育的研究方法。

首先,观察法是最尊重幼儿的,不需要幼儿做出超越其自身的反应。幼儿因其年龄特征与身心发展水平,思维以自我为中心,语言表达能力还较弱,理解能力和反应能力也有限。这些特点决定了很多适合成人的研究方法很难运用到对幼儿的研究之上。而观察法要观察的就是幼儿在自然状态中的行为表现,并不对幼儿的行为做出特殊的、有别于儿童常态的要求。因此,观察法更适合心智尚未发展完善的幼儿,其研究过程相对来说也更加容易。

其次,观察法记录的并不仅仅是被观察者的目标行为,而且对被观察者所处的环境、目标行为从出现到结束的全过程都进行考察。这可以使研究者更好地了解幼儿,更准确地解释幼儿的行为。

最后,观察法相对其他方法来说操作较为简单,非常适合幼儿教师运用。幼儿教师可在日常的教育教学过程中,运用观察法对教育教学过程进行反思,也可以通过观察更好地了解幼儿,改进自己的教育教学。

第二节 观察法的类型

前文中我们已经提到,观察有科学研究中的观察和日常观察两类。除此之外,从不同角度,观察法还可以分为不同的类型。研究者应了解其分类与特点,以便在研究中根据实际情况加以灵活运用。

一、自然情境中的观察与实验室观察

根据观察的情境与条件,可以分为自然情境中的观察和实验室中的观察。

(一)自然观察

自然观察是最古老也最基本的观察,适用于对儿童发展和教育的研究。自然观察也称现场观察,指的是在现场自然情境中,对观察对象不加控制的一种观察方法。通常采用纸笔对偶然现象或系统现象进行描述性的记录和分析。

自然观察能够系统地记录儿童的发展性变化，收集较为客观、真实的资料，具有生态效应。但这种观察往往需要花费较多的时间和精力，观察所得的材料也多是被观察者的外部行为表现，难以确定其内在的因果关系。此外，自然观察也难免带有主观选择性，观察者感兴趣的行为表现会被观察记录，而一些重要的行为细节则有可能被忽略。

（二）实验室观察

实验室观察又称作控制观察，指的是在观察者控制条件的情况下，对学前教育现象或行为的观察。这种观察通常都要求观察程序要标准化、观察问题应结构化。

由于实验室观察是在严密的条件控制下进行的观察，因而它能够克服因观察者主观选择而产生的误差。但对环境条件的人为控制难度较大，实施起来比较困难，而这也会影响到研究结论的真实性和推广性。

二、直接观察和间接观察

根据观察是否借助仪器和技术手段来进行，可以分为直接观察和间接观察。

（一）直接观察

直接观察是指凭借人的眼睛、耳朵等自然感觉器官在现场进行直接观察，从而获取第一手资料的观察方法。

直接观察法的优点在于观察者身临其境，能够获得真切、具体、直观的感受，有助于形成对被观察者的整体性认识，适合于在实践第一线的教师应用。其不足在于人的感官是有一定局限性的，纸笔记录也往往会导致许多信息的遗漏，被观察的很多行为现象不能被完整地保存下来，原始情境难以再现。

（二）间接观察

间接观察是指利用仪器设备或技术手段如录音、录像为中介，间接地对现象或行为进行观测，从而获取资料的观察方法。

间接观察能够将现场情境尽可能地保存下来，供日后反复观测和分析使用。因此，直接观察往往以间接观察作为辅助，使观察能够更精确、更全面。

三、参与观察和非参与观察

根据观察者是否介入被观察者的活动，可以分为参与观察和非参与观察。

（一）参与观察

参与观察是一种独特的观察方式，它要求观察者不暴露自己的真实身份，加入观察对象的群体或组织中，进行隐蔽性的观察。

参与观察的优点在于能够掌握第一手资料，可以缩短观察者与观察对象的心理距离，深入被观察事物的内部，追根溯源，查明原委，发现用其他方式难以了解的问题。但是，参与观察的主观性较强，研究结果也不能重复验证。此外，如果观察者过分参与，没有摆正自己的位置和扮演的角色，则往往会影响观察对象的行为表现以及观察的客观性。

(二) 非参与观察

非参与观察指的是观察者不介入观察对象的活动,以旁观者或局外人的身份进行的观察。非参与观察既可以是公开的,即让被观察者知道有人在观察;也可以是隐蔽的,即观察者在观察对象不知情的情况下对其进行观察,这可以通过观察屏或暗中设置的仪器进行。一般来说,绝大多数的观察都是采用非参与观察进行的。

非参与观察的好处在于观察者能够冷静、客观地看待和评价被观察者的行为。但在某些研究中,如果观察者不能够深入被观察者的生活,则很可能难以理解被观察者的行为,观察记录也更像是实况记录,而不是能够得出准确结论的科学研究。

其实,在观察的过程中没有绝对的参与观察和非参与观察,研究者往往游离于两个极端之间。在观察之初,观察者为了全面、客观地认识被观察者,可以作为一个旁观者与其保持一定的距离;在观察进行一段时间之后,为了能够更深入地了解被观察者,观察者可以参与被观察者的活动中;在观察即将结束时,观察者应尽量从活动中抽离,以确保客观、中立的研究态度。在这样的过程中,观察者的角色在"参与观察者"和"非参与观察者"之间游离,有时候作为"非参与观察者"进行观察,有时候作为"参与观察者"进行观察。在观察过程中适当的、必要的参与有助于研究的推进,但是作为研究者应能平衡参与观察的关系,毕竟参与是为了更好地观察研究。至于研究者是否应该参与被观察者的活动,应该在多大程度上参与,不同研究的要求各不相同。

四、结构观察和非结构观察

根据观察是否事先确定观察项目和观察程序的严密程度,可以分为结构观察和非结构观察。

(一) 结构观察

结构观察也称作正式观察,指的是研究者在观察开始前要对观察对象、记录标准、观察时间、目标行为等问题进行周密的设计与安排,所有观察者都要严格遵守上述要求进行观察,做观察记录。结构观察的基本特征是:观察指标体系明确具体;严格对观察行为分类、下操作定义;预先制定细致的观察记录表;在一定控制条件下进行观察;范围较大的观察,需要对观察人员进行培训,建立信度;一般用量化方式分析资料;所得结果较为可靠。

结构观察由于采用了标准化的观察程序,能够控制因观察者主观因素造成的误差,相对来说具有更强的科学性,也更具说服力。但其对观察者和观察手段都有较高的要求,常用于描述性研究和实验资料的搜集。

(二) 非结构观察

非结构观察也称作非正式观察,指的是一种无周密观察计划,没有记录表,记录内容往往是文字描述和质性分析,结构较为松散,但便于实施的观察。

非结构观察适合于教师获取日常教育、教学等方面的信息以及对儿童身心发展各种特点的认识,多用于探索性的观察研究。非结构观察在科学性上略显不足,但它在教育、教学的自然情景中实施,方法灵活,有较好的可行性,常为实践工作者采纳。

在使用观察法时,可以将结构观察和非结构观察结合起来。在观察实施之初或者预观察的过程中,使用非结构观察来深入探索观察对象和观察问题,对正式的观察计划进行修正;在正式观察时,还要有一个详细、明确的规则以确保所有观察者都能按照统一标准进行观察和记录,以确保研究的信度和效度。

五、定期观察和追踪观察

根据观察的实践安排,可以分为定期观察和追踪观察。

(一)定期观察

定期观察是非连续性的,按一定时间间隔进行观察,比如对某个幼儿进行行为观察,规定每隔两天观察一次,这就是定期观察。定期观察一般只能了解到某一个特定时段的情况,很难把握联系性。

(二)追踪观察

追踪观察是指对某个对象或某种现象进行较长时期的观察,从而获得发展性的资料。

追踪观察又可以分为长期观察和短期观察。长期观察是连续不断地、在较长时间内对研究对象进行观察,其优点在于可以比较全面、细致地了解被观察者,但往往比较费时费力,对观察对象的干扰也比较大。短期观察相对来说时间和精力比较集中,可以在较短的时间内获得对研究对象的即时了解,但这种了解往往是一个片刻的印象,无法获得比较全面、深入的整体性了解。

我们还可以根据观察内容的不同要求,将观察分为系统观察和局部观察。其中,系统观察要求全面整体地了解被观察的对象或现象,通常需要事先做好周密的计划和一个较长的过程;局部观察只是侧重了解某一个方面的情况,获得有关局部问题的认识。另外,根据观察对象的范围和深度,还可以将观察分为全面观察和抽样观察。全面观察即对一定场景中发生和出现的各种现象进行观察和记录,它涉及的范围比较广泛,一般比较容易把握现象之间的联系,但其对观察者的要求也很高;抽样观察指的是对观察现象的场景、时间、人、活动等因素进行取样,再对样本进行观察,它涉及的范围较小,观察易深入、细致,操作也较为容易,但对观察者取样的要求较高。

以上各种观察类型有各自的基本特性、适用条件和各自的局限性,而它们之间又存在相互联系、相互补充的关系。学前教育科学研究中,由于学前教育现象、内外在各种因素的相互影响和制约,常常需要进行综合观察,根据具体情况将几种有关的观察方法有机结合,才能获得最有价值的观察材料。

第三节 观察法的操作程序

无论在量的研究中还是在质的研究中,观察法作为一种具体的技术手段,都可以运用。在具体运用过程中,往往都遵循如下基本程序。

首先,预先做好充分的准备,制定观察计划。要先对观察的现象做一般性的了解,然后根据研究的任务和研究对象的特点,确定观察的目的、内容和重点。如果观察的内容较多或情况较为复杂,可以采取小组分工观察。最后制订完整的观察计划,确定进行观察全过程所需的次数、实践、记录方法以及所采用的仪器等。

其次,按照观察计划进行实际观察。在观察进行过程中,一方面要严格按照计划进行,但又不能完全拘泥于观察计划,必要时可根据实际情况随机应变。在观察时,要注意选择最适宜的观察位置,集中注意力,及时、认真做好观察记录,不要被无关现象干扰。

最后,及时整理材料,对大量分散材料利用一定的技术进行汇总加工,删去错误资料,并对典型材料进行分析。如果整理时发现有遗漏,应及时纠正,对反映特殊情况的材料另做处理。

由于量的研究和质的研究在指导思想和操作手段上存在差异,观察法在两种研究中的运用也有所不同。为了更加清楚地进行表述,下面我们分别对两种研究方式中观察法的使用程序进行介绍。

一、量的研究中观察法的使用程序

量的研究中的观察主要是结构式观察,即所收集的观察资料都是量化的数据资料。量的研究中观察法的使用一般遵循如下基本程序:

(一) 观察前进行严格、系统的组织和计划

观察者在进行观察之前,要明确观察的目的和任务,制定严密、周详的观察计划,包括观察活动的时间、对象、程序步骤、过程、使用工具、表格设计、记录方法等内容。严密、周详的观察计划能够提高观察的效率和质量,增强观察资料的可靠性和准确性。

1. 界定观察变量

界定观察变量是准备工作的第一步。在量的研究中,观察变量主要有三类,即描述性观察变量、推论性观察变量和评估性观察变量。

描述性观察变量是指观察者几乎不需要推论的变量,因此又被称为低推论变量,它产生的数据一般较为可靠。推论观察变量指的是需要观察者根据行为推论出一种概念性的变量,它被假定是行为的基础,例如,观察者从观察对象的行为表现推导出其心理过程。收集推论性观察变量的数据要比描述性观察变量的数据困难得多,因

此它们有时又被称为高推论变量。评估性观察变量不仅需要观察者从被观察者的行为中得出推论,还需要做出评估性判断。例如,从观察对象行为推导出其行为的质量,质量本身并不是行为,而是从行为中推论出的一种判定。观察者一般很难对评估性观察变量进行可靠的观察,因此必须制定一系列从低到高的连续标准,并且以此来培训观察者。

2. 确定观察记录方式

做观察记录是观察法中最为重要的环节之一。观察记录的资料决定着后续对数据的分析和使用,研究者在做观察记录时应力求全面、系统、准确。因此,在观察开始前,应确定观察记录的方式。例如,在观察过程中,很难同时对幼儿教师和幼儿行为的各个方面进行观察记录,即使记录下来,这两组观察的信度可能都很低。为了确保记录的准确性,观察者每次最好只记录一个观察变量的数据。对于上述情况,可以同时安排多个观察者分别进行记录。

3. 选择观察记录工具

在确定了有关的观察变量和观察记录方式以后,就要设计或选择恰当有效的记录工具了。记录工具可以是手记笔录,也可以采用现代化的仪器设备等。

4. 进行理论准备

研究者在观察之前必须要做必要的理论准备,观察结构的准确性和研究者能否明确观察目的以及对观察问题是否有清楚的认识是成正比的。这就是同一的观察事实为什么不同的研究者会得出不一样结论的原因。

(二)进行预备性的观察

在量的研究中,观察前已经对观察的内容、程序、步骤、记录方法等进行了比较严格的设计和考虑,为了对这些设计进一步进行完善,还需要观察者在进入观察现场正式观察以前,进行预备性的观察。一般说来,预备性观察往往具有如下作用:① 进一步选择和确定观察内容、方法与工具;② 预先考察和了解观察现场及其环境,消除不必要的干扰;③ 挑选和培训观察人员,完善观察计划,在观察者之间同一观察方法和记录方法,取得满意的观察信度。在预测观察的前后,研究者应完成以下几方面的任务。

1. 挑选和培训观察者

研究者可以自己进行观察,也可以训练其他人帮助进行观察,或者与其他观察者一同观察。如果是后两种情况,便涉及挑选和培训观察者的问题。培训观察者主要通过下面两个步骤来进行:第一步,研究者和其他观察者讨论观察方式,所有接受培训的观察者都要对被观察和记录的内容与方法形成透彻的理解;第二步,对所有受训人员进行观察练习,既可以通过实践观察来进行,也可以通过录像观察来实施。在练习过程中,如果观察者之间的意见不一致或者标准不符合则需进行讨论,进一步完善记录工具,决定最佳记录方法。

2. 确定观察信度

观察者内部和观察者之间信度应该在收集数据资料前加以核对,如果有可能,在数据收集时也要进行核对。这两种信度通常难以建立,但应尽量确定,因为它可以提供可靠的观察保证,确保观察数据的可靠性和准确性。

(三) 选择观察方法

观察法的取样有两种类型,即时间取样观察法和事件取样观察法。

1. 时间取样观察法

时间取样观察法指的是在规定的时间段内,按照事先设定的时段观察预先确定好的行为或者按照预先规定好的行为分类系统将观察到的行为归类。它实际上是一种测量行动的方式,而不是对观察对象行为的描述,是在对行为编码的基础上记录行为是否出现以及出现的频率和持续时间。

时间取样法对观察对象的行为有较为严格的限定,只有当观察对象的行为具备如下两个条件时才能采用:其一,所观察的行为必须是经常出现的,出现的频度较高,一般认为每 15 分钟不低于 1 次的行为才适合用此方法来研究;其二,观察的行为必须是外显的、容易观察的。

时间取样法有很多优点,表现在:① 控制性,研究者对所观察的行为或事件有较强的控制,能够比较明确地确定观察的内容和时间;② 定量性,能够收集到关于行为频次的资料,所获得的资料易于进行量化统计分析;③ 省时省力,观察过程和资料分析过程较简便,能够在较短的时间内收集到具有代表性的资料;④ 准确客观,由于观察具有一定的控制性,观察到的行为具有一定的客观性和准确性。时间取样法也存在着一定的不足,首先,时间取样法要事先确定行为的操作定义或给行为分类,因而观察记录无法涉及该行为出现的具体情境,割裂了行为与其背景之间的关系,忽略了行为的起因、性质等信息;其二,该方法往往把大的行为分解为许多小的成分,使观察集中于特定的行为,不能确定行为之间的联系,看不到观察对象的全面行为。

运用时间取样法,首先要确定观察时间单位,要求有一定的时间间隔,按照事先选定的时段进行观察,例如从上午 9:30 到 10:30 之间,每隔 6 分钟观察幼儿的行为或者对他们的行为进行分类。其次,要预先规定所要观察行为的详细操作定义或对行为进行分类。其中,操作性定义指的是把必须观察和测定的行为或活动给予详细的说明和规定,确定一个行为或现象的观察与测量记录的客观标准。观察者在开始观察前,应熟记操作定义和行为分类标准以及各种行为的代号(为了方便记录,不同行为往往用英文字母、拼音字母或数字来指代),以便迅速有效地对观察到的行为进行判断和记录。确定好操作定义以后,观察者开始在幼儿的活动中观察幼儿的行为,并做好观察记录。

2. 事件取样法

事件取样法指的是以选取行为或事件作为观察样本的观察取样方法。它与时间取样法不同,它的测量单位是行为事件本身,而不受时间间隔和时段的限制,只要行为或事件出现便开始记录,并且可以随着事件的发展持续记录。事件取样法注重的是行为事件的性质和特点,时间仅仅是说明事件持续性特点的一个因素。

和时间取样法相比,事件取样法具有如下几个优点:① 事件取样法关注到了行为或事件发生的背景,不再局限于孤立的单一行为,可以了解行为的连续性和完整性,有助于分析可能存在的因果关系;② 观察更为集中,资料也更加压缩,由于观察者要预先选择所要观察行为易发生的场合进行观察,观察记录很有针对性;③ 由于没有特定的限制条件,因而其适用范围也更加广泛。不可避免,事件取样法也有其局限性,比如收集的资料不容易直接进行量化统计分析,并且缺乏测量的稳定性。因为不论何时何地,只要行为事件发生就要记录,有可能观察到的行为或现象在不同情境下具有异质性,所以观察者应特别注意分析事件发生的情境。

事件取样观察法的运用,也需要预先确定观察的目标行为,并对其下操作定义或进行分类。然后了解这类行为或事件的一般状况,预先考虑观察记录的内容,选择最为有利和恰当的场合与事件进行观察。

(四)在观察时避免干扰

虽然量的观察非常重视观察前的周密计划与组织,但观察实施毕竟不能像高控制的实验室研究那样可以排除众多因素的干扰;相反,在实际运用过程中,观察法还往往受到"观察者效应"等负面因素的影响,从而导致观察信度和效度有所降低,影响了收集的数据的信度和效度。因此,观察者在观察时应尽可能避免各种因素的干扰。

二、质的研究中观察法的使用程序

质的研究中观察法的使用与量的研究中观察法的使用有所不同。量的研究中的观察法要求观察者应尽量保持客观中立的态度,而质的研究中的观察法则允许观察者融入自身的情感和经验来解释观察内容;量的研究中,观察往往受研究假设、问题或目标驱动,而在质的研究中,观察的重点不确定,可以在研究过程的不同时刻将注意力转移到新的观察对象上;在量的研究中,观察注重对象行为的具体方面而常常忽视其背景,而在质的研究中,观察内容更广泛,观察者从整体的角度来看待行为及其背景。

(一)观察的目的和原则

质的研究中的观察主要是参与式观察,要求观察者在自然情境中深入被观察者的生活世界中,通过与之互动的亲身体验来获得对被观察者的理解。观察者亲身参与所观察的活动中,可以对当地的社会文化情境有较为直接的感性认识,所收集的观察资料多为描述性数据,借助它们可以看到行为或事件发生、发展和变化的全过程。通过这种观察活动,研究者可以掌握有关研究对象的第一手资料,为构建自己的扎根理论提供具体的论证基础。

为确保观察目的的实现,观察者在实施观察时应遵循如下原则:

(1)准确:观察要获得准确的资料,符合观察对象的实际情形;

（2）全面：观察者要注意事物的整体状况，尤其注重其社会、文化和物质背景；

（3）具体：观察要细致入微，注意了解事件或行为的细节；

（4）持续：观察要长期持久地进行，跟踪事件发生、发展、变化的全过程；

（5）开放：观察根据需要可随时改变方向、目标和范围，观察本身是一个不断变化的过程；

（6）反思：观察者应不断反思自身与被观察者之间的关系，对因这一关系而导致的对观察进程和结果所产生的影响应有清醒的认识。

（二）观察的实施

1. 观察前的准备工作

（1）确定观察者及其角色

在质的研究中，根据观察者是否透露身份以及参与的程度，可以将观察者扮演的角色划分为以下四种不同的类型。

① 完全参与者。观察者不向被观察者透露自己研究者的身份，但积极参与被观察者的活动，并在活动过程中进行观察。由于被观察者不了解观察者的真实身份，观察者可能会获得非常真实的第一手资料。但这会面临研究伦理上的质疑。

② 参与性观察者。观察者向被观察者说明自己的身份，并与被观察者共同参与活动全过程，在互相交往的活动中对被观察者进行观察。这样可能影响到被观察者，使其在整个过程中可能会隐藏某些方面，而展现另外一些方面。

③ 观察性参与者。观察者向被观察者说明自身的研究者身份及研究的目的，并通过参加活动过程进行观察。这时，被观察者可能为了迎合观察者的需要，而把过程从原本自然状态转移到观察者所做的研究上去，从而导致对观察信度和效度的影响。

④ 完全观察者。观察者与观察对象无关，对于被观察对象的行为或事件不施加任何影响，也不参与任何活动。完全观察者由于对被观察对象的行为与事件不施加任何影响，因此一般也能获得非常真实的第一手资料。但是，由于完全观察者只进行观察而不参与活动，被观察对象的行为或事件发展的相当一部分内容可能会处于观察者的视线之外，导致观察所获资料可能只是片段的资料，缺乏整体性。

在质的研究中，观察者的角色往往不是固定不变的，而是不断变化的，根据研究的需要不断在这几种角色中进行变换。

（2）确定观察问题

观察问题是研究者根据观察的需要而设计的、需要通过观察来回答的问题。

在质的研究中，观察问题的重点在整个观察过程中往往会发生转移。这种转移一般包含三个阶段：其一，描述性阶段，在这个阶段，观察没有重点，范围较广，观察者可以朝多个方向发展；其二，重点性阶段，观察者已经确定了对研究具有重大意义的现象特征，并将注意力逐渐缩小到所要收集资料的范围之内；其三，选择性阶段，这时观察者正在构建自己的扎根理论，观察的重点就转向那些能进一步提高和加深理论的现象特征上去。

(3) 制定观察计划,设计观察提纲

质的研究中,观察也需要制定一个初步的观察计划,并将计划具体化,拟定观察提纲。与量的研究不同,质的研究中的观察计划和提纲要求有一定的开放性和可变通性,仅为观察提供一个大致的框架和方向即可。待观察者进入实地观察后,可以根据具体情况对其进行修改。

2. 实施观察

(1) 开放式观察

在观察初期,研究者通常采用开放式的观察方式,以开放的心态对观察现场进行全方位、整体性和感受性的观察。在这个阶段,观察记录应以全面描述为主,尽量详细记录所有看到、听到和体会到的东西。即使观察的环境对观察者来说十分熟悉,也应保持开放的态度,详细、认真观察,或许会发现与以前习以为常的认识所不同的东西。

(2) 逐步聚焦

对观察对象的整体有了初步的感性认识,明确了自己希望回答的观察问题之后,研究者就可以开始聚焦。一般来说,聚焦时的视野有狭窄单一和开阔两种方式,前者焦点比较集中,对单一现象或行为进行集中观察;后者的焦点则较为开阔,强调对整个事件进行全方位的关注。在实际观察中,观察者可以并且也需要不断变化观察的视野。在反复移动焦点的同时,对观察的内容进行综合与分析。

聚焦可以采用下列方法:其一,主次程序法,观察者先观察重要的对象和内容,然后再观察次要的对象和内容;其二,方位程序法,观察者按照观察对象所处位置采取由远及近、由近及远、从左到右、从右到左、从下到上、从上到下等方法逐次进行观察;其三,动静结合法,观察者选择从动态到静态或从静态到动态的方式轮流进行观察;其四,时间抽样法,观察者选择一个特定的时段,对这个时段内发生的事情进行观察;其五,场面抽样法,观察者选择一类活动场面,对这个场面进行重点观察;其六,追踪法,如果观察涉及观察对象在时间和空间的变化过程,观察者可采用追踪法对观察对象进行长时间的持续观察。

需要注意的是,观察聚焦不同于封闭式的观察,它虽然有焦点,观察问题比较集中,但观察的方式始终是开放的。总体上看,质的观察对开放性和灵活性特别强调,即使在聚焦时也是一样。

(3) 回应式互动

在观察时,为了尽量自然地将自己融入当时的情境中,观察者应有意识地采取一些策略。例如,保持谦虚友好的态度,观察活动尽可能与被观察者的日常生活一致,与被观察者生活在一起,不公开表示和被观察者不一致的意见等。其中被普遍认为较为有效的策略是回应式互动,指的是观察者对被观察者发起的行为做出相应的反应,而不是自己采取主动的行动。该策略既可以帮助研究者比较自然地融入观察对象的生活,不至于让被观察者感到观察者存在的突兀,又可以帮助观察者遵循观察对象的行为模式,更深入地了解其文化。

(4) 选择观察内容

无论是在观察的早期、中期还是晚期,研究者都需要对观察内容进行选择。那么,如何才能做到有意识地进行选择呢?第一,观察者要时刻牢记观察问题,问题明确才能确定观察的重点,然后才能对所观察的内容进行选择;第二,观察内容有时也会对观察问题甚至研究问题产生影响,观察者进入研究现场,如果发现自己观察到的内容和原来的设计不一样,完全可以改变自己的研究问题。第三,观察内容还取决于观察者本人的习惯和风格。观察者的习惯和风格又与其生活经历、性别、职业、个性等因素密切相关,研究者要注意了解自己的观察风格,通过对自己和他人观察行为的反省,有意识地培养自己从不同角度、用不同方式进行观察。

(5) 做好观察记录

观察记录在观察中占有重要位置,是观察的最重要环节之一。观察者应根据事先设计的观察计划,认真做好观察记录。关于观察记录的方法,我们将在接下来的一节中进行详细论述。

第四节 观察记录的方法

在运用观察法时,做好观察记录是其中非常关键的一个步骤。观察记录的优劣对后续研究的开展有着直接的影响。

一、观察记录方法的分类

(一) 根据观察记录的时间或频率不同,可以分为频率计算记录、间隔记录和连续记录

1. 频率计算记录

频率计算记录所记录的是每一个目标行为发生的频率。观察者通常使用秒表,运用事先制定好的记录表格,按照预先确定的行为分类系统进行观察,一旦目标行为发生,观察者便在观察现场当场做出判断,并计入表内。在记录时通常把观察时间分为若干时段,在每个时段中记录某种行为类型。为了简便快捷地记录目标行为,可以使用符号指代不同的目标行为,这在记录短时行为或不重要行为时尤其有用。

【案例7-1 频率计算记录示例】

6岁儿童探索行为的研究[1]

表7-1 6岁儿童探索行为定义

序号	类别	行为表现
1	观察	对探索的物品或事物进行仔细、全面的观察
2	提问	发现并提出问题
3	收集资料	提出收集资料的途径和方法
4	讨论	向周围同伴提出想法或听取他人意见
5	尝试	向周围同伴提出想法或听取他人意见
6	合作	动手操作,进行试验
7	统计	用数字统计或分类概括
8	表达	用语言表述探索的过程或结果
9	不知所措	无所事事,不知做什么好

表7-2 6岁儿童探索行为频数观察记录表

幼儿园:_____ 班级:_____ 幼儿姓名:_____ 教师姓名:_____
性别:_____ 观察时间:_____ 活动内容:_____

行为类别	次数	持续时间	备注
观察	正	10+28+5+6+3	
提问			
收集资料			
讨论			
尝试			
合作			
统计			
表达			
不知所措			

记录方法:行为发生次数以划"正"表示,行为持续时间以秒为单位,每次时间累加。

---

[1] 转引自胡育.学前教育科研方法指导[M].上海:上海教育出版社,2005:98-99.

2. 间隔记录

间隔记录指的是在特定间隔时间内观察某一个体的行为,例如,每隔 3 分钟或 5 分钟观察一次幼儿的语言行为。

3. 连续记录

连续记录又称作持续时间记录、现场实况记录,指的是在特定观察时段用笔记录目标个体的所有行为或全部个体的特定行为,或者用录音笔、摄像机等连续录下被观察者的行为的过程。

一般来说,频率计算记录和间隔记录常运用于量的研究中,而连续记录在量的研究和质的研究中均可以使用。

(二) 根据记录的手段形式,可以分为文字描述记录、表格(图示)记录或符号记录以及仪器设备记录

1. 文字描述记录

文字描述记录指的是观察者用文字对被观察者进行现场详录。由于观察对象的行为常常瞬间即逝,观察者边观察边记录往往会自顾不暇,很容易遗漏重要的信息。为了使记录快速、全面、准确,观察者可以用速记法迅速把握所有信息,然后事后趁记忆还深刻时查漏补缺。在记录过程中,观察者要尽量客观地描述事实,避免主观记录。

一般来说,文字描述记录主要包括六个方面的内容:① 谁:行为者和行为对象;② 何时:日期和具体时间;③ 何地:行为和事件发生的场景和地点;④ 何事:什么或哪种行为或事件;⑤ 怎样:行为和事件的具体表现和过程;⑥ 为什么:判断和思考行为事件的原因等。其中,前面五项是对描述性观察变量的记录,即对客观事实进行记录。观察者在记录观察对象的具体表现时,应尽量进行多方面的描述,特别注意观察对象的行为活动、语言、表情神态以及动作姿态等,同时还要注意当时的情境以及与观察目标有关的全部信息。唯有如此,观察者离开现场后才能再现观察的情形,观察记录才能准确有效。最后一项是对推论性观察变量的记录,属于观察者的主观判断,在记录时应该与前面的客观事实相区别,一般用括号括出来。

【案例 7-2 文字描述记录示例】

2~6 岁幼儿混龄交往特点的研究[①]

表 7-3　2~6 岁混龄交往实况观察记录表

观察对象:墙墙　　　　性别:男　　　　班级:大(2)班　　　　儿童年龄:6 岁
观察地点:幼儿园教室　　观察时间:上午 9:00—9:30　　　观察者:李玲
活动:看图书　　　　　　观察日期:2002 年 5 月 21 日

---

① 转引自胡育.学前教育科研方法指导[M].上海:上海教育出版社,2005:100.

时间	幼儿行为	解释与评价
9:10～9:15	墙墙慢慢地把头转向托班的玲玲说:"咳,你和我一起看书好吗?"玲玲点点头,墙墙就把书拿到玲玲的面前,点着封面上的字问:"你知道这本是什么书吗?"玲玲摇摇头,墙墙一个一个点着封面上的字说:"小熊的故事,我认识字的。"玲玲说:"你讲给我听好吗?"墙墙马上爽快地说:"好的。"	很显然,图书成了大班幼儿与托班幼儿混龄交往的有效中介物。两个年龄段的幼儿都有交往的热情。交往由大班的幼儿首先发起,并占有讲解、帮助等优势。

记录要求：

"幼儿行为"一栏,必须客观、具体地用语言描述。

"解释与评价"主要对"幼儿行为"的主观概括与评价,可以在观察现场写,也可以在事后写。

2. 表格(图示)记录或符号记录

研究者可以根据不同的观察目的和内容,自己设计观察记录表格或图示,实施观察时对照项目打钩或填写不同的符号来记录。这里需要注意的是,这些表格或图示在正式观察前必须在与观察情境相似的一些情境中先试用,并及时纠正所发现的缺点。

当然,观察者也可以采用标准化的观察表格或图示,由于这些标准化的表格或图示往往都经过了一定的发展阶段,效度和信度都得了较好的证明,可以节省时间;而且这些表格或图示大多数都在以前的研究中使用过,研究者可以将自己的结果与别人的结果相比较。同时,也应意识到这些表格或图示的不足,因为这些表格或图示毕竟不是针对你的研究而设计的,它不可能包括你要测量的所有变量,因此观察者可以从中选用部分适合的表格或图示,再加上自己设计的表格或图示,这时观察的信度和效度则需要重新确定。

3. 仪器设备记录

这里的仪器设备主要指的是录音笔、录音机、数码相机和摄像机等。在需要记录的诸多行为同时发生或相继发生时,单凭观察者的手记笔录来收集观察数据往往是不切实际的,这时就需要运用仪器设备记录。用仪器设备记录的情境可以重复播放以便仔细研究,研究者也可以在方便时加以评估。当然,在决定使用记录仪器设备前,必须确保观察者具备熟练操作这些设备的技能。

一般说来,第一种记录方法在质的观察中用的最多,在量的观察中也用,但是记录的内容更客观;第二种是量的研究中使用的观察记录方法;第三种记录方法在质的研究和量的研究中都可以用,其区别在于对观察资料的处理分析。

二、量的研究中常用的观察记录方法

(一) 观察评定法

观察评定法要求观察者在观察的基础上,能够对观察对象较为稳定的行为特征做出判断和评定。这种方法在幼儿园十分适用,教师可以在自然状态下,对幼儿在活动、游戏和日常生活中的行为进行观察,进而评价其发展特点和水平;园长也可以运用这种方法对教师的工作进行观察评定。

等级评定量表法是学前教育研究中最常用的观察评定法,指的是对行为事件如何呈现及其在程度上的差别做出判断,确定等级,将观察所得的信息量化。等级评定量表法的量表很容易使用,可以在很短的时间迅速做出判断,便于进行量化统计分析。它可以测量其他观察法不能涉及的行为特征,比如社会态度、性格等。但该方法主要依靠观察者个人做出判断,易带有观察者的个人偏见,主观性很强。此外,量表的编制也较为困难,所用术语简短但是较为模糊,容易因为评定者对术语理解不一致而出现误差,而且不能说明行为的情境和原因。

等级评定量表法包括以下几种类型:

1. 数字等级量表

量表上的行为类型以有一定等级顺序的数字形式确定,观察者只要选择最适宜的数字就能说明被观察者的行为。

【案例7-3 数字等级量表示例】

2岁幼儿午餐的研究

表7-4 幼儿午餐情况评定表①

姓名:_____ 性别:_____ 年龄:_____ 任教班级:_____

评定内容	评定等级				
	1	2	3	4	5
进餐所用时间					
咀嚼慢咽					
使用餐具					
进餐情绪					
挑食情况					

---

① 转引自胡育.学前教育科研方法指导[M].上海:上海教育出版社,2005:98.

（续表）

评定内容	评定等级				
	1	2	3	4	5
一口饭一口菜					
进食量					
独立进食					
桌面、地面干净					
摆放餐具					

2. 图示量表

在量表上，一条直线表示某一行为，直线上有不同的刻度，分别代表行为的不同程度，观察者沿着直线上的刻度从高到低迅速而简便地做出判断。

3. 标准评定量表

标准评定量表将观察对象的行为与总体做比较，以标准分数或百分数等相对分数加以判断和评价。

【案例7-4　标准评定量表示例】

幼儿园教师评定量表

表7-5　幼儿教师评定量表①

评价项目＼评价标准	最好的 1%	很好的 4%	好的 10%	中等的 50%	较差的 25%	差的 10%
创造力						
责任感						
作为教师的潜力						
作为研究者的潜力						

4. 累计评定量表

累计评定量表由一系列评定项目组成，每个项目作为全部特征的一个部分独立表现。

---

① 转引自刘晶波.学前教育研究方法[M].北京：人民教育出版社，2006：236.

【案例 7-5 累计评定量表示例】

幼儿园户外游戏场地评价表

表 7-6 幼儿园户外游戏场地评价表①

评价项目	评价标准	得分
场地面积	达标	3
	未达标,但已采取有效变通措施	2
	未达标,尚无有效变通措施	1
地面质量	无游戏场地	0
	沙土、土地并有一定的草坪	2
	沙土、土地占60%以上,其余为水泥地	1
	全部为水泥地或煤渣地	0
……	……	……
总计		

5. 强迫选择量表

强迫选择量表给出一系列描述性语言,观察者必须从中选出一个最符合被观察者行为的描述,这种方法又被称作"人物推定法"。

例如:最符合该幼儿教师的描述是:

——优秀

——合格

——不合格

在运用等级评定量表法进行观察记录时,观察者要注意以下事项:

(1) 尽量避免个人偏见,在实地观察的基础上再进行评定有助于解决这个问题;

(2) 必要的重复评定是需要的,在不同的时间进行多次观察评定或者不同的观察者做出评定,求得平均值;

(3) 研究者设计和编制量表时,应该能够全面、真实地反映观察对象的实际情况,对评定等级尽量拟定具体的标准,做出详细的意义说明,降低术语的模糊性,经过反复试用和多次修订后再正式使用。

(二) 清单法

清单法又称作行为核检法,是将要观察的行为项目排列成清单式的表格,然后通过观察,检查核对该行为是否呈现的一种方法。该方法操作简单,而且具有诊断、测量的功能,在观察研究中较为常用。

---

① 转引自刘晶波. 学前教育研究方法[M]. 北京:人民教育出版社,2006:237.

实施清单法时需要事先制定观察清单,列出要观测的具体项目。观察可以在一定的场合和规定的时段内进行,只要所列行为一出现,便在该项目上做出记录。清单法的适用范围较广,可与调查法、测验法等结合使用,操作简便易行,可进行综合、比较与量化处理。但该法仅提供行为是否出现的资料,而不能提供行为产生的背景资料和详细情况。

三、质的研究中常用的观察记录方法

在质的研究中,观察所要搜集的资料不是量化的数据,而是描述性资料,因此,质的研究中的观察记录多是叙述性的、开放性的。一般来说,质的研究中常用的观察记录方法主要有实况详录法、日记描述法和轶事记录法。

(一)实况详录法

实况详录法是指详细、完整地记录被试在自然状态下所发生的行为,然后对所收集的原始资料进行分类并进行分析的方法。它可以是对被观察者的行为进行的连续、定期的观察,也可以是定点的持续观察。传统的实况详录法多是在观察现场采用手工的纸笔记录,而现代的实况详录则更多地利用录音和录像等设备,将观察行为和事件全部实录下来,供日后分析处理。

实况详录法能够提供较为详尽的行为信息和行为发生的背景信息,实录下来的资料可以较为完整地保存所发生的行为或事件,可供反复观察和分析使用,这是其优点。其局限性在于对记录的技术要求较高,通常需要用现代化的仪器设备,代价昂贵,且往往需要花费较多的精力和时间来对原始的记录资料进行加工处理。

(二)日记描述法

日记描述法又称作儿童传记法,是对观察对象进行长期的跟踪观察,以日记形式记录观察对象行为表现的方法。裴斯泰洛奇用此法跟踪观察其子三年后写成了《一个父亲的日记》;我国著名教育家陈鹤琴也对其第一个儿子进行了808天的观察,并做了详细的观察日记,拍了大量照片,在此基础上,写出了《儿童心理之研究》一书。

日记描述法包括两种类型,即综合日记和主题日记。综合性日记记录儿童身心发展各方面具有重要意义的行为现象;而主题日记主要跟踪记录儿童某一方面的新进展,如语言、认知、情绪等。皮亚杰就是以主题日记的形式对自己孩子的认识发展进行观察研究的,并在此基础上写出了《儿童心理学》一书。

日记描述法能够系统地获取儿童身心发展的连续变化,能够提供较长期的、详细的第一手资料;并且由于观察是在自然情境中进行的,所得资料也较真实可靠。日记描述法往往只对个别被试进行观察,缺乏代表性;观察记录很有可能带有情感色彩或主观偏见。此外,日记描述法还要求观察者能够持之以恒,长期跟踪观察,需要花费大量的时间和精力。

(三)轶事记录法

轶事记录法是指观察者将自己感兴趣的,有价值、有意义的行为和反应以及可以

表现被观察者个性的行为事件,随时记录下来,以供日后分析使用的一种观察方法。轶事记录法记录的内容可以是典型的行为表现,也可以是异常的行为表现;可以是表现儿童个性的行为事件,也可以是反映儿童身心发展某一方面的行为事件。这里需要特别说明的是,轶事记录法记录的轶事必须是观察者亲自直接观察到的,而不是道听途说的。

轶事记录法往往要求将行为或事件发生的过程全面、准确、客观、具体地记录下来,不仅要记录行为和事件,也要记录行为或事件发生的背景。此外,观察者的主观评价和解释与行为或事件的客观描述应严格区分开来,以免将主观判断和客观事实相混淆。轶事记录往往是在行为或事件发生后的追记,因此记录一定要及时,以免由于忘记而影响所记事实的客观性。

轶事记录法运用简单、方便,无需编制观察记录表格,因此它是教师常用的一种观察记录方法。轶事记录法可以帮助教师了解儿童的个性特征和儿童的发展状况,探讨影响儿童发展的各种因素,对其进行有针对性的教育干预。但是,轶事记录所记的行为或事件都是观察者认为有价值、有意义的事件,所记录的行为或事件难免带有主观倾向。而且,轶事记录往往是事后的追记,回忆的内容可能会有所出入。

【案例7-6】

轶事记录法:记录女儿①

幼儿姓名:宝儿(女儿)　　地点:南京姑姑家
观察记录者:雨妈妈　　观察日期:2011年7月24日
事件经过:

1. 晚上吃过晚饭后,女儿要和我一起画画,她非常快速地拿起画笔,在一张空白的纸上,快速地画了一个三角形,然后迅速地在下面加了两笔,"你画的是小树吗?""哦,我画的是蘑菇",然后又迅速地在"蘑菇"的上面画了波浪形,在"蘑菇"的右边又画了一个图形。"妈妈,我画了一个人",告诉我之后,她大声地有旋律地唱起来:"蘑菇呀蘑菇,叮叮顶顶顶"。"妈妈,我又画了一个人,他们两个人在跳舞了。"告诉我之后,她又开心地大声有旋律地唱起来:"在跳舞呀,在跳舞。"她自己也坐在那手舞足蹈了一下,然后又快速地在画的两边画上了非常简单的像小鸟的符号,"我们是海鸥呀",然后又大声地唱起了"我们是海鸥,我们是海鸥呀",然后用自己的手臂做海鸥飞的动作。

2. 画完了一张,又拿起了一张纸,自己一边唱着"我们是小树",一边又快速地画了一只小手的形状,然后又画了半圆,"妈妈,看我画的小手树",她瞬间又在她的"小

---

① 轶事记录法观察女儿[OL]. http://gaobaoyinghehe.i.sohu.com/blog/view/179399755.htm.

手树"上画了苹果的形状,"苹果",嘴巴说着,又迅速画了很多很多。我想快速地数,但她画得真是快,"妈妈,还有很多的樱桃,这是你喜欢的呀。"然后她选用了粉色的水彩笔的另外一头"印章",在小手上印着。"有很多的樱桃,有很多的樱桃,妈妈你很爱吃。""是的",她自己又开心地唱了起来,然后又快速地在"小手树"的上面画了两个点和一个对勾线,"这是小树的眼睛和嘴巴",在"小手树"的上面又画了波浪线,"妈妈,我帮她画了一个帽子",又在"小手树"的两侧出来了两条线,"这是它的小手。"说完,她又画了一个圆,"这是鸡蛋",又在"鸡蛋"周围画了曲线,"我是一个小花,又是一个树呀",对我笑眯眯地唱着"我是一个小树呀"。

事件分析:

吃完晚饭,她的心情非常好,她在 2 分钟的时间,给我呈现了两幅画,我觉得好幸福呀。从整个过程分析以下几点:首先,她的小手精细动作很娴熟,能够熟练地运笔,线条流畅;其次,社会交往,她在画画时与语言相结合,和我互动,并加入了音乐的旋律,还融入之前已有的经验,如歌曲《我是一棵小树》;再次,她具有丰富的想象力,她把小树变得有生命。最后总结,给予她自由快乐的环境,尊重她绘画的意愿,绘画能培养孩子的观察力、创造力、自信心以及动手能力和社会交往能力。

综上所述,不管采用何种观察记录方法,都要依据研究问题的性质、研究目的、内容、时间、使用工具等来灵活选择。但须记住,研究需要选择观察方法,观察方法是为研究服务的。

思考与练习

1. 简述观察法的含义及特征。
2. 观察法的优缺点有哪些?
3. 如何提高观察法的信度和效度?
4. 为什么说观察法是最适合幼儿教育的研究方法?
5. 简述观察法的分类。
6. 量的研究中观察法的使用程序及常用记录方法有哪些?
7. 质的研究中观察法的使用程序及常用记录方法有哪些?

推荐阅读

1. 科恩,等.幼儿行为的观察与记录[M].5 版.马燕,马希武,译.北京:中国轻工业出版社,2013.

2. 沃伦·R.本特森.观察儿童:儿童行为观察记录指南[M].于开莲,等译.北京:人民教育出版社,2009.

3. 格伦达·麦克诺顿,等.早期教育研究方法:国际视野下的理论与实践[M].

李敏谊,滕珺,译.北京:教育科学出版社,2008.

4. 萨特勒,等.儿童评价[M].陈会昌,等译.北京:中国轻工业出版社,2013.
5. 胡育.学前教育科研方法指导[M].上海:上海教育出版社,2005.
6. 刘晶波.学前教育研究方法[M].北京:人民教育出版社,2016.

第八章　访谈法

访谈法是以口头谈话的形式获取所需信息与研究资料的方法,是学前教育研究中收集资料的主要方法之一。

第一节　访谈法概述

一、访谈法的含义

所谓访谈法是指访问者以口头谈话的形式,向被访者询问相关问题,并从被访者的回答中获取相关信息与研究资料的方法。它包含三层含义:其一,访谈法是以口头谈话的形式进行的;其二,资料收集主要是通过访问者提问、被访者回答的方式来进行的;其三,访谈法收集的资料一般为被访者的个人观点,是被访者以自己的视角、观点表述对某一问题或事件的看法。

作为科学研究方法的访谈不同于日常生活中的谈话。首先,日常生活中的谈话较为随意,谈话双方往往是有感而发,即兴谈论;而访谈法则要求访谈者首先要考虑好访谈的目的和主要内容,拟定访谈提纲,带有极强的目的性。其次,日常生活中的谈话往往是双向的,双方互问互答,在信息交流过程中双方是平等的;而访谈法一般是单向的,主要由访问者提问,被访者回答。最后,日常生活中的谈话结束后,双方的此次交流也宣告结束;而在访谈法中,访谈结束后,访问者还要对访谈过程进行分析,并从中得出相应的研究结论。

二、访谈法的类型

根据不同的分类标准,访谈法可以被划分为不同的类型。

(一) 根据访谈对象的范围,访谈可以分为个别访谈和团体访谈

1. 个别访谈

个别访谈是访谈法中最常见的形式,它指的是访问者与被访者一对一的交谈,整个访谈过程中不受第三者的直接影响。个别访谈中,访问者和被访者可以有更多的交流机会,被访者受到的关注更多,安全感也较强,谈话比较容易深入。因此,访问者应尽力营造良好的访谈情境和氛围,为访谈的顺利进行奠定基础。

2. 团体访谈

团体访谈是指研究者邀请若干个受访者,通过团体座谈的方式收集有关资料。

在团体访谈中,访问者要协调谈话的方向和节奏,引导参与者相互之间就有关问题进行讨论。由于参与者较多,谈话对象相对比较放松,在交谈中还可以相互启发,谈话内容往往更深刻全面。但是在团体访谈时也可能会产生"团体压力",个体顺从大多数人的意见而不敢提出异议,这会影响到资料收集的信度和效度。

(二) 根据研究者对访谈结构的控制程度,可以分为结构型访谈、非结构型访谈和半结构型访谈

1. 结构型访谈

结构型访谈又称作封闭式访谈,指的是由访问者控制和把握整个访谈过程的一种访谈形式。在结构型访谈中,访问者严格遵照预先设计好的访谈提纲进行提问,访谈对象的选择、所提问题的内容、顺序以及记录方式均有严格要求,且访谈问题多为封闭式问题。结构型访谈可以在有限的时间内收集到研究所需要的大量资料,但缺乏对这些信息资料的深度探索。

2. 非结构型访谈

非结构型访谈又称作开放式访谈,它与结构型访谈截然相反。在非结构型访谈中,研究者仅确定一个谈话的主题,而没有预先拟定访谈问题,在访谈过程中以被访者的诉说为主,访问者只是鼓励和激发访谈对象发表自己的看法。开放式访谈有利于对被访者的想法和观点进行深入探索,但往往缺乏系统性。

3. 半结构型访谈

半结构型访谈又称作半开放式访谈。在半结构型访谈中,访问者往往会对访谈进行一定的控制,并预先设计好访谈提纲,但访谈提纲并不是一成不变的,可以根据情况随时进行调整。

(三) 根据访谈次数,可以分为一次性访谈和多次访谈

1. 一次性访谈

一次性访谈多为结构式访谈,通常是对某个问题的思想、态度、行为等进行调查,内容往往比较简单,以收集事实信息为主。一次性访谈简便、快捷,但缺乏对被访者的深度访问。

2. 多次访谈

多次访谈通常用于追踪调查,了解随着时间和情境的变化,人的思想、态度及行为等变化,它能够较为深入地探讨问题。

在质的研究中,研究者倡导进行多次访谈。美国学者赛德曼认为,为了确保访谈成果的有效性,可使用"三轮式访谈"。其中,第一次访谈,着重了解被访者与访谈内容有关的生活工作背景、经历等,可以采取开放式访谈的形式,目的在于加深对被访者的了解。第二次访谈,可转为半开放式访谈或封闭式访谈,重点了解被访者目前的具体生活细节。第三次访谈应较前两次更为深入,着重引导被访者进行反思,了解被访者的背景和经历是如何影响其目前的生活的。三次访谈应在1~3周内完成,三次访谈的内容可以互为证据来印证被访者的回答是否真实①。

（四）根据访问者与被访问者的接触方式，可以分为直接访谈和间接访谈

1. 直接访谈

直接访谈就是访谈双方面对面进行的访谈。在直接访谈时，访问者可以通过对被访者表情、非言语信息等的观察与记录，获得更详细的资料。

2. 间接访谈

与面对面的直接访谈相反，间接访谈指的是访谈双方以电话和网络等通信手段来进行的访谈。当访谈双方因距离遥远或时间有限等问题难以进行直接访谈时，便可以采用这种访谈方式。与直接访谈相比，间接访谈省时、省费用，但缺乏面对面的情感交流，资料的真实性难以保证。

三、访谈法的信度和效度

在运用访谈时，如下问题总会被研究者自己或其他人员提出：被访者所说的是真的吗？如果再次对其进行访问，他的回答是一致的吗？访问者在访问不同的被访者时，能保持同样的态度和提问方式吗？这些问题都指向了访谈的信度和效度问题，如果这些问题不解决，研究结论的可靠性和有效性便会受到极大的影响。

（一）影响访谈信度和效度的因素

影响访谈信度和效度的因素主要来自访问者和被访者两个方面。从被访者方面来看，被访者的态度、对问题的理解能力、记忆力、对事件的解释、被访者的语言特点、情绪、个人的好恶、价值观等都会影响到访谈的信度。而从访问者方面来看，影响访谈信度和效度的因素包括访问者的技术和风格、个人价值观及其好恶、对被访者的理解力、对物理环境的注意、选择性直觉和期望、记录技巧等。

（二）提高访谈信度和效度的方法

为了提高访谈的信度和效度，研究者可以采用如下方法：

（1）在访谈开始前制定详细的访谈计划和访谈提纲。这可以帮助访问者厘清访谈思路，并预测访谈过程中可能会出现的各种问题及解决策略。

（2）与被访者建立良好的人际关系。这可以使被访者在访谈过程中保持一种放松的自然状态，有助于深度访谈的进行。此外，访问者还要了解被访者思维和措辞的特点，准确记录被访者传递的信息。同时，还要避免触碰被访者的个人禁忌。

（3）访问者要关注、反思自己的访谈方式和技巧，并及时做出调整。访问者可以通过反问自己如下问题来调整自己的访谈方式和技巧：我的态度和价值观如何，我在访谈中是否将其带入？我的语言表达、标签和肢体语言是否恰当，是否影响了被访

---

① 埃文·赛德曼.质性研究中的访谈：教育与社会科学研究者指南[M].3版.重庆：重庆大学出版社，2009：25.

者？我是否真正理解了被访者的话语？我是否准确记录了被访者的回答及访谈的全过程？

（4）采用一定的策略验证被访者叙述内容的真实性。访问者可以通过转换提问方式来核查被访者回答的真实性，也可以通过访问与被访者关系密切的人员来验证其回答的真实性。

四、访谈法的优势与局限

与其他研究方法一样，访谈法既有自身独特的优势，也有其局限性。

（一）访谈法的优势

灵活性是访谈法的最大优点。通过与被访者的直接接触，研究者既可以掌握被访者的语言信息，又能够获得表情、动作等非言语信息；结合观察现场，访问者能够依据被访者的反应，及时调整谈话方式，做出适当的解释或变换问题的角度，引导对方说出对研究有价值的内容。

访谈可以是研究者获得对所研究问题的整体性视野，从多角度全面、深入地把握行为和事件及其过程，获得全面、具体、深入的资料。通过访谈，访问者可以了解被访者的所思所想，了解他们的价值观念、情感情绪变化以及行为规范，了解他们过去的生活经历和对事件与行为的看法及其解释。这能够帮助研究者对研究对象有一个更为广阔和整体性的视野，使研究能够从多重角度对事件的过程进行比较深入、细致的描述。

访谈还可以与其他研究方法同时使用，作为其他研究方法的辅助手段。比如，在运用观察法观察到研究者较为困惑的现象时，就可以对被观察者进行访谈，了解其行为原因和意图。

（二）观察法的局限

首先，访谈法比较耗费精力。在访谈过程中，一般单次访谈的时间在一个半小时左右，而且往往需要对同一被访者进行多次访谈，这将花费大量精力和时间。此外，借助录音设备所做的访谈往往获取的是音频资料，要将音频资料转化为文本资料，也需要花费大量时间和精力。对研究者来说，无论是访谈过程还是访谈后资料的处理，都是较为繁重的工作。

其次，访谈法对访问者有较高的要求。访问者不仅要熟悉访谈的操作要求，更要具备大方的谈吐和敏锐的感受力。如果访问者本人比较内向，不善言辞，那么与被访者的交流就会出现问题，访谈的质量也会受到影响。

最后，访谈法的受访对象数量有局限性。由于会占用大量精力和时间，访谈法不可能针对大规模的样本收集资料，这一局限性也限制了研究结论的可推广性，而研究者据此得出研究结论时也应特别小心。

第二节 访谈法的操作程序

要运用访谈法收集资料,就必须了解访谈的操作程序,访谈成功与否,往往在很大程度上依赖于对访谈程序的熟练掌握。

一、制定访谈计划

当确定运用访谈法收集资料、开展研究时,研究者就要思考如何使用访谈法收集研究资料,设计访谈过程。在此阶段,研究者需要考虑下面三个问题:

第一,明确访谈目标,即通过访谈获取哪些信息。研究者可以通过下列问题帮助自己完成这项工作:针对研究课题,我对被访者的哪些方面感兴趣?我努力探究的是什么?除了我感兴趣的内容,哪些问题可能还会影响到推断结论从而需要包括在访谈之中?此时,研究者只要对访谈内容有概括性的把握即可,访谈提纲及具体问题的设计可在后续的过程中完成。

第二,思考访谈法对得出研究结论有何优势,又有何局限。对这一问题的讨论,可以使研究者更加明确哪些信息资料可以通过访谈获得,哪些资料是通过访谈无法获得的,还需要何种研究方法作为辅助来完成资料的收集。

第三,设计访谈的进程,制定访谈时间表。为确保访谈的有序进行,研究者需对完成所有访谈有个大致的时间把握,为应对突发情况,时间表的制订可以相对宽松。

二、选择访谈对象

在运用访谈法收集资料时,访谈对象往往不是运用随机抽样的方式选择的,而是研究者自我进行的选择。这主要是由以下两方面的原因导致的:一方面,随机取样的实现往往要依托一个数量庞大的研究对象群;另一方面,访谈的进行必须得到被访者的许可,这就更多体现了研究者的个人选择。当然,为了尽可能保证研究的代表性和客观性,研究者可以将抽样与自我选择结合使用,选择访谈对象。在运用恰当的抽样方法选取一定的被访群体以后,逐个与这些被访者进行联系与沟通,向其介绍研究的背景、目的、访谈的主要内容等,以征询其是否愿意参与访谈的意见。如果被访者同意接受访谈,那就开始下面的访谈过程,而如果被访者拒绝参与接下来的访谈,则应尊重他的选择,并对其表示感谢。

在进行访谈时,访谈多少对象才是合适、恰当的呢?有研究者研究发现,如果进行深度访谈,被访者在 25 人左右较为合适①。但这并不是绝对的,研究目标和研究内容不同,对被访者数量的要求也不相同,只要能够收集到足够的、有代表性的数据

---

① 埃文·赛德曼.质性研究中的访谈:教育与社会科学研究者指南[M].3 版.重庆:重庆大学出版社,2009:61.

资料即可。判断被访者是否已经充足的标准有两个:其一,所选被访者的代表性,即所选被访者能够代表总体的特征;其二,信息的饱和度,即如果在对数名被访者进行访谈以后,访问者发现已经没有新信息出现,这时便不必再选择新的被访者,访谈也就可以结束了。

在选择访谈对象时,下列问题应引起研究者的特别注意:

(一)慎选被访者

访谈对象的选择必须能够代表总体的所有特征。如果选择的被访者过于单一,那么据此所得的研究结论的科学性和推广性就会受到影响。在选择被访者时应尽量将下列人群排除在外①:

1. 熟人、朋友、领导或下属

由于访谈者与熟人和朋友在访谈之前就已经建立了较为亲近的私人关系,而已经建立起来的这种私人关系可能会影响到访问者客观、中立地把握访谈内容。因此,访问者应尽量避免从熟人和朋友中选择访谈对象。此外,访谈进行的首要原则就是访问者与被访者的平等与尊重,如果访问者与被访者之间存在等级甚至利害关系,则被访者可能会隐瞒或隐藏自己的真实想法,或为迎合被访者而刻意做出带有倾向性的回答。因此,领导和下属也应尽量排除在访谈对象之外。

2. 排除拒绝参加访谈的人和积极参加访谈的人

在与被访者进行初次接触时,可能会有部分被访者拒绝参加后续的访谈,面对这些被访者,有些访问者为了研究能够开展下去,往往会反复邀请被访者参加后续访谈。但这些初次接触就拒绝的被访者可能对访谈根本就不感兴趣,或者由于其他原因根本就无法参与,即使他们因为访问者的强烈请求勉强参与了访谈,访谈的质量也会受到很大影响。对于那些积极参加访谈的人,可能在访谈背后看到了更多的利益关系,或者将访谈看成"申诉"、反映意见的机会,这种被访者在回答的真实性上也会大打折扣。

(二)访谈要得到监护人、管理者的许可

如果访谈对象是18岁以下的未成年人,访问者在进行正式访谈之前应征得其监护人或管理者的许可。访问者应向其监护人或管理者说明访谈的目的、主要内容,以及确保不会伤害未成年人的具体策略,在征得其监护人或管理者的同意之后,访谈才能实施。

三、确定访谈形式

关于访谈的形式,我们在第一节访谈的分类中已经进行了清晰的说明。在选择好访谈对象之后,研究者需要根据访谈的目的、内容和具备的条件,从上述访谈类型

---

① 埃文·赛德曼.质性研究中的访谈:教育与社会科学研究者指南[M].3版.重庆:重庆大学出版社,2009:101.

中确定采用哪种访谈形式。在访谈时,研究者可以采用其中一种访谈形式,也可以综合运用多种访谈形式。

四、明确访谈提纲

确定了访谈形式之后,访谈者接下来要做的便是拟定访谈提纲。访谈提纲的拟定要根据访谈形式来设计,如果是开放式或半开放式访谈、非正规访谈之类的质的研究,那么访谈提纲仅相当于访谈内容的提示材料,只要根据主题粗略地列出问题要点即可。在访谈过程中,访问者可根据当时的现场情况灵活地对其进行修改和调整。如果是封闭式访谈之类的量的研究,访谈提纲则应尽量细致、精确、严谨。访问者不仅需要列出所有问题、提问顺序以及访问者的开场白和结束语,而且要尽量推测被访者可能的回答和对不同回答的后续提问。

拟定访谈提纲的核心是确定访谈问题。在初步确定访谈问题时,访谈者应注意考虑下列问题[①]:

(1) 这个问题有必要吗?

(2) 是否有其他附带的问题可以作为补充?

(3) 通过这个问题,是否能对被访者的态度、喜好、价值、信念等方面的信息有所了解?这些信息是否值得进一步研究?

(4) 被访者回答的可靠性和有效度将会如何?这是否在研究允许的范围之内?

(5) 用何种措辞表达访谈题目?如何在保持价值中立的基础上,使被访者更愿意回答问题、提供信息?

访问者应意识到,访谈提纲是对访谈过程的前置预测,在真正的访谈过程中,访问者应具备一种开放、随机应变的心态面对被访者的回答。当被访者的回答完全超出之前的预测,访问者应有能力及时对访谈对象和访谈内容进行调整。

此外,在正式开始实施访谈之前,访问者最好从被访者中选取少部分进行预测访谈,核查访谈提纲的设计是否合理,并根据预测访谈情况进行恰当的修正。

五、实施访谈

访谈提纲拟定好以后,就应该根据研究的目的和具备的条件,确定适当的访谈时间和地点,开始实施访谈。

(一) 确定访谈时间和地点

在与被访者初次联系且被访者接受访谈计划以后,研究者就需要与被访者商定正式访谈的时间和地点。在取得被访者的接受和信任之后,地点和时间的商定可以通过电话或电子邮件等方式来完成。

访谈时间、地点的选择应尽可能照顾到被访者的意愿,以方便被访者为原则。从

---

① 霍力岩,等.学前教育研究方法[M].北京:高等教育出版社,2011:179.

访谈时间方面来看,单次访谈控制在 90 分钟左右为宜。如果时间过短,不利于研究者获取充分的访谈资料;而时间过长,则被访者容易产生疲劳和厌倦,影响访谈质量。如果对被访者要进行多次访谈,则需注意两次访谈之间的时间间隔,两次访谈之间的时间间隔"最长不超过一周,最短不少于一天"。

在访谈地点的选择方面,也要注意考虑被访者的意见和心情,让被访者感到舒服和安全。一般说来,访谈地点选在被访者较为熟悉的地方较为合适,选取的地点最好是单独场合,方便在安静的环境中进行交谈,避免外界因素的干扰。一般不宜选在被访者的个人办公室进行访谈,因为这很容易受到被访者公务拜访和电话的影响。

除了选择适当的访谈时间和地点之外,研究者自身的形象和着装也要注意,以免对被访者产生影响,因为在一定程度上,形象与着装往往代表着一个人的品位和所承担的社会角色,而对于初次见面、缺乏相互了解的访谈双方来讲,外部特征是判断对方的重要方式。设想一下,如果受访群体是幼儿园教师,而研究者却穿着奇装异服或过于"时尚"的打扮,就可能降低研究者在被访者心中的专业度和可信度。在与被访者见面时,研究者要预想被访者可能接受和认可的形象,并尽量照顾到被访者的感受。一般说来,研究者只要穿着整洁、大方即可。

(二) 准备好所需访谈工具

由于访谈所收集的为语言信息,因此,能够将被访者的话一字不漏地记录下来是最好的,同时,被访者在访谈过程中的非言语行为如语气、神态、动作等也应该记录下来。这就需要研究者对访谈过程进行录像或录音,录像或录音,需征得被访者同意。目前,一般用录音笔等电子设备对访谈过程进行录音,但这并不意味着研究者可以完全依赖录音或摄像设备,只听不记。研究者仍然需要进行记录,一方面,访谈中的非言语信息录音往往无法记录,需要研究者自行记录;另一方面,录音或摄像设备可能会出现意外。这就要求研究者在访谈之前准备好访谈工具——录音或摄像设备、纸、笔等。

(三) 进入访谈现场

在进入访谈现场时,由于双方之前互不相识或互不熟悉,刚开始的接触往往会比较尴尬,往往会出现由于陌生感而导致的不自然状况的出现。这就需要研究者在进入访谈现场后,要努力创建一个舒适、安全的氛围,做到与被访者相互信任、相互尊重。在访谈开始时,研究者可通过寒暄、问候性的问题与被访者开始交谈,然后慢慢进入访谈主题,这样可使得访谈不至于显得太突兀。此外,研究者还应再次向被访者强调隐私保护的策略,要在整个过程中敏锐地观察被访者对提问的反应,并相应地调整访谈技巧,努力保持坦率、信任的氛围,确保访谈的顺利实施。

(四) 提问

提问就是指研究者为获取研究资料而向被访者进行询问。提问是访谈中的关键环节,直接决定着访谈的方向和内容。从形式上来看,提出的问题可以分为封闭型问题和开放型问题以及具体型问题和抽象型问题等。

1. 封闭型问题与开放型问题

所谓封闭型问题，指的是在提问时提供可供选择的答案，被访者只能从供选答案中选择进行回答。例如，"您认为家庭环境与早期教育哪个对幼儿智力发展的影响更大？"封闭型问题简洁明了，可以使研究者迅速获得被访者对于某一问题的观点和看法。封闭型问题也存在着自己的不足，比如，过多的封闭型问题会使访谈显得僵化，给被访者一种接受审问的感觉，使被访者疲于应付，陷入被动，进而影响到访谈的效果。因此，在访谈过程中，对封闭型问题的使用应谨慎。

开放型问题指问题本身是开放的，没有预期的答案，通常伴以"怎么样""如何"等词语。例如，"你如何看待最近颁布的《幼儿教师专业标准》？"开放型问题由于给了被访者充分的表达机会，可以使研究者获取更多的信息。但由于开放型问题的回答较为自由，思路较为开阔，回答过程中可能会出现"跑题"现象，这就需要研究者能够及时做出反应，巧妙地将访谈拉回到主题上来。

2. 具体型问题与抽象型问题

具体型问题是针对具体事件或细节的问题，能够获取较为细致的资料。例如，"当时的情况是怎么样的，能详细说一下吗？"这样的问题是针对具体细节的，有助于引起被访者的兴趣，勾起被访者的回忆，可以获取较为细致、丰富的资料。

抽象型问题指的是具有高度概括和总结的问题，要求被访者对某事或某物进行较为笼统、整体地陈述。例如，"你认为应该怎样对幼儿教师进行评价？"这样的问题可以使研究者快速获得被访者对某一事件或事物的总体观点和看法，但往往由于回答过于抽象和概括，无法获得细节性的资料。

3. 提问中的注意事项

(1) 尽量避免"为什么"和"是否型"问题。访谈不是"审问"，更不是"审讯"，因此，应尽量避免使用"为什么"和"是否型"问题进行访谈，以免引起被访者的情绪反应，进而影响到被访者回答的积极性。此外，"是否型"问题获得的信息有限，无法获取被访者观点背后的信息，收集的资料较为有限。

(2) 避免"一题多问"。这要求研究者在实施访谈时，一个问题只要求被访者提供一方面的信息，如果一个问题中所包含信息过多，则容易使被访者混淆或遗漏，影响访谈的质量。例如，"你觉得你班幼儿在思维发展和社会性发展方面都很好吗？"这一问题就包含了"思维发展"和"社会性发展"两个方面的信息，置于同一问题中，会影响访谈的质量和信息的准确获取。

(3) 避免诱导、暗示、带有价值倾向性和强迫性问题。在访谈过程中，研究者为了获取自己需要或预想中的信息，往往会不自觉地出现带有诱导、暗示、价值倾向性的问题，甚至出现强迫被访者回答的现象。这样获得的信息往往不是被访者真实认识的表达，访谈的信度和效度会受到较大影响。例如，"难道你不认为王老师是个好老师吗？""真的是这样吗？我再问你一次……""我会一直问你，直到你告诉我为止。"在访谈中，这样的问题应该尽量避免甚至杜绝出现。

（4）避免尴尬或尖锐的问题。在访谈过程中，应尽量照顾到被访者的感受，提问尽量避免那些使被访者尴尬和难堪的问题，否则会引起被访者的抵触，影响访谈的气氛，导致访谈不能继续进行。例如，"你已经工作十几年了，为什么教学还那么差呢？""和优秀教师相比，你还存在着哪些不足呢？"这样的问题过于尖锐、直接，往往会给被访者带来难堪，引起他们的反感，影响访谈的氛围，进而导致访谈无法持续进行。

（五）追问

追问是指，在访谈过程中，对被访者回答中含混不清、研究者不理解或需要进一步了解的内容，进行追加提问。追问可以帮助研究者更明确被访者的观点和看法，获取更为深入、详细的信息，是访谈中必不可少的部分。例如，"你刚才说你做了很多努力，能说得具体一点吗，都做了哪些努力？"

在实施追问时，应注意以下几点：① 与提问一样，追问也应注意措辞，尽量避免那些尖锐和尴尬进而引起被访者反感的问题；② 应注意追问的时机和频率，追问应建立在访谈双方已建立起融洽、和谐关系的基础之上，在被访者滔滔不绝表达自己观点的时候，即使有疑问也尽量不要打断，接着追问，而应等到被访者回答完毕后再进行追问，否则会给受访者以不被尊重的感觉。此外，追问的频率应适当控制，不能过于频繁，否则会给被访者带来压迫感和抵触情绪。

（六）倾听

在访谈过程中，除了提问和追问之外，倾听也很重要。一方面，"倾听"的态度可以使被访者意识到被尊重，有利于建立融洽的访谈关系；另一方面，也有利于研究者迅速获取并记录访谈资料，并适时进行追问。

在倾听的过程中，研究者应尽量做到以下几点：① 不要轻易打断对方的谈话，给被访者以充分表达自己观点的机会。② 应容忍被访者的沉默。沉默的出现往往是被访者的情绪出现了波动或陷入了新的思考，应给被访者时间，让其重新进入访谈中。③ 在倾听过程中，应注意关注被访者的非语言信息，比如被访者的表情变化、语速、语调的变化、情绪的变化等，并做好记录。④ 在倾听过程中，应注意运用非言语方式对被访者进行恰当的回应，比如点头、微笑等。

（七）呼应

呼应也是访谈过程中不可或缺的部分，通过呼应可以向被访者传递自己的观点和态度，鼓励被访者作答，是维系对话关系的重要因素。在访谈过程中，研究者既可以运用语言对被访者进行呼应，对被访者回答进行重复、表示认可、鼓励对方等语言呼应的方式，例如"是吗？""哦，是这样啊！"等，也可以运用非语言方式进行呼应，比如点头、微笑或者用鼓励的目光与被访者进行交流等。这样可以使被访者感到自己是被重视和接受的，说的话是有价值的，愿意继续交谈。

六、结束访谈

一般来说，单次访谈时间应控制在90分钟左右，但这只是一个时间参考，访谈应

何时结束,需考虑以下问题:

(1) 根据被访者的要求和表现状态决定访谈结束时间。在访谈过程中,研究者应善于察言观色,在被访者因急事需要马上离开、面露疲态或不愿意继续访谈时,研究者应尊重被访者的要求,果断结束访谈。

(2) 结束提示语应尽量委婉。为了维护与被访者的良好关系,避免访谈"虎头蛇尾",研究者还要注意结束访谈的方式。如果收集到的信息已经足够,而被访者还在高谈阔论时,研究者可以通过看手表、整理录音设备和记录本等方式提示被访者访谈即将结束,这样既不显得生硬,又没有冒犯被访者,有利于访谈关系的维护。

七、整理、分析访谈资料

学前教育研究中对原始资料的利用十分重要。要从大量的事实证据中抽象出关于事物本身的认识,就应对资料进行整理和分析,这样做有两方面的好处:其一,可以帮助研究者系统地把握研究资料;其二,可以为后续研究资料的收集提供方向和聚焦的依据。

(一) 整理资料

访谈资料的整理要全面、及时,如果不能及时、全面地整理,而是过一段时间后再根据记忆整理的话,则会因为遗忘而导致误差的产生。

访问者在进行访谈时,往往会借助录音笔等设备来记录资料,这时便会遇到将录音整理为书面文字的转录工作。在进行转录时,应尽可能做到逐字录入,同时将其中的咳嗽、笑声、叹气声、停顿等信息全部记录下来。转录工作费时费力,但在转录的过程中,研究者可以对访谈过程进行重新回顾,从而更好地理解访谈内容。

在具体整理访谈资料之前,研究者还应对每一份资料的基本信息进行编码,包括被访者的基本情况(姓名、性别、职业等),访问者的基本情况(姓名、性别、职业等),访谈的时间、地点和当时的情境以及资料的排列序号(对某人的第几次访谈)。这样做可以方便研究者对访谈记录的分析,能够在大量访谈记录中很容易地找到所需资料。

(二) 分析资料

关于资料分析,我们将在第十三章中专门进行分析,请参阅本书第十三章内容。

第三节　针对儿童的访谈

早期的研究认为,由于儿童在思维和语言表达等方面的局限,他们往往既无法理解访问者的问题,也不能准确表达自己的想法,其根本无法参与访谈法的研究。此外,对儿童的研究往往可以通过访谈其身边的成人,比如家长、教师等来了解。因此,过去的研究较少将儿童尤其是学龄前儿童作为访谈对象。近年来,随着经济社会的发展和研究的不断深入,人们的儿童观发生了巨大的变化,儿童不再被看作成人的附属品,而是具有自主性的、全面发展的、完整的个体,他们能够独立地进行思考,独立地表达自己的意见和想法。基于此,我们认为,只要研究者使用学前儿童能够理解的语言进行提问,幼儿便能做出较为准确的回答。

一、儿童访谈中的伦理问题

儿童与成人相比仍是尚未发展完善的个体,对儿童的访谈与对成人的访谈也仍然存在着差别。这就需要在访谈过程中,遵循更为严格的伦理要求,以免对被访者产生消极影响。

(一) 知情同意

"知情同意"原则在访谈儿童时尤为重要。首先,访谈应征得儿童监护人的同意,由于儿童是未成年人,其行为受到监护人的约束和保护,因此,在对儿童进行访谈时,必须征得其监护人同意,如果可能,应签订知情同意书。其次,研究者要用儿童能够理解的语言和表达方式向儿童介绍研究的意图和主要内容,不能因为已经征得其监护人同意而忽视了这一环节,更不能因其监护人同意而强迫儿童接受访谈,要尊重儿童被访者的地位与权利。最后,研究者还应明确告知儿童,他们有权拒绝参加访谈,也可以随时退出访谈。在访谈过程中,当儿童表现出紧张或焦虑时,应立即停止访谈。

(二) 保密原则

在对儿童进行访谈的过程中,"保密原则"也是必须坚持的伦理要求,在访谈开始之前,研究者应向被访儿童及其监护人表明会对访谈内容保密。但当访谈过程中,儿童提到其受虐待或违法犯罪经历时,研究者应遵循相关法律要求,服从法院等政法部门的传唤,主动报告儿童受虐情况。这一点在访谈开始前,也可以向被访儿童及其监护人提前说明。

(三) 平等地对待儿童

在访谈关系中,研究者与被访儿童是平等的交流关系,研究者要能够觉察儿童的不安和焦虑,并使用恰当的方法避免伤害到儿童;同时,不可强制、威胁儿童完成访谈,如果访谈遭到儿童的抵触和拒绝,应立即终止访谈。

二、访谈儿童的特殊技巧

由于学前儿童具有与成人不同的身心发展特点,在对儿童进行访谈时,也应遵循一些特殊的儿童访谈技巧。

(一) 注意访谈的时间

学前儿童注意力集中的时间较短,因此,访谈者必须要控制好访谈时间,不能过长。在访谈过程中,研究者应时刻注意儿童的状态,给其适当的休息和游戏时间,为他们提供缓冲,避免长时段的访谈给儿童可能带来的影响或伤害。

（二）简化问题和对儿童回答的要求

在访谈过程中,研究者一定要注意不同年龄段儿童的理解能力和语言表达能力,用那些儿童能够理解的语言提问,所提问题应尽量简化,符合儿童语言的特点,对儿童回答的要求也要简化,不能强求儿童用准确、完整的语言来回答问题。被访儿童"可以尽他们最大的能力'诚实'地回答任何一个适合他们的年龄水平及理解水平的问题。如果他们做不到,那么这就是研究者的'错误',而与儿童无关"①。

（三）可以适当运用"投射法"帮助儿童回答问题

研究者可以运用"投射法",将访谈本身作为一种游戏,通过使用图片、讲故事、做游戏等方式来问问题,收集访谈资料。例如,讲一个故事,留下结尾不讲,让儿童讲完它。

三、儿童访谈中的信度与效度问题

在所有研究中都要认真核查信度和效度问题,对儿童的访谈也不例外。但是对儿童的访谈,却很难对其信度和效度进行彻底的审查。由于学前儿童的心理特点尚未发展完成,具有不稳定性,如果重复核查访谈内容,则很可能由于儿童的心理已经发生变化,对同一问题的回答可能会与以前的有较大差异;另外,问题重复本身也存在一定的问题。因此,儿童访谈中的信度很难测量。但在研究的效度方面,可以通过"三角互证"的方法来得到保证。在对儿童进行访谈之前,研究者可以通过对儿童的观察以及对其同伴、教师、父母的访谈收集相关资料,然后将其与儿童的回答相对比,两者的符合程度就可以反映访谈的效度,资料符合程度越高,研究的效度越高,两者成正比。

思考与练习

1. 简述访谈法的含义、类型及优缺点。
2. 提高访谈法信度和效度的方法有哪些?
3. 阐述访谈法的操作程序。
4. 儿童访谈中的伦理问题及访谈技巧有哪些?

推荐阅读

1. 埃文·塞德曼. 质性研究中的访谈:教育与社会科学研究者指南[M]. 3 版. 周海涛,主译. 重庆:重庆大学出版社,2009.

---

① 格伦达·麦克诺顿,等. 早期教育研究方法——国际视野下的理论与实践[M]. 李敏谊,滕珺,译. 北京:教育科学出版社,2008:175.

2. 赫伯特·J. 鲁宾,艾琳·S. 鲁宾. 质性访谈方法:聆听与提问的艺术[M]. 卢晖临,连佳佳,李丁,译. 重庆:重庆大学出版社,2010.

3. 斯丹纳·苛菲尔,斯文·布林克曼. 质性研究方法[M]. 范丽恒,译. 北京:世界图书出版公司,2013.

4. 格伦达·麦克诺顿,等. 早期教育研究方法:国际视野下的理论与实践[M]. 李敏谊,滕珺,译. 北京:教育科学出版社,2008.

5. 萨特勒,等. 儿童评价[M]. 陈会昌,等译. 北京:中国轻工业出版社,2013.

第九章 问卷调查法

问卷调查法是教育调查中最常用的收集资料的方法,在学前教育研究中被广泛使用。

第一节 什么是问卷调查法

一、问卷调查法的含义

问卷调查法是研究者通过事先设计好的问题来获取有关信息和资料的一种方法。研究者以书面形式给出一系列与研究目的有关的问题,让被调查者做出回答,通过对问题答案的回收、整理、分析,获取有关信息。

问卷调查的方法最初由英国的高尔顿创立[①]。高尔顿受其表兄达尔文进化论的影响,决心研究人类的遗传变异问题,遂于1882年在英国伦敦设立人类学测验实验室。研究需要搜集反映人类学生理特征和心理特征的大量数据,但高尔顿觉得一一访问调查相当费时费钱,于是就把需要调查的问题都印成卷面寄发出去,没有想到取得了重大成功。因此,这种方法就流传到世界各国。

二、问卷调查法的特点

(一) 问卷调查法的优点

1. 高效

问卷调查之所以被广泛使用,最大的优点是它的简便易行、经济节省。问卷调查法可以节省人力、物力、经费和时间,无需调查人员逐人或逐户地收集资料,可采用团体方式进行,也可通过邮寄发出问卷,有的还直接在报刊上登出问卷。随着互联网在科研领域的运用,问卷星等网络问卷发放方式也为问卷的发放和数据统计提供了更多便利,问卷发放范围更广,且几乎没有费用,效率大大提高,此外,问卷资料适于计算机处理,也节省了分析的时间与费用。

2. 客观

问卷调查一般不要求调查对象在问卷上署名。采用问卷星、邮寄以及报刊等方

---

① 郑日昌.中学生心理诊断[M].济南:山东教育出版社,1994:71.

式,更增加了其匿名性,它有利于调查对象无所顾忌地表达自己的真实情况和想法。特别是当问卷内容涉及一些较为敏感的问题和个人隐私问题时,在非匿名状态下,调查对象往往不愿意表达自己的真实情况和想法。

3. 统一

问卷调查对所有的被调查者都以同一种问卷的提问、回答的形式和内容进行询问,这样,有利于对某种社会同质性的被调查者的平均趋势与一般情况比较分析,又可以对某种社会异质性的被调查者的情况进行比较分析。

4. 广泛

问卷不受人数限制,调查的人数可以较多,因而问卷调查涉及的范围较大。为了便于调查对象对调查内容方便、容易地做出回答,往往在设计方面给出回答的可能范围,由调查对象作选择。这种对"回答"的预先分类有利于从量的方面把握所研究的调查现象的特征。同时,问卷调查有利于对调查资料进行定量分析和研究。由于问卷调查大多是使用封闭型回答方式进行调查,因此,在资料的搜集整理过程中,可以对答案进行编码,并输入计算机,以进行定量处理和分析。

(二)问卷调查法的局限

1. 缺乏弹性

问卷中大部分问题的答案由问卷设计者预先划定了有限的范围,缺乏弹性,这使得调查对象的作答受到限制,从而可能遗漏一些更为深层、细致的信息。特别是对于一些较为复杂的问题,靠简单的填答难以获得研究所需要的丰富材料。问卷对设计要求比较高,如果在设计上出现问题,调查一旦进行便无法补救。

2. 容易误解

问卷发放后由调查对象自由作答,调查者为了避免引起调查对象的顾虑,不当场检查被调查者的填答方式是否正确或是否有遗漏,这就不可避免地出现一些被调查者漏答、错答或回避回答一些问题的现象。

3. 回收率低

问卷的回收率和有效率比较低。在问卷调查中,问卷的回收率和有效率必须保证有一定的比率,否则,会影响到调查资料的代表性和价值。邮寄发出问卷的寄还主要靠调查对象的自觉和自愿,没有任何约束,所以往往回收率不高,这就对样本所要求的数量造成一定的影响。

三、问卷调查法的适用范围

问卷调查法有上述的优势和局限,所以,它有自身所适用的范围。由于问卷调查法使用的是书面问卷,问卷的回答有赖于调查对象的阅读理解水平,它要求被调查者首先要能看懂调查问卷,能理解问题的含义,懂得填答问卷的方法,而在现实生活中,并不是所有的人都能达到这样的文化程度,因此它只适用于有一定文化水平的调查对象。

从调查的内容来看,问卷调查法适用于对现时问题的调查;从调查的样本来看,适用于较大样本的调查;从调查的过程来看,适用于较短时期的调查;从调查对象所在的地域来看,在城市中比在农村中适用,在大城市比在小城市适用;从调查对象的文化程度来看,适用于初中以上文化程度的对象。

第二节 怎样进行问卷调查

一、明确调查目的

(一) 从目的出发

在进行问卷调查的过程中,调查目的是首先要考虑的问题,因为调查目的是问卷设计的灵魂[①],是问卷调查的出发点和中心,它决定着调查的一切方面,如调查对象的选择、调查范围的确定、调查内容的设计、调查结果的分析。因此,在进行问卷调查开始阶段,首先应该明确调查目的。

(二) 估计可能的阻碍因素

问卷调查是调查者在研究中收集资料的方法,因此,进行调查问卷之前,首先要考虑调查的目的,但是,如果只从调查者的角度考虑问题,那显然是不够的。问卷调查是由调查者与被调查者共同完成的,而且被调查者是在相对仓促的情况下完成问卷,问卷调查的特点决定了问卷设计必须一次成功,因为,如果到被调查者完成问卷后才发现问题,已经不可能补救。问卷调查需要被调查者的积极配合,因此,只有当调查者对调查过程中可能出现的阻碍因素有清楚的认识时,才能有效地提高问卷调查的质量。阻碍被调查者合作的因素,归纳起来,主要有两个方面:[②]

一是主观上的障碍,也就是被调查者心理上和思想上对问卷产生的各种不良反应所形成的障碍。比如篇幅太长,题目太多,难度太大,被调查者就会产生畏难情绪,或者有些题目涉及个人隐私等敏感内容,被调查者就会产生种种顾虑;被调查者对调查的目的、意义不清楚时,也会对问卷采取敷衍、马虎的态度。这些主观上的障碍,会造成有些被调查者放弃填写问卷,或者草草应付,或者不如实填写,这样就会导致问卷回收率降低,问卷资料的质量不能保证,严重的话还会导致调查的失败。

二是客观上的障碍,也就是被调查者自身能力和条件等方面的原因所形成的障碍。比如阅读能力、理解能力以及答题的能力高低都会影响答题的质量。因此,在设计问卷时,要尽可能地站在被调查者的立场思考问题。

---

① 袁方.社会调查的原理与方法[M].北京:高等教育出版社,1990:200.
② 袁方.社会调查的原理与方法[M].北京:高等教育出版社,1990:199.

（三）应该注意的相关问题

一是用调查目的为中心作总体构思。首先要考虑调查目的，明确了调查目的，就可以对问卷调查其他诸多问题进行构思。

二是从调查内容出发，考虑要向被调查者调查的问卷难易度、熟悉度和兴趣度，如果对被调查者来说是较难回答的问题，或者是不熟悉的问题以及可能不太感兴趣的问题，问卷的设计就应该更加谨慎，应该设法降低难度，增加熟悉度和兴趣度，指导语应当更为详尽和周密，措辞也应该更加慎重。

三是注意调查样本的构成情况，也就是考虑被调查者的情况。被调查者的身份、职业、文化程度、年龄、性别等因素，都是设计问卷时应当考虑的。

最后，设计问卷时还应该考虑到资料处理分析方法和问卷的使用方法等因素。因为，不同的资料处理和分析的方法，对问卷的设计有不同的要求。如果忽视这个因素，有时会影响调查结果的处理，严重的还会使调查任务无法完成。

二、确定问卷的内容

一般来说，问卷调查常常用于了解个人态度或具体行为等方面的问题。为了了解不同群体对问题的态度和选择，在制作问卷时，都会在问卷中安排"个人基本情况"这一部分内容。因此，问卷的主体常常由三部分组成，也就是个人基本资料（事实问题）、态度问题以及行为问题。

（一）个人基本资料

通常，一份问卷主体部分的开头，会请被调查者填写一些个人的基本资料。个人基本资料的组成部分，根据被调查者的情况而定，如果被调查者是学生，那么往往需要填写性别、年龄、所在学校、年级、住所（城市或乡村）、父母的职业、父母受教育程度等。如果被调查者是家长，那么往往需要填写与学生的关系、年龄、职业、受教育程度、家庭情况等。

（二）态度问题

态度问题对教育研究有重要意义，除了只调查行为问题的问卷外，一般的问卷调查，都会涉及态度问题。

态度问题包括两个层面：一种是有关意见方面的，如意见、看法。相对而言，"意见"属于暂时性的看法，如对一节课的看法或对一次活动的态度。意见问题是想了解被调查者对某些具体的、一般的事物或行为的看法，它可以随着时间或个人情况的变化而变化。比如问："你对昨天公开课老师课堂提问数量的看法？"或者问："你是不是赞成由快餐公司解决午饭问题？"这类问题，都不是涉及行为或事件深层次的问题，而是对于行为或事件的一般的表态。

另一个层面是有关价值或人格方面的观念。这属于"态度"问题中相对深层而持久性的认识，如世界观、人生观、道德观念等。调查者对这些问题多半是精心设计，以了解教育领域的改革和发展趋势与人们态度的吻合程度。

由于属于深层次的态度问题,是较复杂的变量,单独分析往往会有较大的误差,所以就出现了另一类专门调查"态度问题"的量表,即态度量表。态度量表中把变量分为几个部分,不是一题一题地算结果,而是把整个总分或分组分数合起来算,这样,可以与其他变量求相关系数,可以计算信度系数,也可作因素分析。

(三) 行为问题

这部分问题了解的是被调查者的实际行为,包括过去的行为和现在的行为。例如我们可以问学生:"本学期你参加几个课外兴趣班?你每天晚上花多少时间做作业?你平均每周上网几个小时?"这类问题,是了解被调查者的实际行为。这些实际行为可能因年龄、性别、父母职业、父母受教育程度而有差异。在考虑问题时,要尽量把这类问题放在一起,问题要清楚合理,符合被调查者的实际情况。

三、编制问卷

(一) 初步拟定问卷的题目

确定问题是问卷设计的关键。在对调查目的和内容有了比较清楚的了解后,就可以确定问卷的提纲,然后设计问卷初稿,比较规范的做法是采用卡片法或框图法①。

卡片法是把初步考虑的每一个问题和答案写在卡片上,每一题一张卡片。等把所有的问题和答案都考虑好以后,接下去按问题内容将卡片分类,再按一定的顺序排列,最后将调整好的卡片写到纸上或输入电脑,形成问卷。

框图法是把问卷各个部分按一定的顺序编制成一个框架图,然后再写出每一部分的问题及答案,最后通过补充、修改、调整后形成问卷。

(二) 问卷题目数量的控制

为了使调查问卷能够顺利进行,问卷题目的数量应该有一个大致的范围。只有这样,才能既完成调查任务,又不使被调查者由于题目太多而产生厌烦心理。一般来讲,一份问卷的题目应该控制在 70 个以内。如果问题较难回答,要考虑相应减少题目的数量。

(三) 回答问卷时间的控制

回答问卷时间的控制同问卷题目数量的控制是一样的道理。一般来讲,让被调查者完成一份问卷的时间大约在 30 分钟。如果时间太短,调查的内容和范围往往受到局限;相反,如果时间太长,被调查者往往会产生厌烦心理以致影响问卷调查的效果。

---

① 陶保平.学前教育科研方法[M].上海:华东师范大学出版社,1999:146.

四、问卷的试用与修改

(一) 问卷的试用

设计好的问卷,一般要经过反复多次修改才能完成初稿。由于问卷调查一旦进行,发现错误就无法弥补,所以设计好问卷初稿以后还必须经过试用和修改这两个环节,才能用于正式调查。试用是将问卷初稿打印若干份(具体份数视调查样本决定,一般是 30 份至 100 份),也就是在正式调查的总体中抽取一个小样本进行试探性调查,以便了解问题是否全面、清楚,问卷内容和形式是否正确,填答是否完整,是否能满足调查的要求,问卷的编码、录入、汇总过程是否准确等。

还有一种检验初稿的方法是将设计好的问卷(一般 3~10 份),分别送给有关专家、研究人员以及典型的被调查者,请他们检查和分析问卷初稿,并根据他们的经验和认识对问卷进行评价,提出存在的问题和修改意见。

如果试用的问卷回收率低于 60%,说明问卷设计中有较大的问题;如果填答的内容错误多,答非所问,要仔细检查问题的用语是否正确、清晰,含义是否明确具体;如果填答方式错误较多,要检查问题形式是否过于复杂或指导语不明确等;如果是问卷中某几个问题普遍未做回答,要仔细检查并分析原因,然后加以改进。

(二) 问卷的修改

根据试用情况,或有关专家、研究人员提出的修改意见,求出问卷的信度和效度,对问卷进行修订,如果必要可再进行试用,直至完全符合要求,最终定稿,按调查样本数量付印。

五、问卷的发放与回收

问卷调查的质量不仅取决于问卷的设计,也取决于问卷从发放到回收各个环节的工作。

(一) 问卷的发放

问卷发放时必须关注两个问题:一是要有利于提高问卷的填答质量,二是要有利于提高问卷的回收率。

目前,调查者发放问卷主要采用三种方式,即调查者本人亲自到现场发放问卷、采用问卷星等网络问卷发放方式或委托他人发放问卷。委托他人出面发放问卷或采用问卷星等网络问卷发放方式会比较方便,但如果调查者能亲自到场发放,则能亲自做解释,这对于提高问卷的填写质量和回收率是有好处的。因此,只要调查者有时间,应尽可能亲自到场发放问卷并指导问卷的填写。如果要委托他人发放,则一定要委托负责的组织或个人,决不能草率从事。如果采用问卷星等网络问卷发放方式,则问卷的指导语应尽可能详细,且应努力通过多种渠道促进问卷的传播,以便有更多人可以看到问卷并填写问卷。另外,不管采用哪种问卷发放方式,都必须征得有关组织的同意,取得他们的支持与配合,这是送问卷调查能否取得成功的一个重要条件。

（二）问卷的回收

问卷回收时要当场粗略地检查填写的质量，主要检查是否有漏填和明显的错误，以便能及时纠正，保证问卷有较高的有效率。因为问卷收回去后再发现问题就无法更正了。无效问卷一多，就会影响调查质量。这项工作最好由调查者本人亲自在场指导，或者必须向委托人提出明确的要求。

影响问卷回收的因素主要有：① 组织工作的状况；② 课题的吸引力；③ 问卷填写的难易度；④ 对问卷回收的把握。

问卷的回收率是影响问卷质量的一个关键问题，回收率很低会影响调查结果的可信性。根据有关专家测定，成功的问卷回收率应达到70%以上，而50%的回收率是送发问卷调查的最低要求，如果回收率低于50%，那么该问卷调查已失败，此调查就应终止。

第三节　怎样编制问卷

运用问卷调查，关键在于问卷的设计。问卷设计的质量直接关系到调查的过程与调查的结果。因此，编制问卷是问卷调查中十分重要的一个环节。优秀的设计既要体现调查研究者的意图，也要将需要了解的问题明确无误地让被调查者理解。

进行问卷的编制，除了第二节中"确定问卷内容"和"编制问卷"已经谈及的相关问题以外，还应该明确以下一些问题。

一、问卷的结构

一份完整的问卷，一般包括标题、前言、指导语、问题、选择答案、结束语等。

（一）标题

标题是调查内容高度的概括，它既要与调查研究内容一致，又要注意对被调查者的影响。

（二）前言

前言是问卷最前面的一个开头，有人称之为封面信。前言一般包括以下内容：
(1) 调查的内容、目的与意义；
(2) 关于匿名的保证，消除被调查者的顾虑；
(3) 对被调查者回答问题的要求；
(4) 调查者的个人身份或组织名称；
(5) 如是邮寄的问卷，写明最迟寄回问卷的时间；
(6) 对被调查者的合作与支持表示感谢。

（三）指导语

指导语主要是用来指导被调查者填写问卷的一组说明或注意事项，如果需要，还可以附有样例。指导语要简明易懂,使人一看就明白如何填写。如果设计的问卷题型比较单一,这部分的内容可以与前言部分合在一起。

(四)个人基本资料

个人基本资料中要求填写的项目,一般都是在研究中考虑到的变量。例如要比较男女生的兴趣差异,性别就是一个变量;要了解父母亲文化程度对子女学业成就是否有影响,父母亲的文化程度就是一个变量。研究中不涉及的项目,就不一定在个人基本情况中出现,以保持问卷的简洁。

如前所述,个人基本资料涉及被调查者的个人基本问题,是基本的自变量,也是开展研究的基础,只有了解这些最基本的事实问题,研究工作才可能进行,分析问题才能有说服力。但是尽管这部分内容是事实问题,每个人都很容易填,但是有些人对这类问题存有戒备心理,特别是涉及一些人的弱项或隐私,如年龄问题、经济收入问题。因此,在填写之前的说明语中应当明确告诉被调查者该部分是匿名填写,同时让被调查者了解本问卷对研究的意义。也有一些研究者认为,可以把这部分问题放到最后,以便减少拒答的人数。

(五)问题与选择答案

问题和选择答案是问卷的主体部分。问题是问卷的核心内容,编制的问题要简洁明了,要适应被调查者的文化程度,符合研究目的要求。至于用开放式答案还是封闭式答案,则应根据实际情况而定。采用封闭式答案要按标准化测验的要求设计题目和答案,答案要准确,符合实际,便于选择。

(六)编码

对于样本数量较大的调查问卷,为了便于计算机的汇总、分类和统计,一般要设立编码栏。编码就是给每个问题及其答案编上数码。一般编码放在问题的右边,编码的序号与问题的序号一致。如果是样本数量较小的调查,或采用手工汇总的调查,可不设编码栏。

(七)结束语

一般采用以下的表达方式:

(1)结束语要对被调查者的合作再次表示感谢,以及提醒被调查者不要漏填与复核的请求。这一表达方式的目的,在于显示调查者的礼貌,督促被调查者消除无回答问题和差错的答案。

(2)提出本次调查研究中的一个重要问题,以开放式答案的形式放在问卷的结尾。

二、问题的产生

问卷编制和设计的关键是问题的设计,而问题的设计,应该按照一定的规则进行。为了使问题的设计比较顺利和有效,需要考虑以下几个步骤:

（一）明确课题

对调查研究的课题进行审视和分析，明确调查的目的和调查的内容、范围以及对象。

（二）提出假设

分析和梳理调查内容，提出与调查研究内容相关的假设。

（三）界定概念

调查研究者要界定调查内容中所涉及的一些基本概念，这样既可以清晰自己的思路，也可使调查顺利进行。

（四）筛选变项

寻找相关的变项。例如：对学习内容的掌握、测验成绩、考试成绩；父母的期望、与父母的关系、对父母的态度等。

（五）确定指标

例如，确定测量变项的指标：与父母的关系、与父母的沟通状况、对父母期望的看法、对父母态度的看法等。

（六）产生问题

为测定已经确定的指标，编制直接与间接的问题。

三、问题的提出

（一）提出问题应注意的方面

1. 选择正确的回答类型

无论是事实问题还是态度问题，都应该考虑问题的回答类型是否正确和合适。回答的类型可以分为开放式或封闭式的回答。调查的目的和性质决定采用哪种类型的问题和回答方式。

2. 问题切合目的和假设

问题的设计要根据调查目的与假设的需要。每一类型的题目，应该从研究假设或研究目的出发，必须符合调查的要求，不能随意地出题目。

3. 表达陈述清晰无误

要考虑问题陈述是否让被调查者清楚了解，如有含混不清的地方应及时纠正。问题含混不清容易引起误解，造成问卷结果的偏差，应设法避免语意不清的措辞。如，"你认为学生负担够重吗？""够重"的语意不清。又如，"你常读报吗？""你是否关心国家大事？"被调查者往往无法准确回答。还有，包含两个或两个以上的观念或事实，如"考试的目的是评价学生，还是评价教师？"，这种问题会让被调查者不知如何回答。

4. 避免问题涉及社会禁忌

如果正面问及一些道德问题、政治问题,尽管被调查者有多种不同的观念,但他们往往会按一定的社会规范回答,这样,调查者就无法获得真实的情况。如涉及个人隐私或恩怨的问题,实际上会遭到抵制,而且对整个问卷产生负面的看法。这类问题最好用间接的方式提问。

5. 问题符合被调查者的水平

设计者往往根据自己的情况来设计问题,可是被调查者,特别是一些年龄较小的学生,可能从来就没有想过或遭遇过这些问题。一种可行的办法是,设计者要换位思考,先把问题内容加以描述或具体化,然后问意见。如果被调查者是年龄较小的学生,更要在他们的知识、经验、能力的范围内提问,不要过于抽象和复杂,更不要把问题理论化。

(二) 提出问题应把握的原则

提出问题是问卷设计的关键,而提出问题应该把握以下几个原则:

1. 主题明确

(1) 为了实现研究目的和提高研究效果,问卷的各类题目要与研究的目的、假设直接相关,与调查主题无关的题目应该删去,可有可无的题目尽量不要列入问卷。

(2) 避免使用带有诱导性的问题,也要避免和防止对答案倾向性的暗示。问题中不能隐含着假设或期望的结果,题目中也不能有任何暗示性的语言。

(3) 避免那些会给被调查者带来社会压力、心理压力的问题,以及避免涉及被调查者个人隐私的问题。

(4) 所提问题应是被调查者能够提供信息的问题。文字、语气要尊重被调查者,尽可能用中性的词语,避免用否定性的、含有贬义的词句。

2. 通俗易懂

(1) 题目要清楚,使用的术语每个被调查者都能明白。避免使用模糊的、专业性很强的术语及行话。

(2) 一个题目中只能包含一个问题,短一些的题目总比长一些的要好,简单一些的题目总比复杂一些的要好。宁可用两个或更多的短一些的题目,也不要用一个详细复杂的题目。

(3) 题目的选择答案应当是可以穷尽的,选项应具排他性。问卷长度要适当控制,回答问卷时间不要超过 30 分钟,题目数不要超过 70 个。

(4) 问卷中题目的安排应有一定的逻辑顺序,应符合被调查者的思维习惯。一般先易后难,先简后繁,先具体后抽象,相同主题的问题放在一起,相同形式的问题放在一起。

3. 便于处理

问卷结果应便于统计处理,问卷设计时就要考虑到易于编码、录入、汇总和数据处理等问题。

四、答案的设计

(一) 答案设计的原则

由于大多数问卷往往由封闭式回答构成,而答案又是问卷非常重要的组成部分,因此答案的优劣直接影响到该调查的成功与否。因此,问卷设计不仅包括问题的设计,还包括问题答案的设计。一般而言,问题答案的设计应该考虑以下几个方面:

1. 与问题匹配

一个合适、明确的问题提出,并不意味着调查必然能顺利进行,结果一定科学可靠。因为封闭式问题的答案是事先准备和设计好的,被调查者的回答就在研究者设计好的选项中选择,所以答案的设计首先要考虑与提出的问题意思吻合和匹配。提出什么问题,就要在问题的可能范围内确定答案,否则就可能造成张冠李戴、答非所问的情况,让被调查者无所适从。

2. 语言简单易懂

答案的语言也和问题的语言一样,必须简单易懂,答案的语言应该更加简洁与明确,因为越简洁明确的答案,越有利于被调查者选择。而且一般来说,一个问题往往有 2～10 个答案,从方便被调查者的阅读、比较和作答角度来讲,答案也是越简洁越好。

3. 答案无交叉

答案与答案之间不应该有交叉,它指的是答案相互之间不能重叠或包含。如果一个被调查者可同时选择属于某一个问题的两个或更多的答案,那么这一问题的答案就一定是有相互交叉的关系。有的研究者提出答案应该有互斥性①,指的就是这个意思。

4. 答案无遗漏

答案无遗漏指的是答案要包括所有可能的情况。

对于任何一个被调查者来说,问题的答案中应该有一个是符合他的情况的,如果某个被调查者的情况没有包括在某个问题所列的答案中,那么这一问题的答案就一定是有遗漏的。对于一些相对复杂的问题,有时很难把所有的答案都罗列出来,遇到这样的问题,就要在所列的若干个答案后面,再加上一项选择——"其他",这样就使无法在已经罗列的答案中选择的被调查者有了可以选择的选项。

但是,如果在一项调查中,选择"其他"选项的被调查者较多的话,就说明答案的设计遗漏了带有较普遍情况的内容,或者答案的分类不恰当。

---

① 袁方.教育调查的原理与方法[M].北京:高等教育出版社,1990:208.

(二) 答案的类型

问卷中一般开放式答案为个别,半封闭式答案为少数,封闭式答案为多数。

1. 开放式答案

开放式答案是指在问卷中只提出问题,不提供答案,由被调查者自由回答。如向中学生调查:"你希望将来从事什么职业?为什么?""你认为世界名著对你的成长有什么影响?"……由于回答问题不受限制,被调查者可根据自己的意愿回答,畅所欲言,充分发挥主动性和创造性,调查往往能获得一些意想不到的、富有启发性的信息。开放式答案制作容易,问题简单、直接,易于作定性分析,但是数据处理较困难。

开放式答案常用于描述性的研究或较为复杂问题的研究,被调查者能按自己的理解来回答问题,可以比较真实地反映他们的态度、观点。这些问题对深入研究、发现新的问题具有重要意义。另外,当研究者无法把握问题答案时,也常采用开放式答案,作一种试探性的、预测性的研究,以作为编制封闭式答案的基础。例如,研究者不清楚现在家长最关心孩子的什么问题,他无法罗列可供选择的所有答案,因此他先用开放式答案收集家长的各种想法,然后对各种想法分类整理,最后再形成封闭式答案。

开放式答案与封闭式答案各有优缺点。开放式答案可充分获取各种可能的信息,但作答较费时,不像封闭式答案那样简易明了,并且对数据归类、分析也较费时。

2. 半封闭式答案

在问题提出后,提供若干备选答案,让被调查者在其中选择符合其实际情况的答案;如果在备选答案中找不到或找不全符合他实际情况的答案,则在最后一个答案位置"其他"中填上被调查者自拟的答案。"其他"之前的答案是预先提供的,而"其他"是开放的,故称这类回答为半封闭式答案。

3. 封闭式答案

封闭式答案指在问卷中不仅要提出问题,还要提供可选择的答案,供被调查者选择。封闭式答案选择往往是强迫的,即在两个或多个选项中必须选择其中一个答案,或者让调查对象选择其中的一个或几个答案。

封闭式答案结构明确,回答按标准答案进行,比较省时,容易取得被调查者的配合,资料的整理、录入、汇总、分析都比较易于处理。但是如果设计时没有充分考虑好各种情况,则会遗漏一些重要的信息。因此,在设计问卷时,往往先以开放式答案对一些对象进行初步调查。根据调查结果了解可能的答案,然后据此设计出封闭式答案,用以进行正式调查。封闭式答案的缺点是缺乏灵活性,容易造成强迫回答,难以表达被调查者独特的观点,有可能造成胡乱填写答案。另外,其问题编制难度较大。

封闭式答案有以下一些类型:

(1) 选择式。选择式是从列举的多种答案中挑选最适合个人实际情况的答案,有的可要求选择多于一个答案。要求选择多于一个答案须在题后注明。

(2) 是非式。是非式提供的答案只有两个，从中选择一个，所以也称为两项式。

(3) 等级式。等级式是对两个以上分成等级的答案的选择方式。等级式回答方式，只能从中选择一个答案。对于外在事物进行评价的等级式填答方式，称外在等级式；对于主观感受与心理体验进行描述的等级式填答方式，称内在等级式。

(4) 排序式。排序式是按照先后顺序对答案作排列。例如：你较喜欢哪些学科？请按喜欢程度从大到小加以排列。排序式有两种方式：一种是将所有答案排序，另一种是把选出的答案排序。前者称全排序，后者称选择排序。在整理数据时，可将选择的顺序变换成数值，最后的选择为1，第一选择则为最高数值，数值大表示喜欢的程度高。

五、问题的排列

问题和答案设计完毕以后，就面临问题的排列。问题排列最基本的要求是，要把问题分类排列，除了按照个人基本资料、态度问题和行为问题分成三大类以外，在每一类中，也要把同类或相近的问题归并到一起，按照一定的逻辑顺序排列。这样做最大的好处就是方便被调查者的回答，而不至于造成思维的跳跃和阻隔。此外，还应该注意以下几个方面：

（一）熟悉的问题在前

把熟悉的问题放在前面，是使被调查者能够较快地进入角色的重要一环。熟悉问题放在前面，生疏问题放在后面，可以使被调查者由浅入深、由易入难，不致一开始就产生畏惧之感，从而产生排斥心理。由于被调查者的数量有时很多，对一些被调查者来说是熟悉的问题，对另一些被调查者就未必如此，在这种情况下，以多数人熟悉的问题放在前面为原则。

（二）简单的问题在前

简单的问题往往是被调查者不一定熟悉，但又是容易回答的问题。一般不需要被调查者费许多时间的思考。一份问卷中的问题总有难易之分，简单的、容易回答的放在前面，不易回答的放在后面，这样被调查者就不会产生畏难情绪，就会沿着研究者的设计和思路，比较顺利地完成填答任务。

（三）感兴趣的问题在前

问卷是用来测量被调查者的反应，所以被调查者对于问卷本身的态度，如喜不喜欢、感不感兴趣等，对调动被调查者的填答积极性影响很大。如果把可能引起被调查者兴趣的问题放在前面，就会引导被调查者积极投入问卷的回答，这样就保证了问卷的质量。

（四）态度问题在前

从总体来说，问卷调查通常可以分为三类：第一类是个人基本资料，如性别、年龄、职业、学历等项；第二类是行为问题，如每天晚自修时数、上课发言次数等；第三类是态度问题，如个人学习态度、学习自信心及成就动机等。问卷的排列顺序，经常按照一、二、三的顺序。但如果考虑到态度和观点决定一个人的行为,弄清楚自己的态度以后,行为问题也就自然而然地解决了,也可以将态度问题放在行为问题的前面。还有人在研究中把个人基本资料放到最后,以便使问卷调查较为顺利。一般来说,如果一份问卷要求填写的个人资料相对简单,建议放在前面;反之,可以放到最后。

(五)开放式答案在最后

开放式的答案往往是综合性较强的问题,往往需要被调查者有一定时间考虑,所以,开放式的答案放在最后比较妥当,这样做不会使被调查者一上来就遇到难题而产生厌恶、畏难,从而影响后面问题的回答。而且对于一些不愿意回答此类问题的被调查者,也不会影响他对其他问题的填答。要求被调查者作开放式的问题答案的,题目要少一些,一般情况下,不应该超过三题。

思考与练习

1. 问卷调查法的含义是什么?
2. 问卷调查法的优缺点有哪些?
3. 简述问卷调查的过程与步骤。
4. 简述问卷的结构与编制的方法。

推荐阅读

1. 袁方. 社会调查的原理与方法[M]. 北京:高等教育出版社,1990.
2. 弗洛德·J. 福勒. 调查问卷的设计与评估[M]. 蒋逸民,等译. 重庆:重庆大学出版社,2010.
3. 张红霞. 教育科学研究方法[M]. 北京:教育科学出版社,2009.
4. 吴明隆. 问卷统计分析实务:SPSS 操作与应用[M]. 重庆:重庆大学出版社,2010.

第十章 内容分析法

内容分析法,最早由社会科学家借用自然科学的定量分析方法对历史文献内容进行分析发展而来,并逐渐扩展到教育研究领域,成为教育研究者分析和处理教育文献的重要方法,在学前教育研究中的应用也日益广泛和深入。

在本章中,我们在对内容分析法进行概要介绍的基础上,着重探讨了内容分析法的设计与实施,进而分析了内容分析法在学前教育研究中的应用。

第一节 内容分析法概述

内容分析法最早诞生于传播学领域,是一种对传播内容进行系统和客观分析的方法,它适于对一切可以记录与保存并且有价值的文献进行研究。如今,被广泛运用到新闻传播、图书情报、社会学、心理学、教育学等各学科领域,取得了显著成效。

一、内容分析法的起源

内容分析法的起源可以追溯到二战时期。当时,为了获取有关德国社会、政治、经济等方面的动态情报,美国学者保罗·拉扎斯菲尔德和哈罗德·拉斯韦尔等组织了一项名为"战时通信研究"的工作,以德国公开出版的报纸为分析对象,通过对其内容的分析和研究,获取了德国的许多军政机密情报。这项研究的成功开展为二战的情报工作立下了汗马功劳,也使得内容分析法开始受到广泛重视。

此后,尝到甜头的美国政府组织了传播学、政治学、图书馆学以及社会学等领域的专家学者与军事情报机构一起对内容分析法进行了多学科的研究。1952年,美国学者伯纳德·贝雷尔森《传播研究的内容分析》一书问世,确认了内容分析法作为一种研究方法在传播学中的地位。此后,关于内容分析法的内容与步骤、质与量的比较、频度的测定与用法等问题都得到了相当程度的研究,内容分析法的初步理论和模式得以建立。

20世纪六七十年代以后,内容分析法逐渐从欧美的情报学方法论体系进入社会科学各学科的研究之中,并且收到了较好的成效。期间,计算机进入内容分析领域,也对内容分析法产生了实质性的影响。哈佛大学的卡尔·多伊奇等甚至将"内容分析"列为从1900年至1965年之间的62项"社会科学的重大进展"之一[①]。

---

① 邹菲.内容分析法的理论和实践研究[D].武汉:武汉大学硕士学位论文,2004:7.

20世纪80年代以来,内容分析法不断吸收系统论、信息论、符号学、语义学、统计学等新兴学科的养料,来充实完善自己。真正使内容分析法系统化的关键人物是约翰·奈斯比特,他主持出版的《趋势报告》季刊,便是运用内容分析法来研究美国社会变化的趋势,在此基础上撰写的《2000年大趋势》一书,享誉全球,畅销1400余万册。在奈斯比特的推动下,内容分析法日渐成熟。时至今日,内容分析法已经成为广泛运用于人文社会科学的研究方法,在历史、新闻、教育、心理等不同研究领域发挥着不容小觑的作用。

二、内容分析法的含义

关于内容分析法的含义,伯纳德·贝雷尔森的定义最为经典,得到了广泛的公认。他认为,内容分析法可以定义为"一种能对明确的传播内容进行客观、系统和定量的描述的研究技术"[①]。这一定义在学术研究界产生了深远的影响,至今仍为众多学者所引用。

此后,又有部分学者对内容分析法进行了界定。著名社会学家罗伯特·默顿认为,内容分析"是一种考察社会现实的方法,在这种方法中,研究者通过对文献的显性内容的特征的系统分析,得到与之相关的潜在内容特征的推论"[②]。社会学家阿特斯兰德则将内容分析定义为"一种揭示社会事实的数据调查方法,在这种方法中,通过对一个现存内容的分析(如文件、图片),得出下述方面的认识:它产生的联系,发送者的意图,对接受者或对社会情景的影响"[③]。

随着内容分析法的日益成熟和完善,其运用的学科范围也越来越广,对内容分析法的界定也处于不断的变化和发展之中。结合上述学者的定义和本教材的适用领域,我们将内容分析法界定为:它是这样一种运用于教育科学研究的方法,它以明显的传播内容(如文献资料等)中蕴含的直观、显性的教育信息为研究对象,将其转化为定量的数据资料,并以此为素材进行客观、系统和定量的描述与分析,得到与之相关的潜在内容特征,进而对研究事实做出判断,形成研究结论。其中,传播内容指的是任何形态的、可以记录与保存且具有传播价值的内容,既包括文字形态的书报、杂志、信件、作品等,也包括非文字形态的声音(如广播、音乐、录音等)、影像(如电视、电影、图片等)。

三、内容分析法的特点

内容分析法虽然是隶属于社会科学研究方法的范畴,但无论它的起源还是发展无疑都受到了自然科学研究方法的渗透和熏陶。从内容分析法和前人研究的总结来看,内容分析法的特点主要有以下几个方面。

---

① 卜卫.试论内容分析方法[J].国际新闻界,1997(4):55.
② 阿特斯兰德.经验性社会研究方法[M].李路路,等译.北京:中央文献出版社,1995:186.
③ 阿特斯兰德.经验性社会研究方法[M].李路路,等译.北京:中央文献出版社,1995:188.

（一）客观性

客观性是内容分析法的主要特征之一，指的是对研究内容的分析应基于非常明确且固定的客观规则来执行，以确保不同的研究者在重复同一程序时，可以对相同的内容做出同样的判断，得出相同的结论。具体说来，内容分析法的客观性包括两个方面的含义：

其一，内容分析法的研究对象是客观的。内容分析法是从现有的文献资料等研究对象出发，由研究者按照事先设计好的研究计划和程序开展研究，其分析结果不带有任何个人的主观态度和偏好，研究者个人的性格和偏见不能对研究结论产生影响，不同的研究者从相同的文献中得出的结论是相同的。

其二，内容分析法的研究过程是客观的。研究中变量分类的操作性定义和规则必须是明确、全面、一致和便于理解的，每一研究步骤的进行都必须基于事先制定的明确规则和秩序，也就是说，同一研究者重复进行研究或不同研究者遵循相同的程序和规则分析相同的资料，得出的结论均是相同的。

由于现有文献资料和信息等研究对象是否客观是无法完全预测的，加之研究者在内容分析前期阶段的研究设计也往往带有一定的主观性，因此，内容分析法也不是纯粹客观的研究。但不可否认的是，分析单元和类目一旦确定，非量化的数据转化为量化数据以后，接下来的研究就是客观的了，研究者的主观意志就无法再左右分析的结论了。由此，内容分析法的客观性便得以确立。

（二）直观性

内容分析法的直观性指的是其研究对象的特征，即使用内容分析法进行研究的对象——"内容"本身必须是直观的和显性的，是研究者能够察觉、发现的，比如文字本身、图片等文献内容外在的东西，而不是内容的深层含义或解释等。那些含糊不清、存在歧义或多重含义的内容，由于不易对其形成统一的认识和进行客观计量，往往无法成为内容分析的客观对象。

（三）系统性

系统性指的是内容分析的内容或信息类目的取舍应根据一致的、一以贯之的标准和法则来进行，以避免只有支持研究者检索前提的资料才能被纳入研究对象的情况。一方面，选取分析的内容应当遵循明确且始终如一的规则，样本的选择要符合一定的程序，总体中的每个单元类目应享有均等的接受分析的机会。另一方面，对于被分析内容的评价过程也必须是系统的，所有被分析的内容应以完全相同的方法进行处理，研究的过程必须遵循统一的评价规则，避免分析结果的杂乱无章。

（四）定量性

定量性是内容分析法的显著特征，是内容分析研究过程的特征，指的是研究中运用统计学方法对分析类目和分析单元出现的频数进行计量，用数字或图表的方式表达内容分析的结果。通过对内容的量化处理，一方面可以运用相关统计方法对其进行精确分析；另一方面，又可以用数据进行量化的描述、比较和论证，得出更加直观、准确的分析结论,以最简洁的方式呈现研究结果。此外,由于提供的不是研究者本人的主观判断,而是大量的描述性数据,研究结果的可信度也较高。

(五)描述性

描述性是内容分析结果表述的特征。对研究对象的内容进行量化处理后,内容分析的结果往往表现为大量的数据、表格或图示的列举、比较和分析。通过客观的描述,可以使得原本零散且繁多的内容能够呈现出一定的规律或趋势。

四、内容分析法的分类

内容分析法大致可以分为定量分析和定性分析两种。其中,定量分析是运用量化的分析路径,用比较规范的方法读取相关的信息资料的内容,把信息资料上的文字、非量化的有交流价值的信息转化为定量的数据,通过构建一定的类目编码系统来分解交流内容,并在此基础上分析信息的某些特征,使研究结果具备可靠的准确性。定量分析可以把不同人对同一资料文本的不同理解统一起来,其途径是统计文本中特定元素的书目,用客观数据来说明问题并得出结论。

其实,这里的定量分析也是基于定性分析的基础之上的,它需要对信息资料的内容进行透彻的理解与分析,进而把握信息资料内容的质性,并在此基础上得出结论。因此,也可以说定量取向的内容分析是一种半定量的研究方法。

定性分析则主要是由研究者通过阅读、收听或观看,然后根据自身的主观感受和理解、体会来分析、解读、判断和挖掘信息资料中所蕴含的本质内容。在这种分析路径中,研究者的主观分析占据着绝对重要的地位。

五、内容分析法的优势和局限

如同其他研究方法一样,内容分析法也有自身的优势和局限。

(一)内容分析法的优势

内容分析法的优势主要表现在以下五个方面:

1. 定量与定性相结合

内容分析法包含定量分析和定性分析,定量分析往往又以定性分析为前提,真正做到了定量与定性的结合,可以对信息资料进行较为精细的分析和呈现。

2. 时间与经费的经济性

从人力上来说,内容分析法不需要大量的研究人员;从财力和物力上来说,内容分析法也不需要特别的设备,因而也不需要大量的经费。只要能够接触到分析资料并加以编码,就可以从事内容分析。内容分析法的经济性对其普遍开展和应用是非常有利的。

3. 可重复性

与调查或实验法等研究方法相比,内容分析法的重新进行往往更容易,而且仅需重做其中的某一部分即可,而重做时,亦只需要将资料中某个部分重新编码,而不是重做整个研究。调查法或实验法要想重做,则可能需要研究者再花大量时间和金钱,重复整个研究计划,有时候重做一次甚至是不可能的,因为被研究的事件可能已经不存在了。

4. 分析的时间跨度较大

虽然社会现象或事件具有不可重复性,但各种信息载体在一定程度上却反映了社会现象的发展历程,所以可以利用信息载体对已经成为历史的社会现象或事件进行分析研究。只要信息载体资料充足,内容分析法即可突破时空条件的限制,对社会进行大跨度、多方面的研究。

5. 分析结果较为客观

在进行内容分析的过程中,研究人员与被分析的信息载体内容之间没有任何互动,研究者的主观态度不太容易影响研究的结果,分析结论较为客观。在内容分析中所采取的抽样方法,也使得分析论证的结果具有更大的代表性。

(二)内容分析法的局限

1. 受材料限制大

内容分析法的实施需要有足够多的分析资料,如果缺少必要的分析资料,内容分析法便无法实施。一方面,内容分析法只局限于对记录下来的内容信息进行分析,这些信息必须以某种形式(口头、书面或图像)记录下来才能为内容分析法所用,否则内容分析法便面临"巧妇难为无米之炊"的尴尬;另一方面,内容数据可能会随着时间的推移或其他因素的变化而丢失,保留下来的部分信息资料很可能各部分比例不均衡,使得研究者对内容的分析缺乏完整性和全面性。

2. 分析的内容本身有可能不客观

被记载下来的信息资料中,常常隐含着由于个人偏见、作者的主观意图以及形成这些信息资料过程中的客观限制所形成的偏误,从而影响到这些被记载下来的信息资料的准确性、全面性和客观性。因此,运用内容分析法得出的研究结论可能会与实际情况有所偏差。

3. 前期工作具有主观性

尽管内容分析法具有客观性等特征,但其前期阶段的课题设计,尤其是选定分析单元和类目等过程都是人工选择的,从而使不可避免的主观性价值判断构成了客观性分析的前提,而这有可能导致研究结论的不真实。

第二节 内容分析法的设计与实施

内容分析法的设计与实施是内容分析法的核心环节,也是运用内容分析法开展研究的必备技能。内容分析法的设计与实施就是根据研究目的的要求,提出关于内容分析过程的构想和计划并付诸实践。

一、内容分析法的理论基础

对文献内容所含信息量及其变化进行分析是内容分析法的实质,研究的目的在于根据数据对内容进行可再现的并且有效的推断。因此,从哲学上来看,此方法的可行性是以客观世界的可知论为前提的,即人们可以通过对客观信息的分析研究,正确认识客观世界的规律。在该认识过程中,内容分析法强调的是正确、有效的分析推理,其方法原理也就在于正确的推理,内容分析的过程也就是层层推理的过程。因此,推理是内容分析法最重要的理论基础。

内容分析法并不仅仅是对单一文献的分析,而往往是对一定时段内各种文献有关信息的分析,因此,推理的过程往往又是比较的过程,即对文献的内容分析就是对文献内容中的有关信息单元所做的各种比较。因此,比较也是内容分析的理论基础。

二、内容分析法的设计与实施步骤[①]

对于内容分析法的设计与实施的具体步骤,不同学者的观点不尽相同,比如巴德的 6 个步骤、鲍尔斯的 9 个步骤、Roger Winner 的 9 个步骤以及霍力岩等提出的 11 个步骤等。由于霍力岩等所提出的 11 个步骤更加详细,也更加符合中国学者做研究的思维方式,因此,本书主要采用霍力岩的 11 个步骤,来对内容分析法的设计与实施步骤进行介绍。

(一) 提出研究问题

研究问题是进行研究的切入点,内容分析法也不例外,提出研究问题也是运用其开展研究的首要步骤。如果研究的问题涉及的是文本、符号、信息之类的对象,那么运用内容分析法开展研究就比较契合了。内容分析法在使用时往往会陷入"为统计而统计"的窠臼而受到质疑,要避免这一弊病,严格地确定研究问题是尤为重要的。内容分析法中研究问题或假设可以来源于对现存理论或先前研究结果的提炼,也可以根据实际的问题对变化中的社会情况的反应等来确定;它可以是对某一研究对象趋势的分析,亦可以是特征分析或比较分析等。提出的研究问题的好与坏,直接关系到内容分析类目的准确性和灵活性,进而影响到研究的价值。因此,提出一个好的研

---

① 本部分主要参考霍力岩,姜珊珊,李敏谊,等.学前教育研究方法[M].北京:高等教育出版社,2011:206-211.

究问题是运用内容分析法的基础。

（二）确定研究范围

在明确了研究问题之后，接下来要做的便是确定研究范围，即详细地说明和限定所要分析内容的各个方面的资料及其界限。在确定研究范围时，要对整个研究对象制定一个明确的、具有可操作性的定义，这主要包括两层含义，即指定主题领域、确定时间领域。指定的主题领域应与研究问题保持逻辑上的一致，且与研究目的保持统一连贯；确定的时间领域也应足够长，以确保研究对象有充分的发生机会。完成上述两个步骤之后，研究者还需对研究中的有关参数进行简明清晰的表述。例如，"本文采用内容分析法，在对南京师范大学、华东师范大学、北京师范大学三所高校学前教育专业1996—2006年共273篇硕士、博士学位论文进行分析的基础上，就其中以幼儿教师为选题的学位论文进行了深入分析"[①]。这是一段标准的研究范围的表述，其中"我国学前教育研究中'教师选题'的研究状况与分析"是该研究指定的主题领域，而"1996—2006年"是对该研究对象所跨越时间领域的具体描述。

（三）抽取样本

对于绝大部分研究来说，其资料来源往往总是数量庞大的，对所有的资料进行内容分析几乎是不可能的，因此就需要确定资料的数量并对资料进行取舍，这就涉及抽取样本的问题。内容分析法中的抽样就是从众多资料中选出供内容分析的样本。抽样不是随意进行的，要遵循一定的抽样原则和方法。研究者可以先熟悉资料的结构，掌握总体的特性，然后再决定抽样，这样抽取的样本往往会具有更好的代表性。抽样的过程一般包含如下三个步骤：

首先，对原始资料进行抽样，即确定从哪几种杂志、报纸、报告或政策文本中选取具有典型意义的信息资料作为内容分析的对象。例如，有学者研究"我国学前教育研究20年发展状况"，便选取了"全国教育科学规划"中的学前教育研究课题和中国学前教育研究会设立的研究课题作为样本的来源，而没有选取杂志、报纸和学位论文[②]。

其次，选择分析样本的起止时间。起止时间的确定应根据研究的最终目的来确定。例如，研究目的是探寻改革开放以来我国学前教育研究主题的变迁，那么，抽样的时间段就是改革开放以后至今。

最后，抽取选择分析的具体内容。确定了资料来源和时间之后，就进入了抽样的最后一个阶段，即在已限定的样本中选择分析的具体内容。例如，在《1996—2006年我国学前教育研究领域关于"游戏"选题的研究状况与分析——基于三所高校的硕士、博士学位论文的分析》一文中，作者指出，"以南京师范大学、华东师范大学、北京

---

① 刘晶波，孙永霞，王磊.1996—2006年我国学前教育研究领域关于"教师选题"的研究状况与分析——基于三所高校硕士、博士学位论文的分析[J].学前教育研究，2007(10):13.

② 刘晶波.我国学前教育研究20年发展状况分析[J].教育研究，2011(8):39-44.

师范大学三所高校学前教育专业 1996—2006 年 273 篇学位论文(其中硕士学位论文 224 篇,博士学位论文 49 篇)为样本,从中确立以游戏为研究选题的学位论文 23 篇①。"在该研究中,以"游戏"为研究选题的 23 篇学位论文就成了该研究中分析的具体内容。

(四)选择分析单元

分析单元指的是对研究内容进行具体的描述解释和实际的统计计算的对象,是内容分析中最小却同时也是最重要的元素。分析单元选择不当,则很可能会扭曲整个研究最后的分析结果。对分析单元的界定,应明确具体并具有较强的可操作性。

内容分析的"内容"主要包括四类,即文字、图像、音响和影像,因此,分析单元也因内容类别的不同而存在着差别。在文字内容方面,字、词、句、段、符号、主题等都可以成为分析的单元;在图像(包含照片、图、表等)内容中,篇幅大小、色彩色调、具体图像中的特定人物、对象和场景出现的频率、位置以及图文比例等均可以成为分析的单元;在音响内容中,节奏、时长等是常用的分析单元;而在影像内容中,由于其综合了上述三种内容元素,因此,其分析单元也更为丰富,摄像机的角度、移动、镜头持续时间、景深、构图、灯光等都可以成为分析的单元。

分析单元的选择必须与研究目的联系起来。若研究目的是考察学前教育类报纸上国外新闻所占的篇幅,选择文章整体作为分析单元,进而计算相关文章的数量显然比用单个字、词、句作为分析单元来计算提到外国的字、词、句的次数更为合适。

(五)确定类目系统

确定类目系统即制定分析单元的分类标准,它是进行内容分析的关键步骤。

类目系统的构成随着研究主题的变化而有所不同。在构建类目系统时,以下问题是需要注意的。

其一,设定的类目必须与研究目标密切相关。例如,要研究国内学前教育杂志上国外学前教育新闻的篇幅,可以考察国外新闻在杂志上的版面位置,因此,"头版"和"副刊"等类目是较为合适的,这可以反映出国外新闻报道在国内学前教育杂志上的重要性。

其二,类目要尽可能详尽全面,应使每个分析单元都有所归属。在确定类目时,宜细不宜粗,如果类目过细,可以通过合并相关类目的方式来解决;而如果类目过粗,则需要检查当初的类目,并进行重新分类,这将给研究工作带来意想不到的困难,也更浪费时间。

其三,各类目之间不可互相包含或重叠,一个分析单元只能放在一个类目之中。否则,类目的定义就要进行修改。

其四,不同的研究者对分析单元所属类目的意见应具有一致性,这直接关系到研

---

① 李娟,刘晶波.1996—2006 年我国学前教育研究领域关于"游戏"选题的研究状况与分析——基于三所高校硕士、博士学位论文的分析[J].学前教育研究,2008(1):65.

究的信度问题,即"编码者间信度"。研究者之间对分析单元所属类目意见具有一致性的数量越多,说明信度越高。

(六)建立量化系统

经过分类后的信息资料,需要用数量来反映其基本趋势和内在结构,这便进入了量化处理的过程。

绝对数、平均值和百分比是内容分析中常用的三种数量概念。其中,绝对数指的是反映某一特定类别中"事件"在样本中出现的次数;平均值反映的是"事件"出现的平均次数;而百分比指的是"事件"出现次数与样本整体之比。

(七)进行编码记录

建立量化系统以后,就要进入量化处理的实施阶段,即编码记录。内容分析法的本质就是编码[①],它指的是将分析单元置于内容类目之下,使样本从文字、图片、音响、影像等转化为数量,并系统地判断和记录各类目出现的客观事实和数量。这是内容分析中花费时间最多也最有意义的一个步骤。进行编码记录,主要分为以下几个工作步骤:

首先,使用标准化的编码表。编码表类似于调查问卷中的问卷,被研究的每篇文章、报告或视频片段的分析变量就是编码表中的"问题",而每个变量的对应值则成为"候选答案"。在进行编码时,一般应采用标准化表格,以简化编码工作,便于进行后续的统计和对比分析。

其次,选择、培训编码员。编码过程对编码员的技术有着较高的要求,因此研究者应精心挑选编码员,并对其进行一段时间的培训,使其了解每个类目的意义和界限,掌握编码的技巧和方法,确保编码记录的准确性。

最后,记录。编码员在阅读文本资料或观看视频资料之后,在编码表中填入与内容相对应的数字或符号。编码既可以手动进行,也可以利用电脑和软件来辅助进行,以提高编码记录的效率。

(八)信度分析

在确定类目系统时,我们曾经提到过信度问题。在内容分析法中所涉及的信度主要指的是"编码者间信度",即不同的编码员对分析单元归属的类目意见和判断的一致性,一致性越高,则内容分析的信度越高;一致性越低,则内容分析的信度也越低。例如,对某篇论文所运用研究方法的归类,如果参与编码的编码员都将其归为"调查法",则在此分析单元的编码上,具有较高的"编码者间信度";而如果有的编码员将其归为"调查法",有的归为"文献法",有的归为"内容分析法",则在该分析单元的编码上,"编码者间信度"就偏低了。

"编码者间信度"的高低直接关系到内容分析研究结果的可靠性和科学性,因此需要对其特别重视,并采用科学的方法进行计算。在所有计算"编码者间信度"的方

---

① 艾尔·巴比.社会研究方法[M].邱泽奇,译.北京:华夏出版社,2005:323.

法中,霍斯提信度计算法是较为简单的,其计算公式为:信度＝2M/(N1＋N2)。其中,M指的是两个编码者完全相同的编码数,而N1、N2则分别代表两个编码者各自的编码总数。通过该公式计算出的"编码者间信度"系数介于[0,1],系数值越高,则信度越高,反之亦然。

例如,对80个单位的内容进行编码,两个编码者之间有60个相同的单位内容,则其信度为2×60/(80＋80)＝0.75。

(九)统计分析数据资料

在完成编码记录和信度分析之后,接下来要做的便是统计分析数据资料。在内容分析法中,常用的统计方法主要是描述性统计,比如百分比、平均值等;偶尔也会用到推断性统计方法,如卡方分析、回归分析等。在统计分析数据时,具体采用哪种统计方法,应根据研究的目的和具体情况确定。在具体操作过程中,可以借助spss软件来进行统计分析,也可以使用专门的内容分析软件,将编码与内容分析过程同时实现。

(十)得出结论

在完成数据资料的统计分析之后,就可以根据数据资料的统计分析结果得出相应的研究结论。

(十一)撰写论文或研究报告

将内容分析的研究过程和所得到的研究结果写成学术论文或研究报告。

此外,需要特别指出,质性分析的内容分析法只需要进行前三个步骤即可。

三、内容分析软件简介

一方面,在研究者的理论探究和实践摸索不断推进的情况下,内容分析法的技术水平和科学性不断提高;另一方面,计算机应用的领域也不断拓展。在此基础上,研究者已经开发出了数十种内容分析的软件,尽管这些软件还存在着局限于文本类型的内容分析或特殊预先定义好的类型内容的分析等方面的不足,但其客观、真实的优势使得内容分析法的使用与推广发展迅速并更趋科学、全面。

在众多的内容分析软件中,较有代表性的主要有以下几种:

(一)量化内容分析软件

量化内容分析软件的特点主要是通过构建词典型类目体系对文本资料进行数量化处理,对统计数据进行分析,并以相应的数字、图像或图表直观展现研究结论。常用的量性内容分析软件有以下几种:

1. CATPAC

该软件可阅读文本文件并输出各类结果,包括简单的分析(比如词频)以及对文本主旨的概括。它可以解释单次使用模式并输出词综述、串分析点阵图以及交互分析。其附加程序ThoughView可以生成二维或三维的基于CATPAC分析结果的概念图。

2. SPSS公司的Textsmart

该软件主要是针对调查问卷的分析而设计的,使用群分析和多维排列技术自动分析关键字并将文本按种类分组。因此,用户无需自建词典就能"编码"。

3. Wordstat v9.0

该程序是Simstat统计分析软件的副产品,包括几件探索工具,可用于分析调查问卷和其他文本。

4. VBPro

该软件能输出词频和按字母顺序排列的词汇表、上下文关键词和用户自定义词典里的词。该程序在DOS下运行,可在网上免费获取。

（二）质性内容分析软件

质性内容分析软件的主要特征在于强调研究对象类型的多样性,其主要功能在于概念抽取及概念间关系的建构,以反映文本内容的内在特征为目标。此类软件一般较为复杂,且价格昂贵,学习掌握其适用方法也需要一定的时间。

1. ATLAS/Ti

该软件支持文本理解、文本管理和文件中概念知识的抽取,主要应用于社会学、经济学、教育学、市场调研、质量管理等领域。

2. Ethnograph v6

这是一个质性研究和数据分析软件,使对谈话记录、日记、会议记录和其他资料的数据管理和分析变得更加容易。

3. NVivo

Nvivo是一款支持质性研究方法和混合研究方法的软件,综合了文字处理、检索、编码、建立理论网络和资料展示编辑图标等功能,特别适用于扎根理论的资料处理,广泛应用于教育学、心理学和社会学等领域。目前,该软件的最新版本为NVivo 14,采用AI智能驱动,给研究者带来了更大方便。

第三节　内容分析法在学前教育研究中的应用

一、内容分析法的适用对象

在教育研究中,许多资料都能够成为内容分析的对象,例如访谈记录、观察日记、学生的绘画作品和作业等。然而,必须要指出的是,尽管内容分析法的适用对象范围很广,但一般也应满足下列要求:能够重复操作、能被人的感官体验、意义明显、可以直接理解。只有具备这些特点的内容,才可以运用内容分析法进行研究。

具体到学前教育研究中,适合作为内容分析法研究的对象资料主要包括:各类学前教育政策、法规文本;会议文献资料;各种教育杂志、报纸、论文、研究报告;教师的教学计划、教案;幼儿的练习、作业等。此外,各类学术、专题报告的影像资料、多媒体教学软件和其他电子出版物、网络教育教学资源、教学电影或电视录像节目、电视教材、教师教学的实况录像资料等影音材料也可以作为内容分析法研究的对象。

二、内容分析法的应用

内容分析法在学前教育研究中的应用主要体现在以下三个方面:

(一) 趋势分析

内容分析法可以对同一对象不同时期的内容资料作比较,把这些不同内容样本的量化结果加以比较,找出其中发生变化的因素,进而推断这一对象在某一类问题上的发展倾向。例如,要研究《学前教育研究》进入21世纪以来发表文章主题的变化趋势,研究者可以把该杂志在相关年份发表的论文题目按专题分类,统计各类文章发表的数量及其所占比例,描述每期的数量变化,从而得出学前教育研究在近十余年来主要研究课题的变化趋势。

(二) 特征分析

特征分析是指通过对同一对象的不同问题的资料内容进行内容分析,找出其中相同的因素,从而得出这个对象的特征。例如,可以运用内容分析的方法对幼儿教师的作品、语言、动作、姿势等进行分析,进而对该幼儿教师的个人风格、个性特征等做出判断。

(三) 比较分析

比较分析是指对同一问题,但对象或来源不同的样本资料进行内容分析,把这些来自不同对象的样本的量化结果加以对比,从而找出它们之间的异同。例如,比较不同国家学前教育资金的来源问题,则可以对各国的文献资料进行量化处理,并对其进行比较,得出结论。

总之,在学前教育研究中运用内容分析法,充分发挥研究者文献资料积累的优势及其较高水平的研究意识和内容处理与分析能力,一方面可以紧跟学前教育热点,更好地为研究课题服务;另一方面,可以为学前教育发展趋势、特征意向和比较分析研究提供必要的依据。

三、内容分析法使用实例——《我国学前教育研究 20 年发展状况分析》[①]

《我国学前教育研究 20 年发展状况分析》是 2011 年发表在《教育研究》杂志上的一篇论文。该研究运用内容分析法,通过对 20 年(1987—2007 年)里被列为全国教

---

① 关于该案例的详情请见刘晶波. 我国学前教育研究 20 年发展状况分析[M]. 教育研究,2011(8):39-44.

育科学规划课题的学前教育课题以及中国学前教育研究会自行设立的课题所做的多重分析发现,我国学前教育的发展具体表现在研究数量大幅度增加,研究者的职业类别与所处地域明显扩宽,研究领域不断拓展,研究内容不断丰富,越来越注重实践研究,研究成果的应用性与实效性明显增强等方面。但我国学前教育研究也存在着科研规范性欠缺、"跟风"式重复研究等问题。

该案例的内容分析法运用的具体过程如下:

第一,提出研究问题。该研究的开展主要基于如下问题:改革开放至今,我国学前教育研究取得了长足的发展,经过多年的发展,该学科发展的具体情况是怎样的? 我国学前教育研究呈现出了哪些特点? 存在着哪些问题? 该研究正是对上述问题的回答。

第二,确定研究范围和抽样。该研究所依据的内容分析资料主要有两类:一类是"七五"至"十一五"期间被列为"全国教育科学规划课题"中的学前教育研究课题,共计114项;另一类是中国学前教育研究会在"十五"和"十一五"期间设立的研究课题,共计549项。

第三,具体的内容分析和统计分析。该研究的内容分析和统计分析的具体方法为:将所有样本聚集在一起,逐一反复阅读,从中归纳出课题数量与承担时期、承担者单位类别、承担者所属地域、研究选题等多个分析单位,然后建立编码系统,再对每一个样本进行赋值,最终将数据输入 spss11.5 统计软件进行处理。

第四,研究结论。1987—2007 年的 20 年里,我国学前教育研究呈现出如下趋势:① 课题数量不断增加;② 研究者的职业类别与所属地域不断扩大;③ 研究领域不断拓宽,研究内容不断丰富;④ 研究从宏观、抽象向微观、具体发展。而在我国当前学前教育研究中,还存在着如下问题:科研规范不够,存在"跟风式"的重复性研究,模糊了一线教师的职业本分,浪费了他们宝贵的教学时间与精力等。

思考与练习

1. 简述内容分析法的含义与特点。
2. 简述内容分析法的分类。
3. 内容分析法的优缺点有哪些?
4. 内容分析法的实施分为哪几个步骤?

推荐阅读

1. 里夫,赖斯,菲克. 内容分析法:媒介信息量化研究技巧[M]. 2 版. 嵇美云,译. 北京:清华大学出版社,2010.
2. 邱均平,王月芬,等. 文献计量内容分析法[M]. 北京:国家图书馆出版社,2008.

3. 杰克·R. 弗里克尔,诺曼·E. 瓦伦. 教育研究的设计与评估[M]. 4版. 蔡永红等,译. 北京:华夏出版社,2004.

4. 刘晶波,孙永霞,王磊. 1996—2006年我国学前教育研究领域关于"教师选题"的研究状况与分析——基于三所高校硕士、博士学位论文的分析[J]. 学前教育研究,2007(10).

5. 刘晶波. 我国学前教育研究20年发展状况分析[J]. 教育研究,2011(8).

6. 李娟,刘晶波. 1996—2006年我国学前教育研究领域关于"游戏"的研究状况与分析——基于三所高校硕士、博士学位论文的分析[J]. 学前教育研究,2008(1).

第十一章 实验法

实验法在学前教育研究中占有特殊的地位,是最为重要的研究方法之一。学前教育研究中实验法的运用,为学前教育研究的科学化、数量化和精确化提供了可能与保证。掌握实验法的基本原理,并将其运用于学前教育研究之中,是学前教育从业者的基本要求。

第一节 实验法概述

一、实验法的含义与特点

(一)实验法的含义

实验法是研究者从某种理论或假设出发,合理地控制或创设一定条件,人为地变革研究对象,从而验证假设、探讨教育现象因果关系的一种研究方法。学前教育实验,或是变化某个条件而使其余条件保持恒定,或是让多个条件同时变化,分析这些条件的影响以及它们之间可能的相互作用。无论是哪一种学前教育实验,在以下几方面往往都是共同的。

首先,学前教育实验必须能够揭示不同变量之间的因果关系。例如,"不同类型游戏对幼儿想象能力的培养"的实验研究,就是要揭示游戏类型与幼儿想象能力培养之间的关系。

其次,要主动变革研究对象,使研究对象接受不同的实验处理,即对自变量进行操作。比如,在揭示游戏类型与幼儿想象能力培养之间的关系时,就要让幼儿先后从事不同类型的游戏。

再次,实验研究必须控制条件。通过运用多种手段和方法,控制与实验目的无关的变量,进而来验证实验假设。比如,要测定不同类型游戏对幼儿想象能力培养的影响,就要控制教师指导水平、幼儿智力发展水平等无关变量。

(二)实验法的特点

要进一步理解实验法的含义,还需要理解实验法的特点。具体说来,实验法主要有以下几方面的特点:

(1)实验研究是由"因"追"果"描述"未来事件"的研究。

学前教育实验研究将在一定条件下将产生什么结果的因果关系作为聚焦点,是为了解决某一学前教育问题,根据一定的学前教育理论,组织实施一定的教育措施,到规定时间以后,就实验效果进行比较分析,进而得出科学的结论。学前教育实验更加关注"未来"的实验结果。

（2）实验研究不同于自然观察。

实验研究不是被动地等待要研究的现象自然出现,而是通过人为控制,创设一定的研究情境来获得研究资料。因此,研究者可以更好地发挥主观能动性,方便地选择时间和地点,了解其他条件下无法研究的各种情况。

（3）实验研究可以根据研究者的要求,单独考察某种或几种特定因子所产生的作用。

实验可以把某种特定的因子从复杂的条件中分离出来,使问题简单化,从而使考察特定因子的效果变得容易,成为可能。

（4）实验研究可以重复验证。

在相同条件下,不同研究者可反复进行实验,反复观察,增强研究的客观性和研究结论的精确性。

（5）实验研究结果以较为精确的数据说明问题,令人较为信服。

二、实验法的类型

从不同的角度进行划分,实验研究可以归结为不同的类型。

（一）自然实验与实验室实验

根据实验场地的不同,可以把实验分为自然实验和实验室实验两种。

自然实验指的是在实际的自然情境中,有目的、有计划地创设和控制一定的条件来进行研究的一种方法。自然实验法比较接近于教育教学的实际,易于实施,在幼儿园中进行的教育实验多为此种实验。由于自然实验是在自然情境中进行的,实验结果具有较好的可推广性。

实验室实验指的是在实验室内,通过人为创造高度控制的环境来进行实验研究的一种方法。实验室实验能有效控制无关变量,获得较为精确的实验结果。但由于实验室实验与自然情境相距甚远,实验结果的推广会受到较大限制。

（二）前试验、准实验和真实验

美国教育实验专家坎贝尔和斯坦利根据实验变量的控制程度,将教育实验划分为前试验、准实验和真实验。

前试验可以进行观察与比较,但对无关因素和混淆因素缺乏应有的控制,因而无法验证自变量与因变量之间的因果关系,且很难将实验结果推广到实验以外的情形中去。

准实验不能随机分配实验对象,只能按照现存班级或群组进行实验;无法像真实验那样完全控制误差来源,只能尽量缩小误差,实验的效度较真实验低,做结论时需谨慎。准实验是在真实的教育情境中进行的,因而有可能推广到其他教育实际中去。学前教育实验大多属于准实验的范畴,因为学前教育实验的情境及其对象的特殊性,使得学前教育实验往往难以满足一般科学实验的规范要求,在许多学前教育实验中,实验对象是在正常的自然状态下接受实验的。

真实验能随机抽取与分配实验对象,系统、有效地操纵自变量,能严格地控制无关变量,实验效度较高,误差程度较低。相对于前试验和准实验,真实验是最为规范的。但目前我国的学前教育实验能真正称得上"真实验"的还较为少见。

(三) 探索实验、改革实验和验证实验

根据实验目的的不同,可以将实验分为探索实验、改革实验和验证实验。

探索实验是把研究放在第一位,按预先的研究目的操纵实验变量,目的在于搞清楚所要研究的某问题的真实状况,把某个教育问题弄个水落石出,探索教育的规律。

改革实验是按照事先制定的实验计划进行实验,目的在于论证改革的方案是否可行。

验证实验是对已经取得的实验结果进行重复实验,通过实验,验证某些教育经验或实验成果能否推广。

(四) 单因子实验和多因子实验

根据实验操作因子的个数,可以将实验分为单因子实验和多因子实验两种。

单因子实验指的是实验时只操纵一个实验因子,考察其效果的实验研究。

多因子实验是指实验至少操纵两个或两个以上实验因子,每个因子至少有两个水平的实验。它的特点是可以同时考察两个或两个以上实验因子的效果及不同因子之间的相互作用。

三、实验法的优缺点

(一) 实验法的优点

实验法的优点主要表现在以下五个方面:

其一,在控制无关变量对因变量影响方面,实验法是最优的。调查研究往往对环境中的干扰因素难以控制;观察研究虽然常常是纵贯地进行,但一般不能控制外部因素对变量的影响,也不能准确地对因变量的变化进行测量。而真正的实验研究,在控制无关因素方面是做得最好的。

其二,它可以提供在自然条件下不能遇到或难以遇到的情况,而这可以扩大研究的范围,使研究者可以在各种不同情况下,研究学前教育现象。

其三,它可以重复验证,这是其特点,也是优点。

其四,它使研究者有可能更准确、精细地分别研究事物的各个组成部分,比较易于观察某种特定因素的效果。

其五,在进行实验时,研究者可以有计划地控制现象和环境,造成便于精确测量和准确记录的条件,使研究更为精确。

(二) 实验法的缺点

实验法也有缺点,它需要花费大量的人力,有时往往受到实验设计以及其他实验

条件的限制。该方法控制现象和环境比较困难,因为学前教育实验的对象往往都是活生生的人,要像自然科学的实验室实验那样实行严格的控制是不可能的,也是完全没有必要的。实验法对参加实验的研究人员要求较高,需要研究者熟练地掌握实验法的相关技术,并训练有素。有的实验还需要有关单位、幼儿园配合协助完成。正是由于这些缺点,实验研究法在学前教育研究中的应用并没有其他研究方法广泛。

四、实验研究法的一般程序

一般来说,学前教育实验的整个过程可以分为准备、实施、总结三个基本阶段,这是一个相对稳定的、有序的结构序列。

(一) 准备阶段

实验前的准备工作做得如何,很大程度上决定着学前教育实验能否成功。准备阶段的工作主要包括下列内容:

首先,选定学前教育实验研究的课题并形成研究假设。假设要清楚、明确地表明自变量和因变量之间的因果关系。

其次,明确实验目的,确定指导实验的理论框架。指导实验的理论框架可以启发研究者根据研究目的对实验研究的方向、范围以及如何搜集、整理、分析和解释数据资料做出明确的具体规定。

第三,确定实验的自变量。选择被试,形成被试组,决定每组进行什么样的实验处理,并确定操作性定义。

第四,选择恰当的测量工具和数据统计方法,明确评价因变量的指标。

第五,选择实验设计类型,明确控制无关变量的措施,最大限度地提高实验的效度。

(二) 实施阶段

根据实验设计进行学前教育实验,采取一定的实验处理,观测由此产生的效应,记录实验所得资料、数据。

(三) 总结评价阶段

对实验中所得数据资料进行处理分析,确定误差范围,从而检验研究假设,得出研究结论,进而在实验研究结果分析的基础上,撰写实验报告。

第二节 学前教育实验设计

在确定研究课题的基础上,研究者必须科学地界定和描述学前教育实验进行过程的系列活动,论述其内容与方法,这就是学前教育实验设计。

实验设计的主要内容包括:考虑确定如何在一个实验中构造、安排自变量及其呈现方式,因变量的测量指标及其测定方法,控制无关变量的具体措施,确定样本的大小及取样方法,安排实验的具体步骤以及选择适当的统计方法等。进行学前教育实验设计的主要目的在于用最小的人力和物力消耗获得最大和最有效的信息资料,并对其进行科学合理的统计分析。实验设计对实验是否有效及有效程度至关重要,要提高学前教育实验的水平,就必须研究实验设计,不断提高实验设计的质量。

一、学前教育实验设计的效度

效度是评价实验设计质量的重要标准。效度包含内在效度和外在效度两种,其中,内在效度决定着实验结果的解释,而外在效度则直接影响实验结果的推广。

(一) 内在效度

内在效度是指自变量与因变量因果联系的真实程度。因变量的变化确实是由自变量引起的,是操作自变量的直接结果,而不是其他未加以控制的因素所致。也就是说,内在效度表明的是因变量的变化是在多大程度上来自自变量的变化,即有效性。

一个实验是有效的,指的是实验得到的结果仅仅是由于操作了自变量并控制了无关变量的干扰而得到的。内在效度决定实验结果的解释,没有内在效度的实验研究是没有价值的。

坎贝尔和斯坦利认为,有八类新异变量与教育实验内在效度有关,这些因素的存在,导致在进行结果解释时无法确定因变量的变化在多大程度上是由自变量造成的,因而降低了实验设计的内在效度。具体说来,这八类新异变量包括:

(1) 偶然事件。在实验过程中没有预料到的影响因变量的事件的发生。

(2) 成熟程度。随着时间的推移,被试自身身心各方面发生的变化而引起的系统变异,比如知识和技能的增长、经验的获得、疲倦的产生等,这些变化可能与自变量混淆进而影响到对因变量变化结果的解释,影响实验的内在效度。

(3) 测验。在实验中,前测作为一次学习经验可能会对后测的成绩产生影响,而这也影响到实验的内在效度。这种因素的控制往往通过设置无前测的对照组来加以控制。

(4) 测量手段。学前教育实验中测量手段的无效或不一致,可能会导致对测定和评级的精确性产生无效的评价。因此,研究者应精心选择测验及技术,谨慎观察,加强基本训练,严格测试手段,并选择好实验设计以控制该因素。

(5) 统计回归。这是在学前教育实验中有前、后测情境下出现的一种趋向平均数的常态回归效应现象。被试前测成绩过优或过劣,在后测时成绩都有自然地向群体平均值靠拢的趋向——变得不是最优或最劣,总会在重复测量中使得分向平均分数偏移,这种变化不以是否施以实验处理为转移,这就是统计回归现象。对这种由于统计回归效应而混淆再次测试取得的实验结果,如不加以分析,往往容易得出错误结论。为避免此类因素的干扰,在研究中最好不采用极端的被试或在研究中将极端分数者单独分组,注意结果的差异。

(6) 被试选择。由于在选择被试时没有采用随机取样和随机分组的方法,造成被试组之间存在系统差异性,亦即在研究处理前,被试组之间在各方面并不相等或有偏性。如参加实验组的被试均为自愿者,而参加对照组的被试均为非自愿者,则实验组高度的动机可能会导致结果的偏差。

(7) 被试的缺失。在一个延续时间较长的实验中,被试的更换、淘汰或中途退出都可能会对研究结果产生显著影响。两个组,由于好学生离开控制组,导致两组被试不等,便会影响结果的解释。

(8) 选择和成熟的交互作用。指的是成熟程度不同的被试安排在对照组中会影响实验结果的正确解释。

(二) 外在效度

外在效度涉及学前教育实验研究结果的概括化、一般化和应用范围问题,表明实验结果的可推广程度,即研究结果能否被正确地应用到其他非实验情境、其他变量条件、其他时间地点或总体中去的程度。外在效度包含总体效度和生态效度两类。

1. 总体效度

总体效度指的是实验结果从特定的研究样本推广到更大被试群体中去的适用范围。严格来说,实验结果只能推广到抽取样本的那一部分总体,即实验可接受的总体中去。

2. 生态效度

生态效度指的是实验结果从研究者创设的实验情境推广到其他教育情境中去的范围。坎贝尔和斯坦利认为,以下四个因素会对外在效度产生威胁:

(1) 选择与实验处理的交互作用,主要表现为取样偏差,所取被试样本缺乏代表性。例如,在城市幼儿园所得到的实验结果不能推广到农村幼儿园中去。

(2) 测验与处理的交互作用效应,表现为对测量的敏感化,前测提高了被试对后测的敏感性,或者前测对实验处理起了干扰作用。因此,有前测的实验结果不能推广到没有前测的对象中去。

(3) 实验安排的效应,指的是实验情境措施对被试的影响,包括实验者本身的个性特征、情绪状态、动机、被试的志愿性等。

(4) 多重处理的干扰,如果某实验组重复接受两种及其以上的实验处理,后一实验处理将受到前一实验处理的干扰,产生练习效应或疲劳效应。要提高实验的外在效度,就需要做到被试取样有代表性,实验情境与教育教学环境尽量接近,也可以在各种不同条件下进行重复性实验。

(三) 提高实验效度的主要措施

提高实验效度的措施主要就是通过不同方法来进行无关变量的控制。最常用的控制无关变量的方法主要有以下几种。

1. 消除法

所谓消除法就是排除或隔离无关变量对实验效果的影响。例如,为了消除外界巨大的噪音对活动效果的影响,实验就应选在安静的环境中进行。但在许多情况下,特别是在教育实验中,有些无关变量是难以消除的,如被试的经验、能力等。此外,过多地使用消除法,也会使实验失去自然情境,远离日常教育教学情境。因此,消除法在学前教育中的应用有限。

2. 恒定法

恒定法是指在整个实验期间,尽可能地使所有的实验条件、实验处理、实验者以及被试都保持恒定不变。如在实验的整个过程中,活动场地不变、实验时间不变、教师和被试不变等。在学前教育中,很多因素是难以维持恒定不变的,因此,掌握其他控制方法就显得尤为必要了。

3. 平衡法

平衡法是指除实验处理以外,其他无关变量对所有的实验组与对照组的影响都是均等的。这样就可以不计无关变量的影响,而得到实验处理的效果。比如,要进行两种教学方法的对比实验,为了使无关变量的影响是一致的,就可以选择两个水平相当的教师任教,并选择幼儿水平一致的两个班级作为被试,运用的活动用书也保持一致。

4. 统计控制法

除运用上述方法外,还可以运用协方差统计方法来控制无关变量。协方差分析的原理是以前测分数作为一种协变量,对在前测中本来存在的某些组间差异进行控制,以便使两组被试在后测成绩之间的差异不受在前测中两组间任何原始差异的影响。这是实验控制无能为力时采用的方法。

从上述控制方法可以知道,控制实际上就是对无关变量进行控制。那么,怎么才能事先知道要控制哪些无关变量呢?一般可采用以下三种方法:① 查阅文献,通过查阅文献,了解前人的同类研究以获取经验;② 预先尽可能地设想除了实验因子以外,还有哪些因子可能导致实验结果发生变化;③ 请教有关专家或者凭借实验者的知识经验和预见。

二、良好学前教育实验设计的特征

(一) 充分的实验控制

对影响实验结果的无关变量进行足够的控制,确保实验结果确实来自实验处理的影响。

(二) 具有比较的基础

实验是否有效是通过比较来确定的。常用的比较方法有:① 实验组与对照组的比较。实验组操纵实验因子,对照组不操纵实验因子,其他条件保持一致。在教学实验中,对照组通常是采用传统教材或教学方法的一组。② 实验组之间的比较。同时设立两个或两个以上实验组,每个实验组操纵不同的实验因子,比较不同实验因子的效果。③ 实验前与试验后比较。通过实验前后的比较,确定经过实验是否产生了显著的效果。此种比较不如前两种有说服力,因为实验结果可能会受到成熟因素的影响。

(三) 非污染的数据

实验结果不会因不恰当的测量或误差而受到影响,也不会由于抽样的偏差而影响实验结果的代表性,实验所得数据应充分反映实验效应。

(四) 省力原则

实验设计并不是越复杂越好。在其他特征相同的情况下,应更倾向于采用较简单的设计,因为较简单的设计更容易完成,也更方便解释。

三、学前教育实验设计

学前教育实验设计可以分为两大类:真实验设计和准实验设计。

(一) 真实验设计

真实验设计是指实验结果较为精确的设计。根据实验目的、实验材料及被试选择的限制,可以选用不同方式的真实验设计。常用的真实验设计主要有以下几种:

1. 单组比较设计

单组比较设计是指向同一个或同一组实验对象前后进行两次及两次以上的实验处理,然后对几次实验结果进行比较,以此来确定实验因子的效果。

单组比较设计的基本模式图见图 11-1:

$$G:O_1 \quad X_1 \quad O_2$$
$$O_3 \quad X_2 \quad O_4$$

图 11-1 单组比较设计基本模式图

其中,字母 G 代表被试,O 代表观察或测量,O 的下标则代表进行测量的时间顺序,X 代表操纵的实验因子,X 的下标代表不同的实验因子,即不同的实验处理。

单组比较设计,通常是在无法找到两个等组被试时采用,当研究者的目的在于探讨当自变量某一属性的数值逐次增加对因变量的影响的趋向时也可以使用。

单组比较设计的主要优点是可以节省被试,能较好地控制机体变量。其缺点表现在:① 由于多次接受测量和实验处理,前面的实验效应可能会对后续实验产生影响;② 被试易对测验敏感化进而影响到测量的真实性;③ 要做到几次先后测验等质,才有可比性,但要做到几次测验等质,往往比较困难;④ 连续实验时间较长,较易出现疲劳。

2. 平衡组设计

平衡组设计是指通过对被试的平衡处理,使参与实验的各被试组在最重要的条件上几乎相等,在此基础上进行实验处理,从而获得实验因子所操纵的效果。由于各被试组在最重要条件上差不多相等,因此平衡组设计也叫等组设计。其基本模式图见图 11-2。

$$M \begin{matrix} G_1 & X_1 & O_1 \\ G_2 & (X_2)^- & O_2 \end{matrix}$$

图 11-2 平衡组设计基本模式图

其中，M 代表均衡分配被试，-表示未进行实验处理。

怎样平衡被试，使各组条件均等呢？一般来说，主要有以下几种处理方法。

(1) 随机控制

随机控制即随机分配被试到各组，这是平衡被试最为常用的方法，具体来说，可以采用抽签法、摸球法、拈阄法，也可以利用统计书上的随机数字表，按需要抽取各组人数。

随机分组实验结果的统计分析，如果是大于 30 人的大样本，则可以对两组后测成绩的平均数进行双总体 z 检验；如果是小于 30 人的小样本，则可以进行独立样本的 t 检验。

(2) 测量控制

测量控制就是通过对被试进行测验，根据测量分数从大到小排序，然后把对象采用蛇形排列法均匀搭配分到各组。具体分配方式见图 11-3（数字代表分数排列的顺序位置）。

$$A \text{式} \begin{cases} \text{甲组} & 1 & 4 & 5 & 8 & 9 & \cdots\cdots \\ \text{乙组} & 2 & 3 & 6 & 7 & 10 & \cdots\cdots \end{cases}$$

$$B \text{式} \begin{cases} \text{甲组} & 1 & 6 & 7 & 12 & \cdots\cdots \\ \text{乙组} & 2 & 5 & 8 & 11 & \cdots\cdots \\ \text{丙组} & 3 & 4 & 9 & 10 & \cdots\cdots \end{cases}$$

图 11-3 测量控制分配方式图

其中，A 式是分两个等组的方法，B 式是分三个等组的方法，组数增多可按以上方法类推。

使用测量控制时，进行分组所使用的测量内容一定要与因变量相关。如果测量内容与因变量无关，则测量就未起到作用，未控制到无关变量对实验结果的影响。

(3) 配对控制

配对控制又称作匹配控制，指的是除实验因子以外，对影响实验结果的几种主要因素进行测试或观察，然后把相同条件的被试每两个（或三个）配成对子，把成对的被试分别分到不同的组里。

配对控制使用的条件是要找准影响实验结果的主要因子，配成对的对子在这些主要条件上都要相等。由于配成对的被试在多个条件方面要同时均等，因此就会出现总有一些配不上而损失部分被试，这就要求事先能够准备较大数量的被试。在学前教育实验中，常用该方法进行分组，这样可以在不打散原班级的情况下进行实验。在进行统计处理时,要注意把配不上对的被试除掉,不列入计算。

配对控制的缺点主要表现在:某些影响实验结果的主要因子由于实验者未加考虑,这会对实验的效果产生较大影响。如果以随机化补充配对,则可在较大程度上弥补这一不足。平衡组设计的优点表现在:① 由于不同的实验因子在不同的组里进行,实验因子不会产生转移影响;② 被试集体变量(如成熟)能得到较好的控制。因此,平衡组设计可以说是一种较为理想的设计。

3. 重复测量设计和不重复测量设计

重复测量设计和不重复测量设计,是实验设计中的两种分配被试的方式。重复测量设计又称作被试内设计,是把相同的被试分配到不同的条件或水平,使同一被试接受一次以上的实验处理。不重复测量设计也称被试间设计,是把不同的被试分配到不同的实验条件或水平,即不同的被试接受不同的实验处理。两种分配被试的方法见图 11-4、图 11-5。

	处理1	处理2
	1	6
被	2	7
试	3	8
	4	9
	5	10

图 11-4 被试间设计

	处理1	处理2
	1	1
	2	2
	3	3
	4	4
被试	5	5
	6	6
	7	7
	8	8
	9	9
	10	10

图 11-5 被试内设计

重复测量的基本模式图见图 11-6。

$$R \quad S_1 \quad X_1 O_1 \text{——} X_2 O_2 \cdots X_K O_K$$
$$R \quad S_2 \quad X_1 O_1 \text{——} X_2 O_2 \cdots X_K O_K$$
$$\cdots\cdots$$
$$R \quad S_n \quad X_1 O_1 \text{——} X_2 O_2 \cdots X_K O_K$$

图 11-6　重复测量基本模式图

其中,R 表示随机分配,S 表示被试,可以是单个被试,也可以是成组被试;O 表示每一实验处理之后都进行测量得出的结果。

重复测量设计的优点是占用的被试数量较少,取得的数据较多。而且,每一个被试都是在不同条件下与自己比较,可省去分组的麻烦。但它也存在着明显不足:一是这种设计同一被试反复做不同的处理,容易产生疲劳;二是由于前后作两种或多种处理,前一实验因子引起的变化常会对后一实验因子有所影响,产生实验"污染"。

不重复测量的基本模式图即前述平衡组设计的模式图,平衡组设计就是典型的不重复测量设计,即不同实验处理用不同被试。

不重复测量设计是一种较为安全也较为保守的设计。由于不同被试接受不同处理,因此不会通过被试产生相互"污染"。但其占用的被试较多,且不同组的被试要尽量等质。

究竟采用何种设计为宜,需要根据具体情况进行具体分析。一般说来,当实验效果易受个别差异的影响,且被试的个体又较大时,宜选用重复测量设计。当不同的实验处理可能造成"污染"时,则应选用不重复测量设计。在同一实验中,可以把两种设计相结合,即对容易引起"污染"的变量实行不重复测量设计,而对另一部分变量运用重复测量设计。

4. 多因素设计

前面所述的实验设计,每次实验或处理只操纵一个实验因子,然后考察因变量的变化,即一因一果的实验设计。但是在现实的教育教学情境中,往往并不如此简单,且多为多因一果。因此,为了符合现实情境或某种实验目的,一般还需要做多因素实验设计,考察多个实验因子对实验效果的影响。

多因素设计是指在同一实验研究中,操纵两个或两个以上变量的设计,又称作析因设计。这种设计的特点是将实验中每一个变量的各个水平都结合起来进行实验。这种设计不是单因素设计的简单组合,而是更真切地表现教育实验现象和过程中各因素之间的复杂关系,而且有更好的外在效度。

多因素设计有两因素设计(2×2)、三因素设计(3×3),还有 2×2、$2 \times 2 \times 2$、$2 \times 3 \times 2$ 设计等多种类型。该设计一般涉及两个或三个因素,每个因素又有 2 到 6 种水平。其中,2×2 的两因素实验设计是最简单而应用最为广泛的多因素设计。因素多,水平数多,实验也就变得十分复杂而难以进行。无论哪一种类型,都要注意因子水平的组合,并且尽可能随机化。

多因素设计的基本模式为 2×2 因素设计,见图 11-7。

		因素 A	
		A_1	A_2
因素 B	B_1	A_1B_1	A_2B_1
	B_2	A_1B_2	A_2B_2

图 11-7　2×2 因素设计模式图

此类设计的特点是,有两个自变量,每个自变量又各有两个水平,组合成四种不同的实验处理(实验处理的总数是各因素所包含水平数的乘积)。

例如,当研究者怀疑"发现教学法是否在什么情况下都优于讲授教学法"这个结论时,而想考察"是不是幼儿能力高时,使用发现教学法的效果优于讲授法;而幼儿能力低时,则发现教学法的效果却差于讲授教学法"。这样,两种能力水平的幼儿实验两种教学法就是 2×2 因素设计,见图 11-8。

		因素 A		
		高能力幼儿 A_1	低能力幼儿 A_2	平均成绩
因素 B	发现教学法 B_1	A_1B_1	A_2B_1	
	讲授教学法 B_2	A_1B_2	A_2B_2	
	平均成绩			

图 11-8　2×2 因素设计模拟

多因素设计的优点主要表现在两个方面:其一,相比于单因素设计,多因素设计能得到的信息更多,用一个设计即可考查几个自变量,能够节省较多的人力、物力;其二,多因素设计可以使研究者了解到各变量间的相互影响。在很多类型的研究里,了解变量之间的相互影响是非常重要的,而这也是很多研究的主要目的。

多因素设计的局限主要表现为:三个自变量以上的因素设计,在实验处理的组合上,被试的分配及数据的统计分析都比较困难。因此,研究者多采用二因素设计,进行二项方差分析。但随着统计软件的普及运用,三因素设计也开始逐渐被研究者所采用。

(二) 准实验设计

准实验设计是一种实验结果不如真实验设计那样精密的实验设计。一般在两种情况下使用:① 当由于种种原因,妨碍实验者对自变量的操纵时,会采用准实验设计;② 不易做到随机或等组分配被试时,一般也采用准实验设计。比如,现在通常进行的教学实验,为了不打乱幼儿园的正常教学,往往只能以现成的整班、整年级作为实验单位,而不能采取随机或等组方式分配被试,这时就需要采用准实验设计。

准实验设计有多种类型,这里介绍三种在学前教育研究中最为常用的准实验设计。

1. 不等控制组设计

不等控制组设计的基本模式见图 11-9。

$$O_1 \ X \ O_2$$
$$\cdots\cdots$$
$$O_3 \quad O_4$$

图 11-9 不等控制组设计基本模式图

其中,O 表示实验处理之前和之后的测验,X 表示实验处理。

不等控制组设计在学前教育实验中应用最为普遍。它有两个方面的主要特点:其一,有两个组,即实验组和控制组,一般在原有环境下的自然教学班、年级或幼儿园进行,不是随机取样,因此,控制组和实验组不等,但实验处理可随机指派。由于不能以随机等组或配对方法去分配被试,只能试图去寻找与实验组相匹配的控制组,比如年龄、性别、上课时的表现以及身体情况等方面,尽可能使组间平衡,两个组等价。其二,都有前测和后测。

不等控制组设计的优点是:由于有控制组和前后测比较,因而可以控制成熟、历史、测验、工具、统计回归等方面的影响因素,可以一定程度上控制被试的选择偏差,从而提高了研究的内部效度。其局限表现在:① 不是随机取样分组,选择与成熟的交互作用可能会降低实验的内部效度;② 前后测的交互作用也可能会影响到实验的效度。因此,实验结果不能直接推论到没有前测的情景中,对实验结果的解释要慎重。要尽可能地从同一总体中抽取样本,以避免被试差异所带来的实验误差。

在统计方面,一般是将实验组与控制组在因变量方面取得的增值分数,即将(1) O_2-O_4 和(2)$(O_2-O_1)-(O_4-O_3)$ 的结果进行比较以估计实验处理的效果。两组增值分数平均数差数的显著性,可采用独立样本 t 检验。如果要使两组平均数差数的显著性达到更精确的水平,还可采用协方差分析。

2. 时间序列设计

时间序列设计是对某一团体或个人进行周期性的测量,根据测量结果确立一条基准线,然后引入实验处理,再进行一系列的观察或测验以确定因变量是否随之发生显著变化,进而推断实验处理是否有效的一种实验设计。时间序列设计的基本模式见图 11-10。

$$O_1 \quad O_2 \quad O_3 \quad O_4 \quad X \quad O_5 \quad O_6 \quad O_7 \quad O_8$$

图 11-10 时间序列设计基本模式图

从以上模式可以看出,时间序列设计是仅有一个实验组的单组设计的扩展形式。两者的不同之处在于:单组设计只有单一的前测与后测;而时间序列设计则有多次前测,通过前测建立一条基准线,在引入实验处理以后,又有多次后测。之所以进行多次后测,是由于实验因子对实验结果的影响可能是即时性的,也可能是迟效性的,甚至是替代性的。如果实验处理的效应是即时性的,那么实验处理一引入,因变量马上就会发生变化;而如果效应是迟效性的,则基准线的变化要在实验处理引入一段时间之后才会发生。因此,实验后不能仅做一次后测。

时间序列设计可能产生两种结果(见图 11-11):一是实验处理后的成绩仍是实验前成绩的延续(即 AB 连线),这说明实验处理对结果无影响;二是引进实验处理后的成绩与实验前成绩并非连续性(即 AC 连线)的,这说明实验处理引进后对实验结果产生了影响。

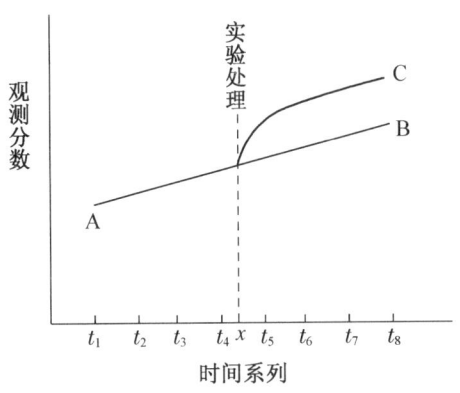

图 11-11 时间序列设计的两种处理结果

时间序列设计有多次前测,完全依赖实验者观察存在一定困难。因此,研究者可依靠幼儿园搜集现成的数据。如果是有关学习情况的数据,则可以从幼儿园经常固定的测验分数中得到;如果是关于幼儿表现的数据,幼儿园若是采用比较稳定的评价方法得到的,这些数据也可以利用。将已有的、符合要求的现成数据作为前测,可提高时间序列设计的运用性,并且可避免由于实验之前的临时重复前测可能给幼儿带来的厌烦情绪。

时间序列设计主要有三方面的优点:① 时间序列设计是一种特别适用于纵向研究的设计;② 每位被试的测验成绩都是经过反复观测得到的,这可能降低由于只做一次观察而出现的偶然情况;③ 通过系列观察,也可以看出被试成绩的变化与发展趋势。其局限主要表现在以下两个方面:其一,这种设计没有控制组做对照比较,因而不能控制与实验处理同时发生的偶发事件;其二,被试接受反复测验,容易产生疲劳和厌烦情绪,影响行为效果,进而影响到实验结果。

3. 相等时间样本设计

相等时间样本设计是指对一组被试抽取两个相等的时间样本,在其中一个时间样本出现实验变量(X_1),而在另一个时间样本里不出现实验变量(X_0)的实验设计。例如,在一个幼儿园里,播放音乐和不播放音乐两段时间间断出现,以考察幼儿情绪在这两段时间内有无差异。该设计的基本模式见图 11-12。

$X_1O\quad X_0O\quad X_1O\quad X_0O$

图 11 - 12　相等时间样本设计基本模式图

　　相等时间样本设计能有效地控制历史因素的影响,特别适用于一次实验处理对被试心理、行为有暂时影响的研究,比如行为矫正研究。但是,该实验设计在实验结论的推论方面存在一些缺陷。一方面,同一组被试反复接受实验处理,易受重复处理的干扰,其结果不能推论到未做重复处理的对象上;另一方面,在该设计中,出现实验变量和不出现实验变量交替出现,被试很容易知道自己正在接受实验,容易受到"霍桑效应"的影响。此外,该实验设计是在两者相互比较的情形下接受实验,所得的实验处理的效果不能推论到实验处理连续出现或只出现一次的情境。

　　在统计处理方面,相等时间样本设计的统计方法一般采用相关样本的 t 检验。

思考与练习

1. 实验法的含义与特点是什么?
2. 实验法的类型有哪些?
3. 实验法的优缺点有哪些?
4. 良好学前教育实验设计的特点有哪些?
5. 简述真实验设计和准实验设计。

推荐阅读

1. 威廉·维尔斯曼.教育研究方法导论[M].袁振国,主译.北京:教育科学出版社,1997.
2. 裴娣娜.教育研究方法导论[M].合肥:安徽教育出版社,1995.
3. 刘电芝.现代学前教育研究方法.[M].重庆:西南师范大学出版社,2004.

第十二章　教育行动研究

行动研究作为一种综合性的研究活动,自 21 世纪初以来,成为我国教育研究领域中较受关注的一种研究类型。行动研究旨在探讨解决实践问题的具体策略,改进现实的工作状况,同时促进幼儿教师的专业成长。因此,它既是一种研究的范式,也是一种社会实践行动,还是促进幼儿教师专业发展的重要途径。在本章中,首先会介绍行动研究的发展历程、含义、特征与分类,进而详细说明行动研究的基本过程,最后来描述行动研究在我国学前教育领域中的运用。

第一节　行动研究概述

一、行动研究的发展历程及其含义

(一)行动研究的发展历程

行动研究起源于 20 世纪三四十年代的美国。学界一般认为,行动研究有两个来源,其一是美国联邦政府印第安人事务局局长柯立尔(J. Coller),为了解决印第安人和非印第安人之间的民族问题,改善两者之间的关系,他于 1933—1945 年期间,尝试邀请科学家和政府工作人员合作进行研究,强调研究结果应该为实践服务,应该鼓励实践者参与科学研究,在实践中解决实际问题。柯立尔把这种实践者在行动中为解决自身遇到的实际问题而参与进行的研究称为"行动研究"。其二是美国社会心理学家勒温(K. Lewin),他认为学术研究的结果不仅应在学术出版物上发表,而且也要对社会或实践工作产生影响。因此,在 20 世纪 40 年代与其学生一起开展关于不同人种间的人际关系研究时,便尝试与黑人和犹太人合作进行研究,以促使这些实践者以研究者的姿态在研究中积极反思和改变自己的境遇。1946 年,勒温把这种结合了实际工作者智慧和能力的研究称为"行动研究"。[①]

把行动研究引入教育领域中,对教育行动研究做出较大贡献的当属美国哥伦比亚大学师范学院院长考瑞(S. Corey),他在 1953 年出版的《改进学校实践的行动研究》一书中对校本行动研究进行了详细的阐述,并鼓励教师、学生、辅导人员、行政人员和家长等与教育实践密切相关的人员,积极参与学校教育研究,并以此来改进教学和管理。至此,行动研究被引入教育领域并在世界范围内快速扩展,运用范围日益

[①] 郑金洲.行动研究指导[M].北京:教育科学出版社,2004:221.

扩大。

20世纪60年代中期,伴随着实证主义在社会科学领域的兴盛,因其倡导的研究思路与实证主义所推崇的研究模式之间的差异和冲突,行动研究的发展受到了一定的限制。20世纪70年代中期,经过众多学者的努力,行动研究在西方学界再度崛起。20世纪90年代,由于人们越来越认识到实证研究在解决社会问题方面的不足,理论和实践的分离成为社会科学领域中的一个重大危机,而行动研究可以提供一些可行的变革社会的途径,行动研究倡导的理念和方法日益受到人们的重视,并得到迅速发展。

(二)行动研究的含义

当代著名教育行动研究学者澳大利亚迪金大学凯米斯在为瑞典教育学家胡森等主编的《国际教育百科全书》撰写的"(教育)行动研究"词条认为,教育行动研究就是"由社会(教育)情境中的人为提高对其从事的社会或教育实践的理性认识,加深对实践活动及其环境的理解,进行的反映研究"。[①] 据此,可以将学前教育行动研究确定为在学前教育教学实践活动过程中产生和进行的,以解决教育教学实践问题为根本目的,由一线教师、教育管理人员等教育实践者和教育理论工作者共同参与、密切配合所进行的研究活动。

行动研究对教育行动做研究,在教育行动中做研究,以研究促进教育行动,架起了科学研究和教育实践的桥梁,将科学研究工作和日常教育实践合二为一,成为一种综合性的研究活动,所以其并不是一种单纯的研究方法,而是可以灵活运用观察法、访谈法、问卷法、实验法等多种具体方法。

二、行动研究在学前教育研究中的价值

行动研究打破了过去研究的一些局限,对学前教育研究具有特殊的价值,主要表现在以下三个方面。

(一)以学前教育的现实问题为导向,有助于学前教育实践问题的解决和改进

行动研究的一个主要特征便是"为了行动的研究",即行动研究是为了解决教育教学实践中亟待解决的问题。在学前教育中,行动研究以学前教育的现实问题为导向,致力于学前教育实践问题的解决和改进,进而提高教师的教育教学水平,促进教师和幼儿的发展,提升学前教育质量。

一方面,行动研究并不是为了增加某一方面的教育知识,形成教育理论,所以行动研究并不特别注重对学前教育宏观领域中的纯理论问题,而是注重教师们在日常的教育教学过程中所遇到的亟待解决的问题,重视教师们对实践问题的感受和认知,强调他们在与专家合作研究的过程中,通过新建、重组自己的教育实践经验和教育理

---

① S. Kemmis. "Action Research" in the International Encyclopedia of English[M]. Vol. 1. 1985:35.

论知识,构建适宜自己教育教学活动的方案,并在实践中检验、修正方案,最终促进教育教学实践问题的解决。

另一方面,行动研究并不致力于寻找某一类问题的通用解决方案,不是针对一般意义上的行动,而是强调解决教师自身所遇到的特定困惑,即对自己的行动有所裨益即可。因此,在学前教育领域中,行动研究的运用往往只限于研究者自己所在的幼儿园、自己所带的班级、自己工作中所遇到的幼儿挑食等具体问题。这使得研究本身具有了强烈的实践价值。

(二)学前教育实践者成为研究的主体,有助于幼儿教师的专业成长

在我国的传统观念中,教师是作为"教书匠"的形象存在的,进行教育研究并不是一线教师所要做的工作,而是高校工作者和各研究机构中专门研究人员的工作。2001年开始的新一轮课程改革,提出教师应该成为研究者,要求教师开展研究工作。但在实践中,由于受到传统观念的束缚,加之自身科研训练不足,幼儿教师在进行科研时往往是作为研究的参与者,帮助专职研究人员承担一些诸如发放、回收问卷,接受观察和访谈等辅助性任务。而在行动研究中,幼儿教师不是作为专职研究人员的辅助者参与研究,而是作为研究的主体,通过与专家合作甚至独立开展研究活动,实现了研究者和研究成果的受益者的结合。

行动研究也是促进幼儿教师专业成长、确立幼儿教师专业人员地位的重要途径。在行动研究中,幼儿教师在专家指导或与专家合作的过程中,可以系统地学习幼儿教育学、幼儿心理学、学前教育研究方法等方面的知识,提升自身发现与分析问题的能力、问题解决和反思能力以及写作和表达能力,进而促进自身专业素养的提升,实现自身持续的专业化成长。

(三)架起了学前教育理论和实践的桥梁,有助于学前教育理论和实践的紧密结合

行动研究顾名思义就是"行动+研究",通过行动研究,可以架起学前教育理论和实践的桥梁,沟通教育理论和教育实践,解决理论与实践脱节的问题。一方面,可以通过行动研究架起专业研究者与实践者之间的桥梁,双方在行动研究中相互尊重,密切合作,使两者之间的角色合二为一,从而避免理论与实践的脱节;另一方面,行动研究使得行动过程和研究过程结合。研究的过程本身也是行动的过程,在行动中研究,解决实践中的问题;行动的过程本身也是研究的过程,虽然行动研究不致力于生产宏大理论,但在实践的过程中也会加深对某一教育问题的认识,形成新的教育观念等。

(四)在真实的教育环境中进行研究,有助于研究成果的推广

虽然行动研究本身并不追求生产普适性的学前教育理论,选择的研究问题也是某所幼儿园、某个班级或某个老师在工作过程中遇到的问题,但是因为行动研究是在真实的情境中进行的,有利于研究成果的推广。在真实的幼儿教育环境中,专业研究者和一线教师密切合作,及时了解最新的实际问题,收集第一手研究资料,并根据实际情况随时调整问题解决方案,并能很好地将研究成果推广到相似的教育情境中,解决类似的问题。

三、行动研究的分类

根据不同的标准,行动研究可以划分为不同的类型,在本部分,我们主要介绍两种分类。

(一) 按照行动研究的侧重点不同进行分类

按照行动研究的侧重点不同,可以把行动研究分为三类。

1. 行动者用科学的方法对自己的行动进行的研究

行动者用科学的方法对自己的行动进行的研究,强调行动者运用测量、统计等相对客观的科学研究方法对自己实践中的问题进行探讨,并以此来验证有关的理论假设。该类型的研究既可以是一种小规模的实践研究,也可能是一种较大规模的验证性调查。

2. 行动者为解决自己实践中的问题而进行的研究

行动者为解决自己实践中的问题而进行的研究,目的不是为了建立理论和验证理论,而是聚焦于解决行动者实践中的具体问题。该类研究,研究者既可以使用统计、测量等量化研究方法,也可以使用访谈记录、观察记录、日记、照片等质性资料。

3. 行动者对自己的实践进行批判性反思

行动者对自己的实践进行批判性反思,目的在于以理论的批判和意识的启蒙来引发或改进某一现实中的行动,解决某一种具体的问题。行动者在研究中通过自我反思追求自由、自主和解放。

上述三种研究类型,强调的侧重点有所不同,第一类研究强调的是运用科学的方法进行研究,即行动研究的科学性;第二类研究强调的是行动研究对教育教学实践的改进作用;第三类研究强调的则是行动研究的反思性与批判性。行动研究者在开展行动研究时,既可能单独采用某种类型研究,也可能在一项研究中同时顾及上述三个不同的方面。

(二) 按照研究参与者的身份背景进行分类

按照研究参与者的身份背景进行分类,行动研究可以分为独立式行动研究、支持式行动研究和合作式行动研究。

1. 独立式行动研究

在独立式行动研究中,教育实践者针对自身教育教学实践过程中某个亟待解决的问题,自己制定研究计划并加以执行,经过两三个"计划—行动—反思"的循环,等待实践问题基本解决后,进行回顾和经验总结,完成该研究。在该种类型的研究中,没有教育理论工作者或者专家的指导与参与,而是由教育实践者单独完成,这就要求教育实践工作者自身具有一定的理论基础和研究能力,掌握基本的研究方法和研究报告撰写的基本规范。

2. 支持式行动研究

在支持式行动研究中,由教育实践者和教育理论工作者合作进行,但以教育实践者为主,在研究过程中发挥主导作用,教育理论工作者主要以顾问的形式参与研究过程,在教育实践者遇到问题时给予一定的指导和帮助,协助教育实践者形成理论假设,计划具体的行动以及评价行动的过程和结果。比如,幼儿园在开展户外游戏的改进研究时,针对户外游戏的效果评价标准怎么制定,可以请有关专家进行针对性的指导。

3. 合作式行动研究

在合作式的行动研究中,教育理论工作者的参与程度更深,与教育实践工作者一起合作,共同开展行动研究。在研究过程中,教育理论工作者全程参与研究问题确定、研究计划拟定和执行、行动、回顾与反思以及研究报告的撰写等全部内容,并共同对研究结果进行评价。

上述三种类型的划分,是根据在行动研究过程中教育理论工作者和教育实践工作者的参与程度进行划分的,在独立式行动研究中,参与者只有教育实践工作者;在支持式行动研究中,参与者包括教育理论工作者和教育实践工作者,但由教育实践工作者起主导作用,主导整个研究过程,教育理论工作者仅发挥顾问的作用;在合作式行动研究中,教育理论工作者和教育实践者共同参与,密切合作,两者在研究中起着同等作用。

第二节 行动研究的基本过程

一、行动研究的模式

行动研究在发展的过程中,不同学者针对行动研究的过程和环节提出了不同的观点,形成了不同的研究模式,其中有代表性的主要有三种。

(一) 勒温的行动研究模式

行动研究的创始人勒温(K. Lewin)在20世纪40年代,就曾对行动研究的程序问题进行分析,认为行动研究是由计划、行动、观察和反思四个环节构成的自我反思循环模式。首先用简单方式考察问题和确定计划,然后执行已经确定的计划,进而观察行动过程,为下一步计划提供依据和修改方案,最后重新设计一个计划、执行和观察过程,以便对第二步执行效果进行评价,同时为第三步设计提供研究基础(见图12-1)。后来,他进一步把反思后重新修改计划作为另一个循环的开始,从而对螺旋循环模式进行了修正(见图12-2)。

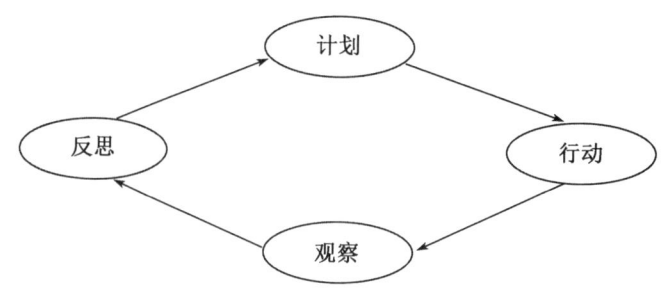

图 12-1　勒温的行动研究螺旋循环模式图

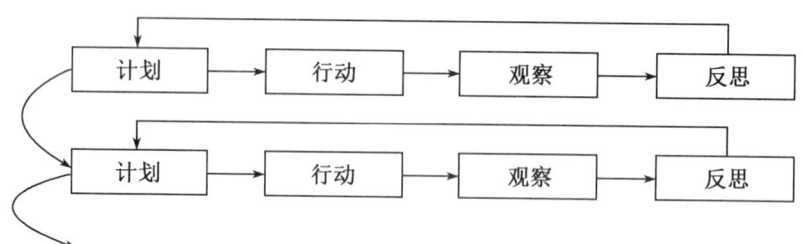

图 12-2　勒温的行动研究螺旋循环模式修正图

（二）凯米斯的行动研究模式

凯米斯(S. Kemmis)继承了勒温的传统,对勒温的螺旋循环模式稍作改造,形成了"计划—行动—考察—反思—新计划—新行动—新考察—新反思……"的螺旋上升进程,被称为"凯米斯程序"(见图 12-3)①。与勒温的模式相比,在凯米斯的行动研究模式中,反思是一个很重要的步骤,它既是上一个循环的结束,又是下一个循环开始的中介,研究者通过反思对计划进行调整,来更好地制定适应情境的新计划。

（三）艾里奥特的行动研究模式

艾里奥特(J. Elliot)分析了凯米斯的行动研究模式,认为其存在三个方面的问题:(1)这种模式易于使人相信其中的"基本主题"在后续研究中是固定不变的;(2)在这种模式中,"考察"仅仅是为了"收集证据";

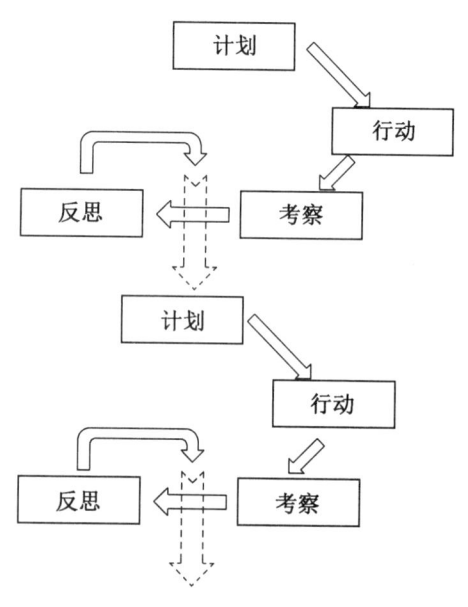

图 12-3　凯米斯的行动研究模式图

(3)这种模式的实施进程是直线式的。基于此,艾里奥特对凯米斯的行动研究模式进

---

① 王喜海.学前教育研究方法——理论与实务[M].杭州:浙江大学出版社,2021:180.

行了改进,一是允许"基本主题"随着研究的进程可以进行变动和转化;二是"考察"除了"收集证据"之外,还应包括"分析",而且"收集证据"和"分析"在后续研究中会反复出现;三是行动计划的实施往往并不容易,在没用充分考察实施效果之前,不能够直接进入反思阶段。由此,艾里奥特构建了他的行动研究模式(见图12-4)。①

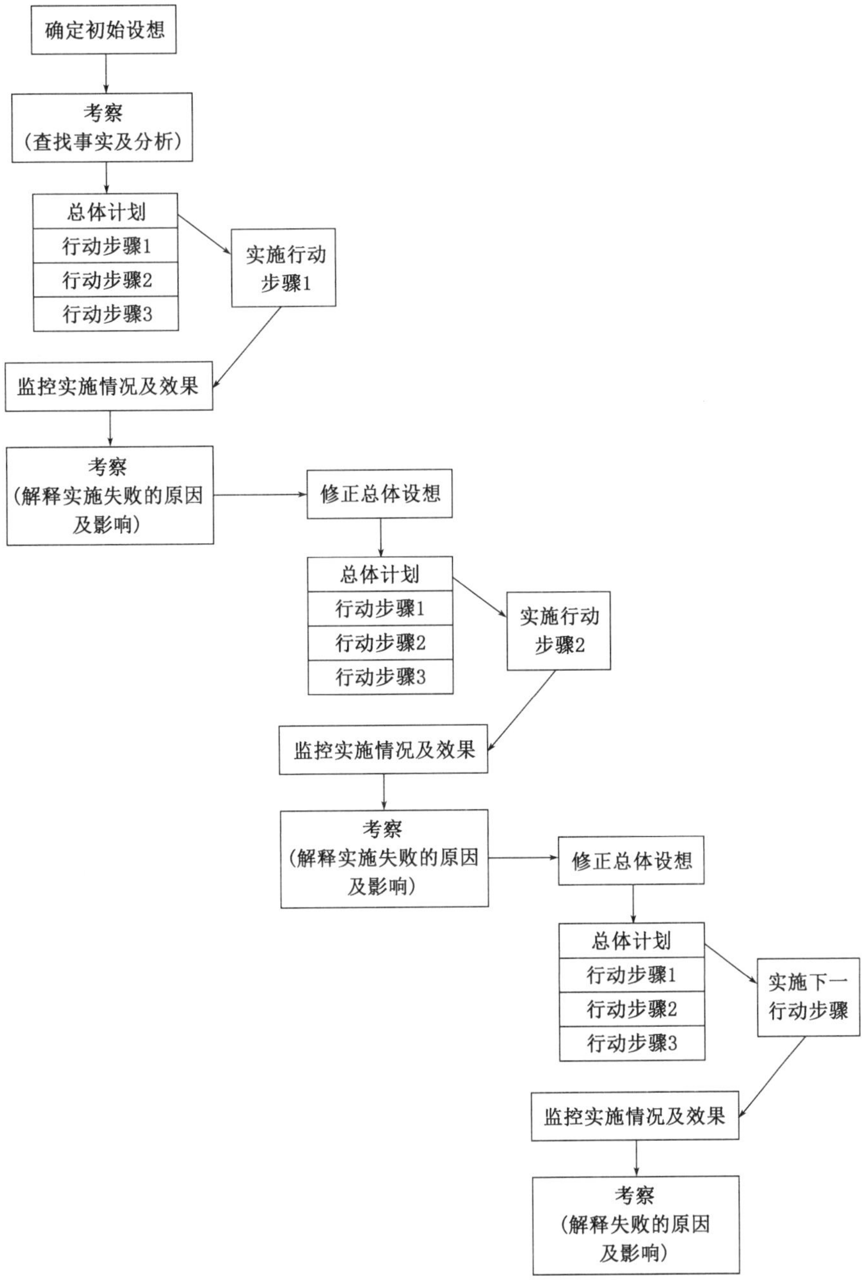

图 12-4 艾里奥特的行动研究模式图

---

① 王喜海.学前教育研究方法——理论与实务[M].杭州:浙江大学出版社,2021:182.

在艾里奥特的行动研究模式中，每个循环都包括确定最初设想、通过查找与分析事实对设想进行考察、考察合理后制定总体计划和具体行动步骤、实施行动步骤及实施效果监控、通过收集和分析证据资料考察实施失败的原因及影响等环节。基于第一个循环的分析，进一步修正总体设想，并对总体计划进行修改，然后启动下一个循环。

通过对上述三个主要行动研究模式的分析，我们可以发现，尽管每种模式之间都存在着不同，但也遵循着一定的共同原则：(1) 行动者就是研究者；(2) 界定与分析研究问题是行动的起点；(3) 实施研究计划时应具有弹性；(4) 行动研究的实施过程应对计划及其实施情况进行观察与评价，并在此基础上加以改进，随时修正研究。

二、行动研究的基本步骤

结合前面所介绍的行动研究模式，我们可以将行动研究的基本步骤概括为以下几个方面。

（一）确定研究问题

行动研究的一个主要特点是以问题为中心，跟其他研究一样，行动研究的起点也是确定研究问题。但与其他研究在确定研究问题时关注自己感兴趣的问题不同，行动研究在确定研究问题时更关注与自身实际工作关系密切的问题，是行动研究者在日常教育教学实践中遇到的各种问题。当然，并不是日常教育教学实践中所遇到的任何问题都可以进行行动研究，而需要对问题进行思考与分析，在思考与分析时，可以追问如下问题来帮助确定：教育教学过程中出现了什么问题？这个问题是怎么产生的？这个问题对行动研究者和幼儿的重要性如何？这个问题有必要加以解决吗？这个问题可以通过行动研究解决吗？通过对上述问题的追问，可以帮助行动研究者更好地确定研究问题。对于那些通过查阅资料或咨询请教经验丰富的同事就能够得到答案的问题、对促进幼儿学习发展和改进教育教学没用明确价值的问题以及对于当前缺乏研究条件而无法开展研究的问题，都不适合作为行动研究的选题。因此，在确定行动研究的选题时，行动研究者要充分查阅文献，与同事、专职研究人员等进行充分的交流对话。

（二）制定计划

研究计划是开展行动研究的蓝图，在确定研究问题之后，行动研究者应就即将采取的行动制定计划和方案。研究者在制定研究计划时，应以大量的教育实践和调查结果为前提，从解决教育实践问题的需要出发，盘点各种理论、技术、方法、手段、条件等综合情况，从而全面深入地认识面临的教育实践问题，掌握解决问题的策略和方法。在制定计划时，应紧紧围绕所要解决的问题进行。在这一过程中，研究者应思考如下问题：问题解决到什么程度？达到什么效果？拟采用哪些具体策略和方法？行动研究的大致步骤和时间安排如何？

行动研究的方案主要包括研究目标、行动内容、研究日程表、研究参与者及任务分配以及资料收集方法等内容。这里需要特别指出的是,行动研究的方案并不是一成不变的,而是可以根据情况随时进行更改的,具有较强的灵活性和弹性。在开展研究的过程中,可以在总目标的指引下,边实施边调整。

(三) 实施行动

实施行动包括执行计划和考察分析两个同时进行的研究工作。在具体研究过程中,往往是边行动,边考察,边调整,把教育行动指向问题解决。

1. 执行计划

所谓执行计划就是把制定的计划落实到行动上的过程,是行动研究的核心步骤。在执行行动计划时,行动研究者应注意以下两个方面:其一,行动应该是有目的、有系统、按计划进行的,而不是盲目行动;其二,行动是灵活的、变动的,而不是完全按照原计划一成不变地进行,需要根据实际情况随时调整计划,修改计划。

2. 考察分析

考察分析是伴随着计划执行过程而同步进行的。考察分析作为一个资料收集的过程,考察的主要包括行动背景、行动过程和行动结果等方面;考察的方法则包括观察、访谈、录音、录像,以及对教师的反思日志与幼儿的档案等实物的分析等。行动研究者在收集资料时,特别注意收集参与人员的感受和意见等主观性的资料。

(四) 评价反思

评价反思是行动研究中非常重要的一个环节,它既在行动研究的某一个螺旋循环结束时进行,作为对上一个螺旋循环的结束与下一个阶段的开始;也可以在整个行动研究结束时进行。在进行反思时,一方面应对研究问题界定是否明确、行动的操作定义是否清楚、研究计划是否周详、行动中是否按计划执行、资料收集是否翔实、资料分析与解释是否恰当等问题进行反思;另一方面,也应对行动研究的成效是否达成进行检验,并依据结果为下一个螺旋循环计划的制定和调整做好准备。

(五) 呈现研究结果

在一项具体的行动研究基本完成时,行动研究者要对整个研究过程进行调整,并通过一定的形式呈现研究结果。一方面,可以通过撰写并发表研究论文、研究报告、专著等正式方式呈现研究成果;另一方面,也可以通过教师之间的交流、汇报等非正式方式介绍给大家,并为同事提供一些实践方面的专业启示。

  思考与练习

1. 行动研究的含义是什么?
2. 简述行动研究在学前教育研究中的价值。
3. 简述行动研究的分类。
4. 简述行动研究的模式。

5. 行动研究的基本步骤有哪些?

推荐阅读

1. 蔡清田. 教育行动研究[M]. 南京:南京师范大学出版社,2005.
2. 玛丽·路易斯·霍莉等. 教师行动研究[M]. 3版. 祝莉丽,等译. 北京:中国人民大学出版社,2014.
3. 郑金洲. 教师如何做研究[M]. 上海:华东师范大学出版社,2005.
4. 刘良华. 行动研究史与思[M]. 上海:华东师范大学出版社,2001.
5. 申继亮. 教学反思与行动研究[M]. 北京:北京师范大学出版社,2006.

第十三章 研究资料分析[①]

资料的整理分析,是要将研究所得的原始资料按研究目的进行审视、汇总、分类、补充和评价,从而使资料能系统地、完整地反映客观事物发展的过程。资料如不加以整理分析,只是一大堆杂乱无章的材料堆积,是不能说明问题的。对资料的整理分析工作是学前教育研究中不可缺少的一个重要环节。事实说明,对资料的分析工作始终伴随着研究的全过程。

任何事物都是质和量的统一体,学前教育现象也同样存在质和量两个方面。探讨学前教育规律时,既要掌握事物量的规定性,又要掌握事物质的规定性,这就要对搜集到的资料数据进行定量分析和定性分析。

第一节 研究资料的定量分析

定量分析是学前教育研究中一个基本的分析方法。它赋予研究对象一种纯形式化的符号以反映事物的特征。分析的对象是具有数量关系的资料,包括数字、文字、图形或声音等,而方法则主要是数学分析的方法。对大量的可能是杂乱无章的数据进行算术或逻辑运算,抽取并推导出对某些特定问题具有价值、有意义的数据,经过解释并赋予一定意义便成为学前教育研究的重要结论。

一、统计分析方法在学前教育研究中的应用

(一) 对得到的数据资料进行统计分类,掌握数据分布形态和特征

现象的同质性是研究现象数量关系的前提。按不同的标志进行统计分组,突出统计对象的本质特征,保持组内的同质性和组间的差异性。以此为基础,通过计算算术平均数、中数和众数看数据的集中趋势和典型特征;通过计算方差和标准差等差异量,判断统计数据离散程度;用标准分数分析个体在群体中所处的相对位置;用参数相关(包括适用于正态分布的双列变量的积差相关和适用于等级变量和非正态分布的变量相关分析的等级相关)处理两个区间变量的关系;用回归分析解释和预测自变量的变化。这是通过计算集中量数、差异量数、标准分数、关系量数等来描述资料的分布特征,包括集中趋势和离散趋势及相互关系,将大量数据缩减,找出其中所传递

[①] 本章编写主要参照裴娣娜. 教育研究方法导论[M]. 合肥:安徽教育出版社,1995:339-352.

的有用的教育信息。

（二）对数据资料的分析处理，通过统计检验，解释和鉴别研究的结果

如何分析学前教育研究中得到的多个统计量之间的差异，关系到对研究结果的解释。

统计检验方法分为参数统计检验和非参数统计检验。常用的统计检验方法有：① z 检验，应用于大样本，用正态分布理论来推论差异发生的概率，从而判断两个平均数的差异是否显著。② t 检验，比较两个平均数以确定它们之间的差数是真的差值而不是偶然差数的概率，适用于小样本的差异显著性检验。③ 方差分析，用于评估同时比较几个平均数，可以指出自变量的不同水平因素之间的相互作用的效益。④ x^2 检验，适用于计数资料，将实验结果与某些理论假设上期待的结果进行比较。具体检验方法，在各种教育统计著作中均有详细介绍。

（三）通过总体参数的估计，从局部去推断总体的情况

学前教育研究中如何根据所抽取的样本统计量去估计总体的参数，并使这种估计尽可能客观和接近总体的真实情况，这直接影响到研究结果的可靠性。因此，必须正确掌握总体参数估计的统计分析方法。

总体参数估计分为两种：一种是点估计，这是在不知道总体参数时，用一个特定的值（统计量）如样本的平均数、样本的方差等作为总体的参数估计。使用这种方法时估计量必须具备无偏性、一致性、有效性和充分性等条件。另一种是区间估计，用数轴上的一段距离来表示总体参数可能落入的范围，是用一个置信区间估计总体参数。比如天气预报，给出一天最高和最低温度，这就是一个区间。统计学的结论，都有一定犯错误的可能，因此必须给出一个区间估计。

区间估计包括：总体平均数的区间估计、总体百分数的区间估计、总体标准差和方差的区间估计、相关系数的区间估计等。无论哪一种区间估计，都涉及估计值的可靠程度问题。要保证估计值的可靠程度，除了样本代表性外，还必须判断样本统计量与总体参数之间的差异，因此要根据置信度计算出标准误，由样本的统计量估计总体产生的误差。

区间估计是以样本正态分布理论为基础的，在正态分布中，不同的标准差包括不同的区间。在知道了样本统计量和它的标准误差后，在给定的概率（置信系数）的情况下，就可以求出总体参数所在的区间以及可靠程度。标准误差越小，置信区间越短，估计正确概率可靠程度就越高。

（四）应用教育统计作为控制变量的手段，帮助教育研究者进行科学的抽样、分组以及因素分析，以提高研究的科学水平

因素分析，是从众多相关变量中概括和推论出起决定作用的基本因素，以揭示事物之间的本质联系。比如著名的卡特尔的个性研究以及吉尔福特的智力结构研究。卡特尔收集所有描述人格的形容词，然后用因素分析，从上千个词中抽出 16 种因素，然后取常模，用于测定一个人的人格特征。又如研究建立评价教学质量的指标体系，影响教学质量的因素很多,但是在上百个因素中哪些因素是起主要作用的呢？这就需要进行因素分析。

对一组观察变量进行因素分析的方法很多,主要有多因素的回归分析、判别分析、聚类分析、主因素分析等。其计算的一般步骤是：① 采集需要的数据；② 计算每一对观察变量间的相关系数,求出相关系数矩阵；③ 根据相关系数矩阵进行因素运算,抽取能说明变量之间相关关系的基本维度,即算出各因素的特征值,决定因素数目并据此作进一步分析讨论。

因素分析需要进行繁杂的计算,电子计算机的发展则提供了新的统计分析工具,如现在广泛使用的 SAS 统计分析系统和 SPSS 社会科学统计软件包。

运用统计方法对数据进行分析可以获得有用的教育信息,但统计工具不是万能的,其应用的效益取决于：数据本身是客观的、可靠的；要注意不同统计方法不同的适用范围和条件。特别是要在了解具体统计方法基础上,掌握隐含其中的研究理论与研究思路,而计算机统计软件包为我们进行统计的技术处理提供了高效、方便的有利条件。

二、学前教育研究与元分析

元分析是用统计分析程序对某一问题的大量单独的研究结果进行综合评价分析的方法。相同课题,不同研究类型、研究过程、方法及统计手段,往往由于研究者的观点不同、对材料取舍的偏向以及搜集资料的局限造成描述性分析不具备一致性,尤其是在样本容量较大的情况下。如何判断研究成果的大小,看到研究结果的全貌,需要对研究结果有一个完整的分析。通过元分析,可以避免分析中的主观因素所带来的不一致性以获得普遍性、概括性结论。因此,元分析是重要的资料分析方法。

元分析的基本步骤：① 确定要进行系统总结和评价的问题；② 尽可能全面搜集有关的研究报告和文献；③ 对搜集的文献按记录特征进行分类；④ 测量效果的大小,并探讨效果大小与情境变量的相关情形,从而获得总的结论。

元分析的重要问题在于如何估计研究的效果,即效应大小。它主要涉及以下几个问题：

(1) 处理产生效果的指标。这与三个方面有关：一是统计显著性水平；二是效果大小,对谁有效；三是这种效果的推广程度。

(2) 无论是用描述性统计方法还是用推论性统计方法去评判文献资料,在元分析中,对资料的选择和评判都处于重要一环,关系到元分析结果的可靠性和准确性,特别是要看到,用不同方法选择文献资料对结果推广的影响。

(3) 对效应大小的计算。采用元分析方法,如何估计研究的效果,目前人们提出了多种方法,如显著性合成法,包括费舍组合检验法、威纳合成法、对效应量的各种计算以及效应一致性检验的方法,这些方法仍有待反复检验修改和完善。

三、模糊数学与学前教育的定量分析

模糊数学是近年来出现的一种新的定量分析方法。

（一）模糊数学用于学前教育研究的理论说明

客观事物固有的类属，存在确定性和不确定性两个方面。人们认识活动的有效性、多样性和深刻性，并非单纯来自明晰、准确的思维形式和语言表达方式。相反，各种模糊思维形式和语言表达在人们认识活动中更具有广泛性。正是人思维的模糊性，可以高效率地灵活传送信息。

教育现象多为不确定的变量，人作为教育研究的主要对象，正是一个由量到质的渐变过程，概念划分具有不确定性，边界模糊，如好孩子与差孩子、能力很强与能力很弱。特别是学前教育包含有多方面的相互联系的因素，正是内涵的复杂性带来了简单类属的模糊性。事实证明，系统越复杂，因素越多，模糊性就越大。

基于以上分析，我们应树立这样的观念：借用模糊数学的分析方法来研究学前教育现象，不是降低了研究的严格性，而是用更严格的方法保持研究的严格性，使我们更接近研究对象的客观实际。

（二）模糊数学所提供的分析方法

应用模糊数学方法处理的对象是类属边界和性态不明确的学前教育现象，基础是模糊集合论。模糊集合论扩展了经典集合的概念，对于论域 U 上的一个模糊子集 A，不是简单地指明各个因素的归属，而是对 U 中每一因素 u 指明以多大的程度隶属于它。因此，隶属度是模糊数学所要定量处理的对象，要正确地构造隶属函数，使之合理和切合实际。

近年来，一些学者结合教育研究进行了模糊聚类分析（对不确定事物之间的界限使用模糊聚类分析方法进行分类）、模糊决策、模糊综合评判等方面的尝试，并取得了一定成效。在学前教育研究甚至教育研究中仅是一个起步，理论上的可行如何转化为实际操作还有许多问题需要我们进一步研究。如综合评判指标建立的基本原则，如何保持指标体系整体的完备性、内部的独立性、各指标的可测性和可比性，模糊集合、模糊逻辑和隶属函数在学前教育研究中如何具体运用，能否建立模糊模型，等等。

总之，应用现代数学方法研究学前教育问题，处理分析数据资料，目前还处于探索阶段，要防止误用和滥用，关键在于要遵循学前教育科学本身的规律和特点。

第二节 研究资料的定性分析

定性分析作为教育研究结果的分析手段,是最基础的分析方法之一。

一、定性分析的特点及适用范围

学前教育研究中的定性分析,具有以下几个主要特点。

(一)定性分析注重整体的发展的分析

定性分析的目的在于把握事物的质的规定性,因此必须立足于对研究对象的整体分析,获得对研究对象的一个完整的透视。与定量分析不同,定性分析在内容上关注事物发展过程以及相互关系,主要立足于从哲学、心理学、伦理学、历史学、社会学、经济学、政治学、人类学、语言学等层次上探讨,从而整体地、发展地、反思地、综合地把握研究对象质的特性。也只有将研究对象作为一个发展的整体加以分析,才有可能揭示教育过程各组成部分之间内在的关系、过程及与其他方面的联系,透过表面深入到内在本质,说明研究对象变化发展的真正原因。

(二)定性分析对象是质的描述性资料

定性分析是以反映事物质的规定性的描述性资料而不是量的资料为研究对象。这些资料通常以书面文字或图片等形式表现,而不是精确的数据形式;是在自然场合,以质性研究的方法,如通过参与观察和深入访谈得来的资料,带有很大程度的模糊性和不确定性;定性分析的资料来自小的样本以及特殊的个案,而不是随机选择和大的样本。正由于此,决定了定性分析有自己独特的分析方法,且需要量的资料补充。

(三)定性分析的研究程序具有一定弹性

在分析程序过程上,定性分析不同于定量分析。定量分析有一个标准化程序,使用数学方法做出一个量的刻画,用数学语言表示事物的状态、关系和过程,在此基础上加以推导、演算和分析,以形成对问题的解释和判断,具有逻辑的严密性和可靠性。而定性分析是一个不太严格的研究程序,前一步搜集资料的数量与质量往往决定下一步应该怎么做,原因是学前教育作为一个动态过程所具有的多样性,使定性分析过程常常变动,有很大灵活性。

(四)定性分析的方法是对搜集到的资料进行归纳的逻辑分析

归纳分析有一个不同于演绎分析的一般程序。演绎分析是先有一个假设,然后搜集能检验假设的资料或事实,将事实与假设加以比较分析最后得出结果;而归纳分析却是先列出事实材料,将这些资料与事实加以归类,然后从中得到一些启示,抽象概括出概念和原理,这是一种自下而上的分析途径。

（五）定性分析中的主观因素影响及对背景的敏感性

定性分析是一种价值研究,一方面很容易受到研究者和被研究者主观因素的影响,从而影响分析的客观性;另一方面,学前教育研究对象的行为表现又总是与特定的情境相关联,离开这一特定情境,一定的学前教育现象就不会发生,这就是背景的敏感性。因此,定性分析很关注对背景的分析。

定性分析主要适用于以下场合:① 注重对过程的探讨,而不是十分注重结果;② 个体的发展,随时间推移发生的行为上的演变以及个案研究(包括一个案例、一个班、一个学校、一个群体的典型材料分析);③ 比较研究中的差异描述;④ 定性的评价分析;⑤ 有关观念意识方面材料的分析。

二、定性分析的过程和方法

定性分析的过程,一般可分为以下几个步骤:

(1) 按照研究课题的性质确定定性分析的目标以及分析材料的范围。

(2) 对资料进行初步的检验分析。

(3) 选择适当的定性分析的方法和确定分析的维度。

(4) 对资料进行归类分析。通过分类,排列类别层次,区分不同情况下材料的差异,分析不同分类是否具有不同的意义以及事情发生是否有先后次序,并进而鉴定各因素之间是否有相关或因果关系,寻求研究对象的特质规范。

(5) 对定性分析结果的信度、效度和客观度进行评价。

定性分析的方法很多,既有传统的文献分析、历史研究、比较研究,也有内容分析法、符号学方法、解释学方法、现象学方法等现代的定性分析方法。随着实践的发展,定性分析方法将日臻丰富完善。

在现代教育研究中无论采用什么样的定性分析法,均反映出两方面的共同特点:一是学者们在应用定性分析方法时,很注意方法应用的程序合理性。二是注重与定量方法结合,定性与定量分析结合,有助于定性分析的系统化,并可能获取难得的情报资料。

三、对定性分析可靠性的检验

定性分析的可靠性主要表现为分析结果的信度、效度与客观性。三者中首先是客观性。学前教育研究中由于研究者本人的参与,搜集资料又不易客观,因此进行定性分析时要保证客观性是很难的,但它又非常重要,没有一定的客观性也就不会有好的效度和信度。

定性分析中的效度集中表现在对发现的事实的正确解释,使用的概念能否正确反映研究对象的客观实际。定性分析存在三类效度:第一类是表面上的效度,只凭直觉印象,没经过仔细考察,判断衡量资料的正确性;第二类是收集资料的工具、方法上的效度;第三类是理论上的效度(结构效度)。

定性分析中的信度表现在所发现的事实材料不受意外情况的干扰,如果用同样的方法去搜集同一资料,是否可得到同样的结果,多次的比较分析就可以判断其可靠性。

对定性分析结果信度、效度的检验,方法同样是多种多样的,比如可以用寻找相反证据的方法。进行定性分析过程中要极力寻找相反的不同观点证据的资料,如果找不到相反资料,说明其资料和分析是可靠的。还可以用三角互证法,针对同一问题将从三个不同来源、不同方式得来的结果加以比较分析,看是否具有一致性。

综上所述,定性分析绝不是一种模糊的、包罗万象的方法概念,而是一个有一定科学规范和明确要求的分析方法。

思考与练习

1. 统计方法在学前教育研究中的应用有哪些?
2. 简述元分析的基本步骤。
3. 定性分析的过程和方法有哪些?

推荐阅读

1. 哈奇. 如何做质的研究[M]. 朱光明,等译. 北京:中国轻工业出版社,2007.
2. 卡麦兹. 建构扎根理论:质性研究实践指南[M]. 边国英,译. 重庆:重庆大学出版社,2009.
3. 陈向明. 质的研究方法与社会科学研究[M]. 北京:教育科学出版社,2000.
4. 潘玉进. 教育与心理研究中的数据分析方法[M]. 北京:科学出版社,2010.

第十四章　学前教育研究成果的表述及评价

在对学前教育研究数据资料进行整理分析的基础上,写出研究报告并对研究成果进行评价,这是学前教育研究工作的最后阶段。也就是说,研究者在进行一项学前教育研究时,最后要对整个研究过程及研究结果进行认真的分析总结,并选择适当的形式将研究结果明确地、有说服力地表述出来,通过科学的评价使之得以推广运用。这是学前教育科学研究程序中的一个重要环节。

第一节　学前教育研究成果的表述

一、学前教育研究成果表述的一般概念

(一) 学前教育研究成果的具体表现形式

学前教育研究成果的内容是由研究目的决定的,主要包括:对学前教育现状的深刻了解;检验学前教育研究假设,建立和完善学前教育科学理论;促进幼儿发展任务的实现;提出某个新的教育方法和措施等。

学前教育研究成果表述粗略地可分为三种类型。

(1) 用事实来说明问题。此种类型包括学前教育观察报告、教育测量报告、教育调查研究报告、教育经验总结报告和教育实验研究报告。要求材料要具体、典型,格式规范,要科学客观地呈现研究过程和方法,并合理解释结果。

(2) 用深刻的哲理和严密的逻辑论证来说明问题,这是理论性研究成果。此种类型包括学术论文、学术专著及高校的学位论文。要求论点明确,论据确凿,论述严密,清楚展示理论观点和体系的形成过程。

(3) 综合,即第一类和第二类的综合,但综合中又有所侧重。

(二) 学前教育研究成果表述的主要目的

对学前教育研究成果加以总结和表述,主要目的是:通过展示研究的结果及价值,得到社会的鉴定、评价和承认,以取得社会效益,提供有关研究过程的实际资料及对研究结果的评价分析,有利于学术交流与合作。通过对整个研究过程的回顾和总结,促使研究的深化、成果的扩展以及进一步发现新问题和新的事实,有利于提高研究的科学化水平。有助于提高研究工作者的分析综合能力、逻辑思维能力和表达能力。会写研究报告,对研究工作者来说,同样是一个十分重要的基本技能。

另外,应该看到,研究成果数量多少和质量的高低,能否取得某个领域的实质性

进展,无论对个人还是对一个团体乃至一个国家,都是衡量学术水平、学术地位的重要标志。因此,我们应及时地对研究成果加以总结和表述。

(三) 撰写学前教育研究报告和论文的一般步骤

学前教育研究成果表述的主要形式是研究报告及论文的撰写。从构思到完成研究报告和论文,其间要经过以下几个步骤:

1. 确定报告或论文的题目及研究报告类型;
2. 拟定写作提纲;
3. 研究报告或论文的写作;
4. 对初稿的内容、结构与文字的推敲与修改。

二、学前教育研究成果的主要表现形式

在学前教育科学研究活动中,科研成果的表现形式是多种多样的。不同体例的学前教育研究成果,其结构也有所不同。下面分别就其中主要表现形式进行简要讨论。

(一) 学前教育调查报告

一般来说,调查报告从提出问题、分析问题到解决问题,一般由题目、前言、正文、总结及附录五部分组成。

1. 题目

用一句话点题,反映主要研究问题。可加副标题,副标题是对主标题的补充,用来说明在什么范围内基于什么问题的调查。

2. 前言

调查报告前言必须开宗明义地交代清楚调查目的、意义、任务和方法。首先,简要说明调查的是什么问题、调查此问题的缘由和背景、调查的筹备过程、主要调查的内容、国内外对同一课题的研究概况以及此次调查的意义和价值。第二,要说明调查的基本情况,概述调查的时间、地点、对象、范围、取样及调查的方式方法。第三,对此次调查的有利因素和不利因素作简单分析。

3. 正文

正文部分即调查内容。通过叙述、调查图表、统计数字及有关文献资料,用纲目、项或篇、章、节的形式把主体内容有条理地、准确地揭示出来。

调查报告正文部分写法多种多样,一般有两种不同写法。一种是把学前教育调查的基本情况按种类分成并列的几个部分或方面来写。如对一个地区学前教育状况的调查,分为该地区经济发展水平、文化水平、幼教机构发展现状等几个方面,幼教机构又可分为幼儿园规模、教育经费、课程设置、教学设备、师资队伍等不同项目,将有关的材料分别加以组合,使问题的论述相对集中,形成专题。另一种是将调查的基本情况按照事物发展的逻辑顺序、演变过程加以排列,分成互相衔接的几个部分,层层

深入地来写。也就是说,按所调查的学前教育现象产生、发展、变化的过程来写。有的对调查问题一个个说明,以反映问题。

在观点和材料处理上,可以先列出材料,然后进行分析和推论;也可以先摆明观点,然后用调查得来的事实材料分析说明。

4. 结论和建议

在对整个调查内容进行总体的定性、定量分析的基础上,概括出事物的内在联系和规律,并提出新的见解、新的理论和参考意见。无论是验证已有的理论、寻求新理论,还是为实用目的而寻找解决问题的办法,向实际工作部门提供参考意见、改革方案,其结论都必须客观、真实。提出的观点、建议要谨慎、严肃,观点要从事实中引出,同时要考虑其他社会因素的影响,要全面衡量理论或建议的合理性和可行性,不要轻率地下结论和提建议。

5. 附录

必要时要把调查工具或部分原始材料附在报告后面。这不仅是使正文内容集中,更主要的是为读者提供可供分析的原始资料,以便让人分析、鉴定搜集调查材料的方法是否科学,材料是否可靠,并供其他的研究人员参考。附录包括:各种调查表格、原始数据、研究记录等。附录的编制要防止杂乱和过于简单。

(二)学术论文

什么是学术论文?从字义上解,"学术"指专深而系统的学问,"论文"指研究讨论问题的文章。简而言之,学术论文是科学研究成果的文字表述。

在学前教育科学研究领域,无论是应用研究、发展研究还是基础研究,只要对所研究的教育问题提出了新的见解或新观点,或采用了新材料,或运用了新的研究方法,或得出了新的结论,或站在新的高度对原有理论做出新的解释和论证,将获得的科学研究新成果写成的文章就是学术论文。它展示的是一个新的论点及理论体系的形成,是一个创造性的认识活动过程。因此,学术论文范围不仅包括论述创新性研究成果的理论性文章或学术专著,也包括某些实验性或观测性的新知识的科学记录,某些科学原理应用于实验取得新进展的科学总结。

学术论文总的特点是学术性。具体表现为创新性(在自己所研究范围内,理论上要有所发展,方法上要有所突破)、科学性(论据确凿,论证清楚,言之有理)和实践性(在各种社会实践中的现实意义和可行性)。学术论文的价值正是教育研究价值的集中体现,它不仅表现在一些新成果可以开创一门新的科学学科或建立一个新的理论体系,而且表现为在某一学科领域对前人成就的补充、完善和发展,或者是把分散的材料加以综合系统化,用新的观点或新的方法加以论证,得出新的结论。

学术论文有不同的基本类型。由于学科特点不同,学术论文的写法多种多样,彼此无严格界限。但从总体上看,任何形式的学术论文总要遵循科学研究的发展方向和途径对研究课题加以论证分析并得出结论。

学术论文按研究目的可分为三种基本类型:

1. 理论探讨性、论证性论文

对学前教育发展及学科建设需要提出的重要研究课题,运用有关原理,或以大量的观察实验结果为依据,或以丰富的文献资料、现实材料作为基础,通过分析综合,剖析现象与本质,推理论证,从而提出新理论、新看法,或论述自己的研究成果,证明自己的研究论点。

2. 综合论述性论文

针对现实中或学术界提出的问题,围绕某一主题进行研究的课题,从纵向(历史发展)和横向(目前现状)两方面加以系统和综合概括,说明来龙去脉及前人研究情况,分析症结所在,指明进一步探索的方向。此类论文同样具有重要的学术价值。

综合论述性论文类也包括评论商榷性论文,研究者就某一问题、某一著作提出自己的见解,以自己的研究成果支持或批评某一种看法,有针对性地据理阐述自己的论点。

3. 预测性论文

研究者通过调查研究,根据科学和事实,对某一教育现象进行分析,指出发展的趋势以及预测今后发展的可能。

规范性学术论文的框架结构,一般包括六个主要部分:

(1) 标题

标题是论文内容的高度概括,向读者说明研究的问题及意义。标题形式可以多种多样,可以是明确点明题意,也可以不点明题意,仅指出研究的问题范围,也可用提出问题的方式。一个好的学术论文题目,一般应符合三个方面要求。一是准确概括论文内容,能反映研究方向、范围和深度;二是文字简练,具有新颖性;三是便于分类,也就是说,不仅使人从题目上能判断研究属于什么学科范畴,而且能抓住该研究课题在这一领域有关问题研究发展过程中的位置及特点。因为,只有把自己的研究放在一定的背景上,纳入一个系统,才能显示出研究课题的重要性。

(2) 内容摘要

正式发表的学术论文,一般应写出论文的摘要(提要)。摘要是研究的主要内容与结构的简介,并略加评论。它不是整个论文的段落大意。其作用在于使读者通过这段概括简洁的文字,了解全文主题及主要内容,从而决定是否值得读全文。为期刊文章或研究报告写的简短摘要,字数一般为二百字左右。学术论文的长摘要,往往在五六百字至一千字之间为宜,独立成篇,要求准确简练,结构严谨,逻辑性强。

有些学术专著,往往有总目录,反映全文的主要部分要点、各部分之间的关系和顺序,以及从属的层次。有的将此内容放入绪论中说明。

(3) 序言

序言(引言、前言、绪论)写在正文之前,用于说明写作的目的、意图及研究方法。序言的具体内容一般包括三个方面:一是阐明研究的背景和动机,提出自己所要研究的问题。对该研究课题已有研究理论的完备性及研究方法科学性的评判分析,指出已取得的研究成果和尚待进一步研究的问题,说明自己选择该课题研究的目的、实际原因以及探讨研究的重点,预计将会取得哪些方面新进展。二是简介研究方法和有关研究手段。三是概述研究成果的理论意义和现实意义。

序言部分的写作要求开宗明义,条理清楚,据理分析。切忌空泛、含糊其词或言过其实。

(4) 正文(本论)

正文是学术论文的主体部分,包括论点、论据、论证,是作者研究成果的表现,因此在整个论文中占据重要地位。

(5) 结论与讨论

结论是围绕正文(本论)所做的结语,将研究成果进行更高层次的精确概括。对自然科学研究来说,结论是经过严密的逻辑推理所作出的最后判断;对于社会科学研究来说,结论是论题被充分证明后得出的结果,作者将自己的观点鲜明的铺垫出来,并引出新的思考。因此,结论的措辞要严谨,逻辑要严密。

讨论,往往用于自然科学的学术论文。讨论是从理论上对研究结果的含义和意义进行分析解释和评价。讨论的内容一般包含以下几个方面:阐明结果是否支持了研究的假设,讨论研究结果的有效度和理论意义与实际意义,指明该研究的局限以及进一步需要继续探讨的问题。

(6) 引文注释与参考文献

科学研究总是在前人或他人已有研究成果的基础上进行的,或理论观点的启迪,或研究方法的借鉴。论文中应列出直接提到的或利用的资料的来源。一是帮助读者了解有关本课题的研究历史和已有成就,作为进一步研究的依据;二是尊重他人的研究成果,同时体现作者治学的严谨;三是为别人提供查证的线索,避免由于马虎,转引他人研究观点而产生的误解或不同的理解。注释与参考文献,不仅便于读者了解该领域的研究情况,而且参考文献的多少与质量,反映了作者对本课题的历史和现实研究水平以及作者的科学态度和求实精神。

引文注释分为页末注(脚注)、文末注(段落或篇后注)、文内注(行内夹注)以及书后注。无论采用哪种类型注释,引用文字一定要注明出处,包括作者姓名、书刊名称、文献篇名、卷数、期数、页码、出版单位和时间等。如果是转引,一定要说明是"转引自"或"参见",要说明是采用了别人的某理论观点或事实材料。

文后所列的参考文献,应有完整准确的出处,以便于读者查找。参考文献的呈现应按规范的格式要求。一般是作者姓名、文献标题(加书名号)、书刊名称或出版单位,卷数、册数或期数,出版版本年代日期和页码。参考文献可按时间顺序,或按内容重要程度,或作者姓名标以序号。未公开发表的资料不要直接引用。

在较大型的研究论文中常有"附录"。附录一般包括详细的原始数据、实验观察记录、图表、问卷、测试题或其他不宜放入正文中的资料,以资查证。

学位论文是规范性的学术论文,体制规格上要求严格,符合学术论文的基本要求,但论文内容上主要反映高校本科生、研究生经过几年的系统的专业学习,进行某方面研究的结果。

（1）学士学位论文

学士学位论文是大学本科学业期满考核学生学业水平的一次总结性独立作业，目的在于总结学生在校学习期间的某一研究的结果，培养他们具有综合性创造性地运用所学的全部专业知识和技能解决较为复杂问题的能力，培养学生科研意识，帮助学生掌握写作程序和方法，使他们受到科学研究的基本训练。学士学位论文的撰写，带有基础性，要求学生综合运用所学专业知识理论，系统阐述某方面具有一定理论意义和现实意义的具体问题。学术性、创造性方面不作过高要求，但论点要鲜明，有自己的独到见解，论据充足，论文结构要完整。

（2）研究生学位论文

研究生学位论文是研究生在导师指导下独立完成的总结性作业，分硕士学位论文和博士学位论文。要求选题有相当的理论意义和实践意义；论文涉及的问题应具有坚实宽广的基础理论和系统深入的专门知识。学位论文的撰写过程实际是在导师指导下进行系统科研的过程。

学位论文是科研成果的直接表达，有较高的学术价值。内容一般包括：标题、摘要、引言和评述、主要内容（理论分析或实验成果）、结果的讨论（总结）、参考文献。学位论文的摘要应是中英文对照。

三、学前教育研究成果表述的要求

（一）在科学性的基础上创新

学术论文的中心是创新，能反映作者在研究探索中获得的新见解、新理论，从而区别于教科书。教科书是系统论述已确定了的科研成果的理论观点，全面叙述该学科的一般基础知识。而研究论文阐述的内容是"前人所没有研究过""前人所未知的"，或者在前人研究基础上，以新的材料、从新的理论高度进行探索，从而提出自己的真知灼见。要独立探讨，不能人云亦云，重复别人的工作。当然，所谓创新，不是说一篇论文从头到尾都要新。但要有一些新的开拓，要在原有研究基础上发掘出一些新的研究成果。

创新，必须以科学性为基础。研究报告和学术论文的科学性主要表现在：要用充分的论据和严密的论证，或精确可靠的实验观察数据资料来证明科研成果。论文内容要实事求是，从实际出发，无论是立论还是分析、论断，都要恰如其分，正确反映客观规律。理论观点表述要准确、系统和完整。尤其是学术论文，是规范性的理论文章，区别于新闻报道、小说、散文及政论文，必须强调科学性、严谨性。

（二）观点和材料的一致性

要从客观存在的事实中引出正确的结论，就必须对研究中获得的大量的材料进行提炼、取舍，精选出最有价值、最典型的事实材料作为论据。如果不重视事实材料的论证作用，东拼西凑，空洞说教，铺陈现象，不加选择鉴别，集纳式的举例，同样是写

不好研究报告和论文的。因此,如何处理观点和材料的关系,是写好研究报告和论文的关键问题。

观点和材料的统一,主要问题在于如何选材。选材不是按研究者主观愿望任意"剪裁"取舍,而应符合以下要求:要紧紧围绕研究的主要问题选材,分清主次;选取典型的、具有广泛代表性和说服力的材料,使材料的量与质把握得当;选取真实准确、符合客观实际的材料,也就是说要鉴别材料的真伪和价值程度;要尽可能选取新颖生动、反映时代感的材料。在此基础上,经过研究者对材料的正确、深刻、集中的分析、归纳和综合,提取论点,选择论据,概括出结论。

(三)在独立思考的基础上借鉴吸收

学前教育研究是一个复杂的系统工程,需要若干代人的不懈努力。每一代人总是在前人或他人研究基础上往前推进,哪怕是很小的一步。因此,在研究报告和论文的撰写中,必须正确处理借鉴吸收别人研究成果与自己的独立思考之间的关系。一方面不能自恃高傲,故步自封,无视前人与他人的研究成果;另一方面,那种为介绍而介绍,对所引用的观点及文献只述不评,或者任意引申发挥的做法也是欠妥的。

对引用的观点和文献,首先要搞清作者的原意和文献内容的价值,从中挖掘实质性问题,从而加强论证的针对性。其次,要善于从众多的研究成果和文献中选择最典型的、富有说服力的材料。那种简单列举和大量堆砌的做法反而会降低引用材料的论证作用,并使文章臃肿拖沓。

(四)语言文字精练简洁,表达要准确完整

研究报告和论文的语言文字要准确、鲜明、生动。所谓准确,是指忠实客观地反映现实,切忌浮华夸张。既不可以日常生活用语代替科学术语,也不可生造词语以免造成理解上的歧义。鲜明,无论观点、要义或要据,要清楚明白。生动,则要求语言要讲求文采,不要生硬地宣布真理。我们要在忠诚准确的基础上讲文采,以最少的文字表达更多的内容。我们应有好的文风,那种强词夺理、盛气凌人,或闪烁其词、言不达义,或人云亦云、言无新意以及言过其实和言不由衷的做法,都是应该反对的。

文字上要做到"信、达、雅",就需要对论文进行反复推敲修改。通过删芜去繁、字斟句酌、精雕细刻,使论点更加突出,论述更加严谨,文字更为简练。

第二节 学前教育科学研究的质量评价

学前教育科学研究是一个系统的探索活动过程,评价处于整个系统的逻辑终点上,是学前教育研究过程的一个重要环节。通过评价促进学前教育科学研究的发展,提高学前教育科研的质量,使研究成果得到社会承认并被采用。

在本节中,我们将从研究的角度对学前教育科学研究质量评价的几个主要问题展开讨论。

一、学前教育科学研究质量评价的功能

评价,指的是检查、分析和评定。学前教育科学研究的质量评价,既要对学前教育科学研究过程的科学性程度做出估价,同时也要对学前教育科研的成果,即对研究目标的实际实现程度做出价值判断。

为什么要对学前教育科研的质量进行评价,原因在于"诊断"和"改进"。学前教育科研并非一做就会有成效。如果对若干学前教育研究项目进行认真分析,就会发现,实际上存在无效、负效、低效、高效几种不同情况。但长期以来,我们很少去计较学前教育研究取得成效的大小,也很少去计算学前教育研究投入和产出效益的高低问题。近年来,随着学前教育改革深入发展,学前教育研究发展很快,但由于有关的评价未能及时跟上,在实际操作中存在不少问题。

评价是手段措施,不是目的。它对学前教育研究起着导向、鉴定、激励、调节和促进的作用。具体表现在以下几方面。

1. 通过评价做出价值判断,将学前教育科学研究蕴含的丰富内容价值外化,通过社会化实践活动充分发挥学前教育研究在提高教育质量和制定教育决策方面的价值效益(学术理论的或应用的效益,或二者兼有)。

2. 通过评价得到反馈信息,使研究者按照一个好的学前教育研究应有的基本标准,对研究目标、过程和方法,进行及时调整,总结成绩,提出问题,更好地把握方向,以保证研究目的的实现。在可能的情况下,通过相近研究的对比评价,了解各自的特色、水平,认识自己的现状、优势和差距,在相互学习中共同提高。因此,评价过程正是一个不断提高研究的科学水平,使研究者实现自我完善的过程。

3. 通过评价搜集有关资料,使行政领导部门加强对本地区、本单位学前教育科研的宏观调控和指导。尤其是在我国群众性科研广泛开展的情况下,更需要在科研选题的计划性、实施过程和方法及效果检验的科学性等方面给予具体指导,以避免盲目性。

4. 通过评价确立进行学前教育研究的基本要求,科学的指导教育研究逐步达到高质量、高水平,在总结和改进教育科学研究方法基础上,建立具有中国特色的研究方法论体系。

当然,以上作用的发挥以及作用的大小,取决于我们是否能科学合理地运用评价手段。

二、学前教育科学研究质量评价的内容

学前教育科研质量评价内容取决于对学前教育科学研究活动过程的系统分析。

学前教育科学研究的复杂过程决定了学前教育研究质量评价的基本范围以及评价系统具有的系统性、连续性特点。这一过程,包括不同的阶段,每个阶段都有自己的要求和标准,从而形成了评价内容的多层次结构。

总体上分析,学前教育研究质量评价主要包括四方面内容,这就是目标、过程、成

果和条件。

(一) 学前教育研究的目标评价

学前教育研究的目标集中体现在研究所追求的理论建树上,因此,目标评价实质上是对学前教育研究理论思路和构建的理论体系的评价。因为学前教育研究的探索活动总是在一定"新"观点指导下并对这个"新"观点进行检验;或者是在若干经验基础上归纳出一个"新"观点。与之相应的则是要构建一定的理论模型。我们在评价目标时要重点考虑:研究课题的价值效益以及选题的基础性、创新性。所构建的理论体系、概念系统的完备性、可靠性及内在的逻辑性。

(二) 学前教育研究的过程评价

研究过程评价全面涉及研究的准备、实施与总结各阶段,即从研究问题的确定、进行研究设计到搜集整理分析资料数据、形成科学事实和确立新的科学理论的每个环节的评价。

过程评价包括两类,一类是整个研究结束后对研究过程进行全面、系统的反思,另一类则是在研究过程中随时的审视考察,以便及时发现并预测实施过程中潜在的问题。

(三) 学前教育研究成果评价

这是对学前教育研究取得的总体效益的评价。一般认为,学前教育研究成果表现为两种基本类型,一种是理论性研究成果,另一种是应用性研究成果。在实际的学前教育研究中,多数研究两种成果兼而有之。

对学前教育研究成果的评价,首先要鉴定其资格,是不是学前教育研究的成果,作为研究成果,应具有理论性、学术性、创造性、实践性以及研究目标实现后的效益。第二,不同类型的研究成果评价侧重点是不同的。理论性研究成果,包括对学前教育科学新思想的解释论证,提出新的学前教育科学概念,补充和发展新的学前教育理论、新的思想,提出有生命力的研究课题以及在学前教育研究方法论上的创新等。应用性研究成果,包括学生素质的培养、改进教育教学工作的新措施的提出,以及教师教育观念的更新、研究能力的提高等。

(四) 教育研究条件的评价

条件评价的实质是效益评价。条件,包括人力、物力状况,如教师水平、学生来源、幼儿园设备等。不同的学前教育研究,常常条件悬殊较大,进行研究的起点存在差异。因此,在评价时不仅应使指标体系有一定弹性,看到事实存在的不平衡,更重要的是应将学前教育研究投入的人力、物力进行综合比较。

以上四方面评价内容应作为整体加以考虑。有的实验,取得了较好成效,可是过程不十分清楚,特别是学前教育研究的迟效性,短时间内往往很难做出明确的界定,因此,绝不可以某次考评分数来定成败论功过。

三、学前教育科学研究质量评价的指标体系

学前教育研究的质量评价,基本过程是:确定总目标,判定评价的指标体系,选择或制作评价工具,实施评价,收集评价信息,分析处理信息资料并得出结论。在这个过程中,确定评价指标体系处于十分重要的地位。如何根据总目标制定评价指标体系是影响评价有效或无效的关键因素。不同的评价目标决定不同的评价指标体系、方式、方法和组织实施。如何建立一个客观的、合理可行的评价指标体系,是所有研究者共同关心的问题,并且为此做了许多努力。我们认为,面对众多层次、众多类型的学前教育研究,目前要找出一把尺子能对所有学前教育研究质量进行评价,基本是不可能的。这就需要研究者掌握建立评价指标体系的过程的方法,根据研究课题特点,确定切实可行且行之有效的评价指标体系,在实践过程中反复修改,不断提高概括程度,进而建立某一方面、类型的教育研究质量评价标准。当前教育测量领域对各种测量工具的研究为我们提供了评价研究的有利条件。

四、学前教育科学研究质量评价的方法

学前教育研究质量评价的方式是多种多样的,大致可概括为三种类型:研究者自我评定;同行专家论证;行政部门评审。无论哪一种类型的评价方式,都必须掌握科学的评价方法。如果方法不对,就不可能采集到基本所需的资料数据,也不可能对评价结果做出合理的解释。对学前教育科学研究质量评价的方法,不是某一项具体技术,而是一个方法系统。主要应包括以下方面:评价指标体系的设计方法;选择或制作评价工具的方法;采集和分析评价数据资料的方法;对评价结果的解释与检验方法;对评价误差客观原因和心理原因的分析与矫正;计算机技术与方法在评价中的应用。学前教育科学研究工作者要努力学习和掌握以上方法,并结合学前教育研究质量评价的不同内容、不同方面的特点,灵活地、创造性地加以应用。

强调学前教育研究的每一个研究者都应了解评价过程和手段,强调每一个研究者积极参与评价的全过程,这正是在学前教育研究质量评价中主体性的重要表现,也是现代教育评价的基本精神。我们应该站在这一高度正确处理自评与他评的关系,在评价中做到:使被评价团体和个人参加评价并成为评价的主体;积极协调各方面的意见,在评价指标体系的确定上取得一致的共识;应全面考察社会、心理、文化等外在因素以及内在具体条件,认真倾听被评者的意见和要求;正确看待实践过程和理论探讨所遇到的困难和波折,成功与失败,尊重被评者的改革精神和创新努力;建立咨询沟通方式,提供研究者清楚而富于建设性的意见,使被评者充分使用评价结果。

思考与练习

1. 简述学前教育调查报告的结构与撰写。
2. 简述学前教育学术论文的结构与撰写。

3. 简述学前教育研究成果表述的要求。
4. 学前教育质量评价的内容与方法包含哪些?

推荐阅读

1. 乔雪峰.教育专业论文写作[M].北京:中国人民大学出版社,2023.
2. 哈奇.如何做质的研究[M].朱光明,等译.北京:中国轻工业出版社,2007.
3. 陈向明.质的研究方法与社会科学研究[M].北京:教育科学出版社,2000.
4. 学前教育类杂志:《学前教育研究》《早期教育》《幼儿教育》《心理发展与教育》。

主要参考文献

(一) 书籍

1. 阿特斯兰德. 经验性社会研究方法[M]. 李路路,等译. 北京:中央文献出版社.
2. 艾尔·巴比. 社会研究方法[M]. 10版. 邱泽奇,译. 北京:华夏出版社,2005.
3. 埃文·赛德曼. 质性研究中的访谈:教育与社会科学研究者指南[M]. 3版. 重庆:重庆大学出版社,2009.
4. 爱因斯坦. 爱因斯坦文集·第1卷[M]. 北京:商务印书馆,1976.
5. 爱因斯坦,英费尔德. 物理学的进化[M]. 周肇威,译. 长沙:湖南教育出版社,1999.
6. 查尔斯·李普斯. 诚实做学问——从大一到教授[M]. 郜元宝、李小杰,译,上海:华东师范大学出版社,2006.
7. 陈向明. 质的研究方法与社会科学研究[M]. 北京:教育科学出版社,2000.
8. 风笑天. 社会学研究方法[M]. 北京:中国人民大学出版社,2005.
9. 格伦达·麦克诺顿,等. 早期教育研究方法——国际视野下的理论与实践[M]. 李敏,滕珺,译. 北京:教育科学出版社,2008.
10. 胡育. 学前教育科研方法指导[M]. 上海:上海教育出版社,2005.
11. 霍力岩,等. 学前教育研究方法[M]. 北京:高等教育出版社,2011.
12. 金哲,等. 当代新术语[M]. 上海:上海人民出版社,1998.
13. 刘晶波. 学前教育研究方法[M],北京:人民教育出版社,2006.
14. 罗伯特·C. 博格丹,萨利诺普比克伦. 教育研究方法:定性研究的视角[M]. 4版. 钟周,等译. 北京:中国人民大学出版社,2008.
15. 梅雷迪斯·D. 高尔,沃尔特·R. 博格,乔伊斯·P. 高尔. 教育研究方法导论[M]6版. 许庆豫,等译. 南京:江苏教育出版社,2002.
16. 裴娣娜. 教育研究方法导论[M],合肥:安徽教育出版社,1995.
17. 瞿葆奎,主编;叶澜,施良方,选编. 教育学文集·教育研究方法[M],北京:人民出版社,1988.
18. 王海英. 学前教育社会学[M],南京:江苏教育出版社,2009.
19. 威廉·维尔斯马,等. 教育研究方法导论[M]. 9版. 袁振国,等译. 北京:教育科学出版社,2000.
20. 萨特勒,等. 儿童评价[M]. 陈会昌,等译. 北京:中国轻工业出版社,2008.
21. 陶保平. 学前教育科研方法[M]. 上海:华东师范大学出版社,1999.

22. 谢宇.社会学方法与定量研究[M].北京:社会科学文献出版社,2006.

23. 叶澜.教育研究方法论初探[M].上海:上海教育出版社,1999.

24. 袁方.社会学研究方法教程[M].北京:北京大学出版社,1997.

25. 袁方.社会调查的原理与方法[M],北京:高等教育出版社,1990.

26. 袁振国.教育研究方法[M].北京:高等教育出版社,2000.

27. 郑金洲.学校教育研究方法[M].北京:教育科学出版社,2003.

28. 郑日昌.中学生心理诊断[M].济南:山东教育出版社,1994.

29. 郑三元.幼儿园班级制度化生活[M].北京:北京师范大学出版社,2004.

(二) 期刊

1. 卜卫.试论内容分析方法[J].国际新闻界,1997(4).

2. 嘎日达.论科学研究中质与量的两种取向和方法[J].北京大学学报(哲学社会科学版),2004(1).

3. 黄盈盈,潘绥铭.中国社会调查中的研究伦理:方法论层次的反思[J].中国社会科学,2009(2).

4. 李荷.社会研究的伦理规范——历史、哲学与实践[J].人文杂志,2011(3).

5. 李娟,刘晶波.1996—2006年我国学前教育研究领域关于"游戏"选题的研究状况与分析——基于三所高校硕士、博士学位论文的分析[J].学前教育研究,2008(1).

6. 刘晶波,等.1996—2006年我国学前教育研究领域研究方法的运用状况与分析——基于三所高校硕士、博士学位论文的分析[J].学前教育研究,2007(9).

7. 刘晶波,孙永霞,王磊.1996—2006年我国学前教育研究领域关于"教师选题"的研究状况与分析——基于三所高校硕士、博士学位论文的分析[J].学前教育研究,2007(1).

8. 刘晶波.我国学前教育研究20年发展状况分析[J].教育研究,2011(8).

9. 刘艳,谷传华.早期依恋干预研究综述[J].学前教育研究,2008(7).

10. 盛群力.从两种研究范式谈教育实验[J].教育研究,1995(9).

11. 文雯.英国教育研究伦理的规范和实践及对我国教育研究的启示[J].外国教育研究,2011(8).

12. 吴康宁.在假设的世界中生存[J].高等教育研究,2005(8).

13. 张玲.教育科学研究中的伦理问题[J].当代教育论坛,2007(5).35.

(三) 学位论文

邹菲.内容分析法的理论和实践研究[D].武汉:武汉大学硕士学位论文,2004.

(四) 网络资源

1. 教育部社会科学委员会.高等学校哲学社会科学研究学术规范(试行)[OL].http://www.edu.cn/20041118/3121016.shtml

2. 北京师范大学本科生毕业论文(设计)开题报告[OL]. http://jwc.bnu.edu.

cn/docs/20101104093547139676.doc

3. 轶事记录法观察女儿[OL]. http://gaobaoyinghehe.i.sohu.com/blog/view/179399755.htm